サブスクリプション

Subscribed
Why the Subscription Model
Will Be Your Company's Future
——and What to Do About It

「顧客の成功」が収益を生む新時代のビジネスモデル

ティエン・ツォ TIEN TZUO Founder and CEO of Zuora
ゲイブ・ワイザート with GABE WEISERT
桑野順一郎監訳
御立英史訳

ダイヤモンド社

SUBSCRIBED
by
Tien Tzuo

This edition published by arrangement with Portfolio,
an imprint of Penguin Publishing Group, a division of Penguin Random House LLC
through Tuttle-Mori Agency, Inc., Tokyo

はじめに

ビジネスは歴史の転換点を迎えた

数年前、私は『フォーチュン』誌に寄稿して、ビジネススクールになど行かないほうがよい、時間の無駄だ、と書いた。[*1] 過去１００年にわたり、ビジネススクールは基本的にただ1つの考えを教え続けているにすぎないからだ。あらゆるビジネスの目標は、煎じ詰めれば、ヒット商品を作り、できるだけ多く売り、固定費の負担を減らして儲けを増やすことであるという教えだ。私は、このモデルは終わった、状況が変わった、と論じた。

そして、これからのビジネスの目標は、**まず特定の顧客のウォンツ（欲求）とニーズ（必要）に着目し、そこに向けて継続的な価値をもたらすサービスを創造すること**だと主張した。つまり、顧客を**サブスクライバー**に変えて、定期収益《リカーリング・レベニュー》がもたらされる構造を築くことだ。この変化をもたらした文脈を、私は**サブスクリプション・エコノミー**と呼んだ。

私の寄稿は読者から辛辣な批判を浴びた。たとえば次のようなコメントが寄せられた。「そんなことを知らないとでも思っているのか?」「製品とサービスの違いを知らないとでも?」「そういうことをビジネススクールで教えていないとでも?」。私は卒業したビジネススクールで今もさまざまな活動をしているが、誰もそこには気づかなかったようだ。毎年、招かれて講演をしているし、授業にも協力しているのだが、ただの認識不足と見なされ、真意を汲んでもらうことができなかった。

なるほど、寄せられた批判にはもっともな面もある。なんといっても私がビジネススクールを出たのは1990年代後半のことだ。その後、授業内容も変わっているだろう。だが、以前のまま続いていることも多いはずだ。特に入門コースのクラスではそうだろう。実は私はこの目で見て知っているのだ。毎日のように、若く聡明なMBAホルダーが率いる会社が魔法のヒット商品を追いかけて無残な最期を遂げていることを。時代に逆行している企業が他社に勝てるはずがない。製品《プロダクト》ファースト、顧客《カスタマー》セカンド、という順番を逆転させなくてはならない。だが、失敗する会社は、自社が誰の役に立とうとしているのかさえわかっていないようだ。

ここで読者にたずねたいことがある。クレジットカードの利用明細のうち、財布からカードを出さずに行った利用分の請求はどのくらいあるだろう? たぶんネットフリックス(Netflix)やスポティファイ・プレミアム(Spotify Premium)から毎月の請求があるのではないだろうか。

ファイルをクラウドに置いているデジタル通なら、ドロップボックス（Dropbox）への支払いもあるだろう（本書の読者ならあるに違いない）。料理や菓子の定期購入サービスを利用しているかもしれないし、ムービーパス（MoviePass）で映画を楽しんでいるかもしれない。パトレオン（Patreon）〔クリエイター向けのクラウドファンディングのプラットフォーム〕でポッドキャストを聴いているかもしれない。要するに、われわれの関心も支払いも、物の所有から利用へと移行しているということだ。

仕事で使っているパソコンはどうだろう？　いまだに立ち上げ時にチャイムが鳴り、デスクトップに丘の風景が現れる古いOSだったりするのだろうか。遅くて不安定なアプリケーションが使われていて、読み込み状況を示すプログレスバーがジリジリと動いていたりするのだろうか。そんな環境でないことを願うが、さすがにもっと洗練された環境になっているのだろうと思う。ログインは1度だけ、ごく軽いアプリケーションが2つか3つ、あとはブラウザだけ。会社がEメールのホスティングをGメール（Gmail）に切り替えていれば、半年ごとにアウトルック（Outlook）の古いファイルを削除する手間もなくなっているかもしれない。会社の全ファイルがボックス（Box）に収納されるようになり、かつてのサーバールームでは社員が卓球をして遊んでいるかもしれない。

すべてがこれまでと様変わりした。なぜか？　いまがビジネスの歴史の重要な転換点にあるからだ。産業革命以後、見られなかった転換である。一言でいえば、**世界の中心が製品からサービスに移行しつつある**ということだ。

デジタルの世界で、何十億という消費者の関心が所有から利用へと加速度的に移行しており、サブスクリプション・エコノミーが爆発的に拡大している。それなのに、ほとんどの企業はまだ製品を売ろうとしていて、この先１００年ビジネスを続けていくための正しい備えができていない。その結果、誰がこの巨大な機会をつかむかわからない。いま、サブスクリプション・ビジネスに移行しなければ、数年後、生き残りのために移行しようとしても、移行できるビジネスそのものがなくなっている可能性がある。

サブスクリプションは将来を見通す収益モデル

10年前、私たちはこの兆候に気づいた。その頃、ネットフリックスはＤＶＤを毎月郵便で会員に届けていたが、すでにレンタルチェーンのブロックバスター（Blockbuster）を追い詰め始めていて、人々のメディア消費の方法を変えつつあった。オンラインストリーミングがすぐそこまで来ていた（多くの人が指摘するように、リード・ヘイスティングスＣＥＯは意味なくネットフリックス〔フリックスは映画と同義〕と名乗ったわけではない）。

ジップカー（Zipcar）も興味深い新しいコンセプトだった。当初はレンタカーのハーツ（Hertz）やバジェット（Budget）と短時間利用客を奪い合う存在ぐらいに見られていたが、いまでは自動車と輸送の分野で新しいアイデアが進行中であることに誰もが気づいている。後にウーバー（Uber）とリフト（Lyft）もそのアイデアに立脚して事業を始めた。もちろん、iPhoneも出始めていた。当初はプラグ・アンド・プレイのアプリで遊ぶ娯楽寄りのデバイスだったが、地理位置情報の活用、SNSを絡めたアイデンティティ構築、メッセージの送受信といった方面で大きな可能性を秘めていた。通信速度が向上し、プラットフォーム構築に要するコストが減少するにつれて、オンデマンドのデジタル対応サービスが拡大するのは論理的必然であった。この手のことがあらゆる場所で起こった。

私たちがズオラ（Zuora）という新しい会社をつくろうと決めたのはそんな時だった。請求業務とファイナンス管理を行うサブスクリプション型プラットフォームを構築したいと思ったのだ。当時、多くの創業者は事業を営む上でどうしても生じる退屈でうんざりする問題を解消しようとしていた。そのニーズに目をつけて、ゼンデスク（Zendesk）は顧客サポート、オクタ（Okta）はパスワード管理、ゼロ（Xero）は会計管理に取り組んだ。私たちも同じ思いから創業した。世界中で嫌われ、絶望的に複雑で、とてつもなく高価なビジネスプロセスは、起業家にとっては大きなチャンスだったのである。

ズオラの創業が2000年代後半、リーマンショックに象徴される大不況の真っ只中であったことを記憶にとどめてほしい。業務用ソフト業界は打撃を受け、小売業は疲弊し、自動車販売は崖から転がり落ち、広告が姿を消しつつある最中《さなか》の創業だった。

2008年の混乱の中、痛い目にあった多くの企業や投資家が、自分たちはハリウッド型ビジネスを行っていたということに気づいた。大枚をはたいて製品を開発し、ヒットを祈る。うまく行けばよし、行かなければ運がなかったとあきらめるだけのビジネスである。

そういう企業には自社の財務状況が見えておらず、予想の手がかりもない中で事業予測を語っていた。四半期ごとに売上ゼロからスタートして、目標の収益額に達するまで匍匐《ほふく》前進を繰り返していた。だが、サブスクリプション・モデルはそれとは異なる。**収益の80%をサブスクリプションで得ている1000万ドル企業であれば、常に800万ドルの売上が約束された状態で新年度をスタートすることができる**のだ。株価が将来を見越した価値評価だとすれば、サブスクリプションは将来を見通す収益モデルである。

セールスフォースからズオラの創業へ

ズオラの創業メンバーは全員、この分野の知識と経験があった。私自身は11番目の社員としてセールスフォース・ドットコム（Salesforce.com）に加わる幸運に恵まれ、その後の10年で同社を10億ドル企業に成長させる取り組みの一翼を担った。セールスフォースの初期の社員はすべて、従来型の業務用ソフトウェア業界の出身で、その仕事にはうんざりしていた。私たちは、オラクル（Oracle）やシーベル（Siebel）といった企業が作っているのは無駄に複雑な製品でしかなく、他業界に寄生するシステム・インテグレーターがはやし立て、営業の傭兵部隊が売り歩いているにすぎないと考えていた。

2000年問題では恐怖の体験を味わった。営業担当者の数は開発者の10倍を超えていた。導入されたシステムの半分は日の目を見ず、〝成功〟と見なされたものでもエンドユーザーから嫌われた。業界は完全に顧客を見失っていた。顧客は誰なのか、毎日何をしているのか、システムのどこが気に入っているのか、何に腹を立てているのか――そうしたことが何もわかっていなかった。変わらなくてはならない時が来ていた。

私たちはマーク・ベニオフ（セールスフォース・ドットコムCEO）が借りたワンルームのアパートで、アマゾン（Amazon）で本を買うときのようなシームレスで直感的な体験を顧客に提供できるような仕組みの構築に取り組んだ。

しかし、すぐに、そのためにはあらゆることについて考え方を改める必要があることがわかった。ソフトウェア企業としての目的を考え直さなくてはならなかった。自らに対する根本的な問いは、「この製品はどれぐらい売れるか」から、「顧客が望むものは何か、どうすればそれを直感的なサービスとして提供できるか」に変わった。

セールスフォース・ドットコムが立ち上げられたとき、誰もが「この会社は違う」と思った。もはや膨大なプログラムのインストールやハードウェアの設置は必要ない。必要なのは**サービス**としてのソフトウェアであって、デンと構えている製品ではなかった。それを実現するため、私たちはサービスを市場に導入し、販売し、サブスクリプション・ベースの企業運営をするための新しい方法を考案するべく権限を委譲された。

私たちがたどり着いたのは、利用状況に応じた価格設定、さまざまなパターンでのサービス提供、カスタマー・サクセスのための組織というアイデアであった。いまでこそSaaS《サース》(Software-as-a-Service)〔ソフトウェアの必要な機能だけをネット経由で提供するサービス〕の標準的オペレーションだが、当時そのような方法は存在しておらず、ゼロからつくり上げなくてはならなかった。

だが、すべてをゼロから始めることには問題もあった。この新しいビジネスモデルを機能させるためには、たとえば、オラクルで働いていた時代からなじみのある通信会社や出版社のものに近い、まったく異なるバックオフィス・システムを用意する必要があった。しかし、そんなものはどこを探しても売っていないし、過去に作られたものは巨大な電話会社やエネルギー会社のためのものだったので、すべてを自分たちで構築しなければならなかった。請求、取引、見積などのシステムを含むインフラ全体の構築に毎年何百万ドルもの費用がかかった。すぐにそれは問題だと気づいた。もちろん、エンジニアを自社のコア事業にではなく、自社の請求業務のソリューション構築に当たらせることが賢明ではないこともわかっていた。

2007年のある日、マーク・ベニオフはウェブエックス(WebEx)から訪ねてきたK・V・ラオとチェン・ゾウと話をしていた。彼は気軽に、私をそのミーティングに招き入れた。話した時間の半分ぐらいが、自社の請求システムに対する愚痴だった。マークは、お粗末な自家製の請求ソリューションを構築するためにさらに何百万ドルも費やさなければならないという事実に顔をしかめた。チェンは「いやあ、どこも同じ問題を抱えているんだな。悪夢だね。ウチはそのために40人も50人も貼りつけている」と言い、ラオは「セールスフォースもウェブエックスも請求業務で困っているということは、ビジネスとして取り組めばモノになるかもしれない」と言った。

たぶんそうだろう。

われわれはその後の数カ月間、議論を続けた。ラオはサブスクリプション課金に特化したＳａａＳ企業のアイデアに執心だったが、私はすぐには納得できなかった。私たちは、すべてのスタートアップ予備軍と同じ問いを突きつけられていた。それを誰に売るのか？　市場規模はどれくらいか？　わが社は他のソフトウェア会社にだけ販売するソフトウェア会社になるのか、それとももっと大きなビジネスをする会社になるのか？

こうした問いを自問すればするほど、私の中で、サブスクリプションのアイデアはソフトウェア市場に限定されるものではないという認識が強まっていった。そして、セールスフォースで学んだテクノロジー、イノベーション、マーケティング、営業に関する知識は、あらゆる業界のあらゆる種類のサブスクリプション・ビジネスにとって価値があるということも認識した。

今日、ズオラは何十もの業界で１０００社以上の顧客と仕事をしている。顧客の中には、ストリーミングメディア企業、出版社、新聞社、メーカー、オンライン学習企業、ヘルスケア企業がある。巨大なトラクター会社や小さな合法的大麻ビジネスのスタートアップ企業もある。飛行機を飛ばしている企業も、電車や自動車を走らせている企業もある。そして私たちは毎日何十億ドルもの収益を管理している。

その結果、**私たちはサブスクリプションについて多くのことを学び、あらゆる分野でそれがどのように使われているかを知るに至った。**このモデルで事業展開している会社は、Ｓ＆Ｐ５００社の９倍の速さで収益を伸ばしていることがわかった（２０１６年調べ。巻末の「サブスクリプション・エコノミー・インデックス」で最新データを確認していただきたい)。私たちの開発チームは、顧客企業の規模とタイプに応じて、めざすべき具体的な目標や回避すべき固有の脅威について多くの研究を行ってきた。

この本を読むと何がわかるか?

あちこちでプレゼンテーションをする機会があるが、最後にはいつも、**どうすれば伝統的な製品ベースの会社をサブスクリプション・モデルに移行できるのか**という質問が出る。この質問をする人の多さには驚かされる。結局、企業というものは、競合他社の製品の特徴は盗めても、ロイヤリティを有するサブスクライバーから得たインサイトは盗むことができない。読者がこの本から読み取りたいのも、このモデルはどのような仕組みで機能しているのか、自分の会社でこれを適用するにはどうすればよいか、という点についての明快な説明だろうと思う。業界のベンチマーク、関連するケーススタディ、ベストプラクティスなどは知っておいて損はない。それを読者に提供するのがこの本の目標だ。

この本で私は、情報不足の状況を解消したいとも思っている。このテーマについてのしっかりした記事や本は奇妙なほど少ない。会員制プログラムやサブスクリプション・ボックス〔箱に入れられて定期的に宅配される各種の品物〕に関して書かれたものは多いし、SaaS企業が提供する各種メトリクス〔測定基準〕を駆使したデータ野球に関する本は山ほどあるのだが、ビジネスリーダー向けに書かれた、定期収益を得る仕組みに移行するための基本的な解説書はほとんど存在しない。最近でこそサブスクリプションについての記事は増えているが、私は最も重要な情報と知見を、それこそ石板に刻むような気持ちで読者にお届けしようと思う。

第Ⅰ部では、サブスクリプションがビジネスを変えている状況を、いくつかの業界について紹介する。第Ⅱ部では、サブスクリプション・モデルを企業のあらゆる面に適用するための手順やオペレーションについて詳しく説明する。全体として、次のようなトピックについて述べようと思う。

●サブスクリプション・モデルがあらゆる産業をいかに変容させているか。取り上げる産業には、小売り、ジャーナリズム、製造、メディア、運輸交通、エンタープライズ系ソフトウェアなどが含まれる。
●サブスクリプション・ビジネスの基本的な財務モデルと重要な成長指標。
●サブスクリプション・モデルが企業のエンジニアリング、マーケティング、営業、ファイナンス、およびＩＴへの取り組みをどのように変えるか。
●すべてのサブスクリプション・ビジネスに共通する８つのコア成長戦略。
●サブスクリプション・ビジネスを推進するための顧客中心のオペレーション。

この本はシリコンバレーの物語ではないし、いわゆるシリコンバレー本でもないことをここでお断りしておきたい（そういう本ならたくさんある）。これはビジネスストーリーだ。多くの意味でこの本は、スタートアップ企業よりも伝統的企業に身を置く読者に、ビジネス未経験者よりもビジネス経験を積んだ読者に、より役立てていただけるのではないかと思う。なぜなら、テクノロジーによる破壊が進む現状の根底には、シンプルだが強力な認識の変化が存在するからだ。すなわち、**企業がついに顧客を理解し始めた**という変化である。

顧客を理解すると、組織のすべてが変わり、あらゆる役割の人が影響を受ける。サブスクリプション・モデルでは、開発チームはリーダーの一存で動くことをやめて、ユーザーの使用データに基づいて新しいサービスを進んで開発するようになる。財務チームはチャーン〔解約・離脱〕を防ぐために、新しいアイデアを試し始める。カスタマーサービスチームは、問い合わせに対応する受動的サポートではなく、顧客に積極的に働きかけるようになる。マーケティングチームは提供する価値に対して価格を設定できるようになるので、創造的で新しい商品パッケージやサービスを考え出すことができる。

もはや融通のきかないバックエンド・プロセスに悩まされることもなくなり、硬直化したバケツ・リレーのようなオペレーションもなくなる。組織は、流動性の中にも一貫性を保ち、継続的でありながらも変化に即応できるようになる。何よりも、顧客を中心に置いた活動に徹するようになる。

サブスクリプション

「顧客の成功」が収益を生む新時代のビジネスモデル

目次

SUBSCRIBE

第2章
小売業にまつわる誤解
古い「筋書き」を逆転させる

第3章
メディアの隆盛
新たな黄金時代の幕開け

第4章

飛行機、電車、自動車 サービスとしてのモビリティ

第5章

新聞・出版
かつて新聞を出していた会社

第6章

テクノロジー産業の復活
〝魚〟を飲み込め!

第7章 IoTと製造業の興亡
モノを売る時代は終わった

第Ⅱ部
サブスクリプション・モデルで成功をつかむ
SUCCEEDING IN THE NEW SUBSCRIPTION ECONOMY

第10章

イノベーション
永遠のベータ版にとどまれ

第11章

マーケティング
4つのPが変わった

第13章

ファイナンス

新しいビジネスモデルの構造 256

第14章

IT

製品ではなくサブスクライバーを中心に置く 277

巻末資料

サブスクリプション・エコノミー・インデックス xvii

- 訳注は文中に〔　〕で記しました。
- 文中に添えた「＊1、＊2…」は巻末の原注番号を示しています。

第 I 部 THE NEW SUBSCRIPTION ECONOMY

サブスクリプション・エコノミーの到来

第1章

製品中心から顧客中心へ
すべては顧客を知ることから始まる

「デジタル・トランスフォーメーション」の意味

デジタル・トランスフォーメーションとは何か？　まず、それがきわめて曖昧な用語だということを認識しておく必要がある。カンファレンスやマッキンゼー・レポート、『ハーバード・ビジネス・レビュー』誌などで見聞きする、賢そうに聞こえるビジネス新語で、意味がわからなくても多くの人が思わずうなずいてしまう言葉。なんでも好きな意味を持たせられそうだが、何も意味していないかもしれない言葉だ。

私が考えるデジタル・トランスフォーメーションの意味はこうだ。2000年にフォーチュン500に入っていた企業の半分以上が今では存在しない。[*1]この数字は見たことがある人も多いのではないだろうか。合併、買収、倒産の結果、多くの企業がリストから姿を消した。1975年にはフォーチュン500企業の平均寿命は75年だったが、今では15年だ。なぜこんなことになったのだろう。失敗の原因を探るため、消え去った企業にではなく、生き残っている企業に目を向けてみよう。

1955年に発表された第1回目のリスト[*2]には、GEやIBMといった製造大手の名前が見られるが、両社とも今日、メインフレームや冷蔵庫、洗濯機について語ることはない。代わって「デジタルソリューションの提供」を強調している。それはこの業界一流の言い回しで、「ハードウェアは目的を達成するための手段である」ということを意味している。言い換えれば、彼らは自社の装置を売ることにではなく、それを使ってクライアント企業が得るものに焦点を合わせているということだ。

GEは、1955年の最初のリストで4位、本書執筆中の2017年秋には13位だった。1889年にエジソン・ゼネラルエレクトリック社として設立された会社で、電球、電気設備、発電機の製造販売を行った。今日、GEは製品ではなくサービスから収益の大半を得ている。映画のアカデミー賞発表の放送で「工業製品も作るデジタル企業」というタグラインを流した。[*3]この変身こそ、GEがフォーチュン500のリストにとどまり続けている理由だ。

IBMは1955年のリストで61位だったが、最近では32位だ。創業当初は商業用の秤《はかり》とパンチカードを使った作表機を売っていたが、今日ではITと量子コンピューティングサービスを売っている。製品メーカーからビジネスサービスの巨人に完全に変化した。現在、自然言語処理と機械学習を利用して大量の非構造化データからインサイトを得ることのできるプラットフォーム、ワトソン（Watson）の開発に取り組んでおり、ボブ・ディランが人工知能システムとおしゃべりする場面を宣伝に使った。認知サービスの事業にも取り組んでいる。創業当時の事業を思えば、ずいぶん遠くへ来たものだという感慨を禁じえない。

実は、1955年のフォーチュン500企業の12％が現在もリストに名を連ねていて、ほとんどがGEやIBMと似たような変身を遂げている。ゼロックス（Xerox）は、印画紙と関連機器の製造から情報サービスに移行した。マグロウヒル（McGraw-Hill）は、教科書や『アメリカの鉄道機械』といった雑誌を発行していたが、いまでは金融サービスや適応学習システムを提供している。NCRは、西部開拓時代にキャッシュレジスターを酒場に売っていたが、いまではデジタル決済サービスの分野でスクエア（Square）のような企業と競合しており、**モノは何も売っていない**。

最近フォーチュン500のリストに登場した企業も見てみよう。そこにはアマゾン（Amazon）、グーグル（Google）、フェイスブック（Facebook）、アップル（Apple）、ネットフリックス（Netflix）のような〝新興エスタブリッシュメント〟がいる。名前を聞いた瞬間におなじみの会社という印象を受けるが、フォーチュン500に入ったのは比較的最近のことだ。いきなりリストの上位に躍り出てきたが、行方不明になりそうな兆しはない。これらの企業は、そもそも自分たちを製造や販売の会社と考えたことがないので、変身する必要がなかった。最初から、デジタルを媒介として顧客と直接の関係を構築することに集中していた。昔からのエスタブリッシュ企業は彼らの動きに注目し、彼らから学び取ろうとしている。

ここで、知らない人はいない大企業ディズニーを見てみよう。CEOのロバート・アイガーが最近こんなことを言っている。「ディズニー、ABC、ESPN、ピクサー、マーベル、『スター・ウォーズ』とルーカスフィルムを所有するのは、たしかに幸運なことだが、今日の世界では、それらを所有していても顧客へのアクセスがなければ何の保証にもならない[*4]」。現在ディズニーは、テーマパークへの来園者を別にすれば、個々の顧客からカスタマー・インサイトを得る手段をあまり持っていない。ウォルマート（Walmart）で「千と千尋の神隠し」の人形を購入した人はウォルマートの顧客であって、ディズニーの顧客ではない。AMCシアターで「スター・ウォーズ」を観た人は、ディズニーの顧客ではなくAMCシアターの顧客だ。ディズニーには、これはすぐにでも変えなくてはならない状況だという認識がある。

最後に、注目の新顔を見ておこう。まもなくフォーチュン500のトップに立つかもしれない新たな破壊者たち、ウーバー（Uber）〔自動車配車〕、スポティファイ（Spotify）〔音楽のストリーミング配信〕、ボックス（Box）〔デジタルストレージ〕などだ。登場するなり、彼らは他社を嵐の渦に巻き込んだ。製品を売ることなど端から考えていない。まったく新しい市場、新しいサービス、新しいビジネスモデル、新しいテクノロジー・プラットフォームを考案し、並み居る既存企業を置き去りにした。消費者はこれらのブランドを好み、サービスを好み、製品単体が提供できるものをはるかに超える価値をこれらの企業から受け取っている。

これら3つのグループの企業に共通するものは何か。それは、GEも、アマゾンも、ウーバーも、いま私たちはデジタルな世界に住んでいて、**顧客一人ひとりが異なる顔を持っているということを認識し、その認識の上にビジネスを構築して成功している**ということだ。

人が何かを買うときの方法は様変わりした。消費者はこれまでと違う期待を持っている。モノを所有することよりも結果を得ることを好む。標準化されたものではなく、カスタマイズされたものを好む。売り手の都合で行われる計画的陳腐化〔次々とモデルチェンジをして商品の買い替えを促進すること〕ではなく、絶えざる改善を望んでいる。これまでと違うスタンスで企業に関わっていこうとしている。製品ではなくサービスを求めている。画一的で汎用的な製品・サービスは価値を失ってしまった。この新しいデジタル世界で成功するためには、企業は変容を遂げる必要がある。

「製品の時代」がもたらした代償

過去120年、私たちは製品経済《プロダクト・エコノミー》を生きてきた。企業は資産《アセット》を右から左へ、川上から川下へと移転するモデルの中で、物理的な製品を設計し、製造し、販売し、出荷した。そこでのビジネスは、要するに商品を管理し、売り場に並べ、コストを吸収する価格を付けて儲けを得ることに他ならなかった。売り手と買い手の関係は、点在するあちらこちらで、しばしば相手の名前も知らないまま行われる取引によって維持されていた。

このようなビジネスの精神を象徴していたのが、レジ横にあった「返品不可」の断り書きだ。シアーズ（Sears）やメイシーズ（Macy's）のような小売業のパイオニアは、大衆の消費行動を変えたが、誰が買ったのか、どんな使われ方をしているのかについては、ほとんど知る術を持っていなかった。

ヘンリー・フォードは1913年に自動化された組立ラインを稼働させたが、それは実質的には、産業革命が進んだ1800年代初頭に形成された製造の原則の延長線上にあった。組立ラインは、工程を単純な反復作業に分解することで効率を最大化する仕組みだが、それにとどまるものではなく、製品がサプライチェーン、製造プロセス、流通チャネル、そしてマネジメントの各層を支配していることを物語ってもいた。

つまり、製品の都合ですべてが決められ、すべてが完全に直線的に配置されていた。製造、購買、販売に携わる人間はすべて、いつでも別の人間に置き換えの利《き》く存在だった。顧客は好きな色のT型フォードを買える、ただし黒である限り——とフォードが言ったというのは有名な話だ。徹底した効率追求の結果、フォード車の単価は劇的に下がり、安くて耐久性のあるクルマが市場にあふれたが、T型フォードには黒しかなかった。3分に1台の完成車が吐き出されたが、**それに間に合う速さで塗装が乾くのは黒だけだったからだ**。

市場シェアを確保した大企業は、しずしずと価格を上げ始め、製品の差別化によって儲けを得た。利益の追求が企業行動のすべてを支配した（たまに計画的陳腐化でもしておけば心配することは何もなかった）。戦後、米国の大企業が持っていた強い力は、いくら強調しても強調しすぎることはない。企業は明確に製品別に組織され、顧客が何を言ってこようがどこ吹く風であった。コールセンターはなく、顧客サービスの担当者もいなかった。たいていの場合、返品も受け付けられなかった。このやり方は、私たちの祖父母の世代のような顧客にはうまく機能しなかったが、それでも製品は売れ続け、経営者を喜ばせ続けた。

20世紀後半に登場したＥＲＰ〔企業資源計画〕システムは、この問題を悪化させただけだった。このシステムは原材料、在庫、購買発注、出荷、給与計算などに関するオペレーションの効率改善には寄与したが、カスタマー・エクスペリエンスの改善には役立たなかった。近代経営学の権威ピーター・ドラッカーは、企業は測定可能なものを管理しようとするので、経営チームはどうしても製品を中心に据えて組織や戦略を考えようとする、と指摘した。

この時期、サプライチェーン経済への関心が高まった。そこで企業がめざしたのは、できるだけ少ない在庫で需要と供給を釣り合わせることだった。日本の電子製品や効率の高さに怯《おび》えていたエンジニアや経営コンサルタントにとって、それは差し伸べられた救いの手だった。「ジャスト・イン・タイム」の在庫管理の考えによれば、原材料や部品を詰め込んだ倉庫は諸悪の根源ということになる。「ＴＱＭ」〔総合的品質管理〕はプロセス改善の取り組みには終わりがないことを意味した。マイケル・デルはこの規律の上に帝国を築いた。

そしておよそ20年前、米国企業は生産性重視の行き過ぎには代償がともなうことに気づいた――企業と顧客の関係性の毀損《きそん》という代償である。**当時の企業は、顧客のことを何もわかってい**

なかった。顧客は流通チェーンの末端にいて、企業が売る製品を〝消費〟するだけの存在と見なされていた。やがてわかってきたことは、新しい消費者の多くが新製品を使うのに難儀しているということだった。企業はどうしてそのことに気づいたのか？　それは会社の受付に消費者から怒りの電話がかかってきたからである。

そこで、大企業はこの問題に対処するために何をしたか？　顧客サービス部門を設立したのである。それで埒《らち》があかなければ、市場サービス、テクニカルサポートライン、品質保証契約、メンテナンスグループなどを用意した。ついに顧客が姿を現したのだ。企業の中に、顧客の相手をする部門ができた。だが、その部門はサプライチェーンのはるか末端、製品の出庫ドックの先に位置していた。

「顧客の時代」を前進させたデジタル世界の破壊者たち

他人事のように顧客を扱っていれば事足りた、権威ある企業の栄光の日々は去って久しい。今日の顧客は、かつての顧客の何倍もの情報を持っている。彼らのほとんどは、企業が「ようこそ、わが社へ」と言っているあいだに企業を研究し、評価し、選《え》り分けてしまう。彼らの大半、特に若い世代の人々にとっては、製品を所有することはもはやそれほど重要ではない。何かを買うのは不要な持ち物を増やすだけ、とさえ考える人々が増えている。

彼らが求めているのは物理的な製品ではなく、指先で操作できるメディア体験だ。そのせいで、私にはなじみのある大型店舗を持つ小売店のほとんどが姿を消してしまった。サーキット・シティ（Circuit City）、タワーレコード（Tower Records）、ブロックバスター（Blockbuster）、ボーダーズ（Borders）、バージン・メガストア（Virgin Megastore）などである。

ショッピングモールも消えてしまった。いま人々が期待するのは、ライドシェアからストリーミングサービス、サブスクリプション・ボックスまでさまざまだが、要するに即座に実現して継続的に利用できるサービスなのである。彼らはうれしい驚きを味わわせてほしいと思っている。その期待に応えられない企業は却下され、ＳＮＳで酷評される。わかりやすい話だ。

フォレスター・リサーチ（Forrester Research）は、私たちはいま新しい20年のビジネスサイクルの入り口に立っていると指摘する。同社はこの時代を「顧客の時代」と呼んでいる。[*5] 新しい顧客は、好きなときに好きな場所で製品やサービスの価格を決定し、論評し、購入する力を持っている。

フォレスターによれば、そうした新世代の顧客に向けたビジネスへと資本がシフトしている。新しい顧客は、必要な情報やサービスが、すべての適切なデバイスで、状況に応じて、必要なときに提供されることを期待している。間違いなく新しい期待だ（この期待を牽引しているのはミレニアル世代〔１９８０年前後から２００５年頃にかけて生まれた人々〕だが、ほぼすべての世代の人によって共有されている期待でもある）。彼らはクルマに乗りたいのであって、自動車を所有したいのではない。ミルクが飲めればよいのであって、牛を飼いたいわけではない。カニエ・ウェストの新曲は聴きたいが、レコードが欲しいわけではない。

この変化に直面したビジネス界は当初、典型的な方法で対応した――新たなシステムをあれこれ追加したのである。CRM〔顧客関係管理〕データベースを作り、顧客ロイヤリティプログラムを導入し、顧客会員への特典的プレゼントやインセンティブを設け、顧客満足度アンケート調査の結果を社員に公表した。新規顧客の獲得が既存顧客のつなぎとめより難しいというのは、分野を問わずあらゆるビジネスで認められている。嫌な思いをした顧客が発信する悪い評判は良い評判より遠くまで伝わるというのも事実だ。カスタマー・ジャーニー〔顧客が商品やブランドを認知し、関心を持ち、購入や登録に至るプロセスを旅にたとえた用語〕やネットプロモータースコア（NPS）〔顧客ロイヤリティを測定する指標〕についての議論も多く見受けられた。

「顧客は常に正しい」という言葉がある。いつ、誰が最初に言ったのかはわからないが、ハリー・ゴードン・セルフリッジやマーシャル・フィールドなど、19世紀末の百貨店のパイオニアにまでさかのぼることは間違いなさそうだ。これは当時としては斬新な考えだった（当時支配的だった買い手責任負担の原則に取って代わる考えだった）。

驚かされるのは、フォーチュン500の大企業がいまだにこの考えを正しく認識できていないことだ。彼らは顧客に焦点を合わせて多くの戦略を実施したが、それは製品中心の発想にとって都合のよい顧客に向けての戦略であって、**あるがままの顧客を正しく理解した上での戦略ではなかった**。大企業は依然としてソーシャルメディアの至るところで大げさに話のネタにされ、大企業に対する人々の感情に大きな変化は見られなかった。「顧客は常に正しい」という掛け声だけでは不十分だった。

そして、面白いことが起きた。すでに言及したセールスフォースやアマゾンのようなデジタル世界の破壊者たちが、**顧客とのあいだに真に直接的かつ継続的な関係を確立することによって、顧客ファーストのコンセプトを大きく前進させた**のだ。彼らはセグメントに分けた顧客を相手にせず、一人ひとりのサブスクライバーと向き合ってビジネスを行っている。個々のサブスクライバーには、自分のホームページがあり、購買や閲覧の履歴があり、これ以上は我慢しないという基準があり、自分なりの理屈《アルゴリズム》に基づく主張があり、ユニークな経験がある。その一方で、サブスクライバーIDのおかげで、POSプロセスでのトランザクション管理という退屈な仕事は消滅した。

10年前、スポティファイは存在せず、ネットフリックスはDVDレンタル企業だったが、いまや両社はそれぞれの業界の総収益のかなりの割合を占める収益を上げている。こうした状況の下、今日の企業はまったく新しい一連の問いを自問し始めている。

- 顧客と長期的な関係を築くために何をすればよいのか？
- 所有ではなく結果を期待する顧客に何をすればよいのか？
- どうすれば新しいビジネスモデルを生み出せるのか？
- どうすれば顧客に継続的な価値を提供し、定期収益を増やせるのか？

図表1　現在進行中のビジネスモデルの変化

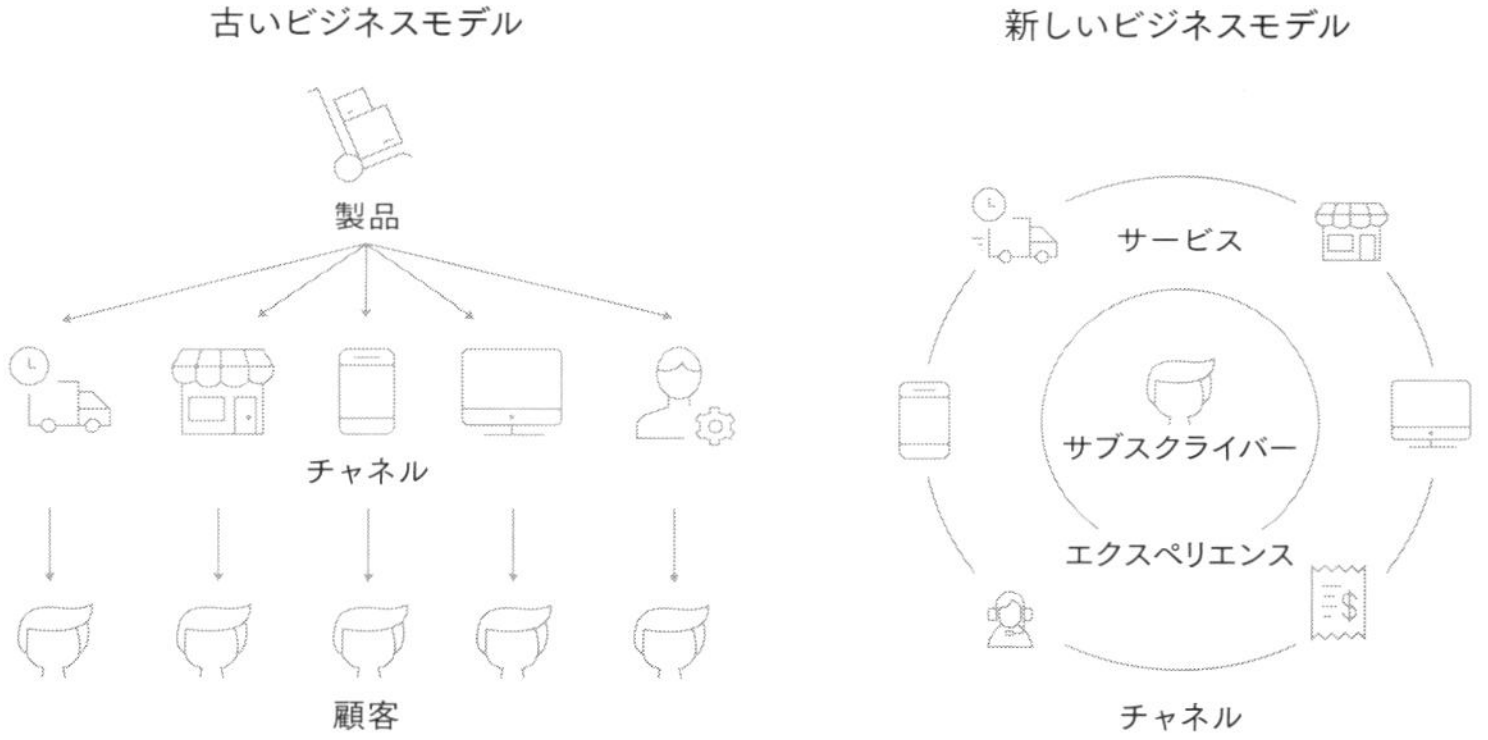

以上を踏まえると、デジタル・トランスフォーメーションはどのように見えるだろう。私には円環《サークル》のように見える。その説明をしよう。

「顧客の時代」の新しいビジネスモデルとは？

本書を読んで何か記憶してほしいことがあるとすれば、上の図を記憶してほしい。現在進行中のビジネスの変化を示す図だ。

左側が古いモデルで、企業は「製品を市場に出す」こと、できるだけ多く売ることをめざしている。もっとたくさんのクルマ、ペン、カミソリ、ノートパソコンを販売しようとしている。そのために、できるだけ多くの販売チャネルや流通チャネルに製品を流そうとしている。もちろん、製品を買ってくれる顧客がいなければ話にならないのだが、売れてさえいればよくて、誰が買ってくれているのかは気にしていない。

これは現代の企業の考え方ではない。今日、成功している企業は顧客から物事を発想する。彼らは、顧客が多くのチャネルで時間を使っていることを知っており、どのチャネルであれ、そこで顧客のニーズを満たす必要があることをわきまえている。顧客について多く知る企業ほど、顧客のニーズを満たすことができ、価値のある関係を顧客と結ぶことができる。これがデジタル・トランスフォーメーションだ。直線的なチャネルでの一方通行的な取引から、サブスクライバーと企業のあいだの循環的でダイナミックな関係への変化だ。

大きな変化が起ころうとしている。今後5年から10年のうちに顧客を理解できなければ、その企業は立ち行かなくなる。小規模なスタートアップ企業が巨大企業の鼻を明かしているが、それができる理由は、彼らは**誰に売っているのかを知っている**という単純な理由による。誰もが80兆ドルの経済に手が届くところにいる。長寿企業は顧客に従う企業であり、顧客を従わせようとする企業ではない。顧客が何を欲しがっており、それをどんな方法で入手したがっているかを知る企業は、独りよがりの製品を作って、顧客に売りつけることに時間と労力を費やしている企業より、はるかに良好な成果を上げるだろう。

製品中心から顧客中心へ――この組織的マインドセットの移行こそ、私がサブスクリプション・エコノミーと呼ぶものだ。今日の世界は、運輸、教育、メディア、医療、ネットデバイス、小売り、製造など、すべてが「サービスとして」提供されている。

もちろん、サブスクリプション自体は新しい考えではない。サブスクリプションの最も基本的な定義は、文書に添えられた（sub script）書き込みである（名前、メモ、補遺など）。2つの当事者が関与する場合に書き込まれる合意内容、協定、関係などのことだ。ビジネスモデルとしては、ジャーナリスト、著者、絵師、歴史家、地図制作者は、何百年も前からサブスクリプション（購読料）という名の対価を受け取っている。1980年代によろしくない音楽CDを大量に販売したのもサブスクリプションだった（49ページ参照）。

急増するデジタル・サブスクリプション

それでは、いま、なぜこのシフトが起こっているのか？　サブスクリプションが人々に届けられる方法が変わったからである。**今日のサブスクリプションはデジタルで届けられ、その過程で膨大な量のデータが生成されるからだ。**

考えてもみてほしい。いまでも企業活動は15世紀に形づくられた会計基準に従っているが、商業用インターネットは登場してからまだ20年ほどしか経っていないのだ。私はインターネットなどまったく存在しない中で育ったが、それほど年寄りでもない。iPhoneは登場してまだ10年少々というところだが、私たちのサービスの利用の仕方をすっかり変えてしまった。そしてクラウドが、企業のITインフラ、プロフェッショナル・サービス、設備投資と運用コストなどについての考え方を根底から変えた。さまざまなデバイスが接続された新しい世界は、まったく新しい体験を私たちにもたらしている。
この分野に詳しい証券アナリストのメアリー・ミーカーは、最近の「インターネット・トレンド・レポート」で、デジタル・ユーザーエクスペリエンス（特にスマートフォン利用）が大幅に改善されたことによってデジタル・サブスクリプションが急増していると指摘した。[*6]
私たちはいま大きな変化の始まりに立ち会っている。次章から、サブスクリプションが変化をもたらしているさまざまな領域を見ていくことにしよう。

第2章 小売業にまつわる誤解

古い「筋書き」を逆転させる

リアルの小売店舗は死んだのか？

リアルの店舗で勝負する小売りは死にかけている。少なくとも、データからはそう見える。米国では2017年、少なくとも7000店が閉鎖されたが、これは記録が残っている過去のどの年よりも多く、金融危機が勃発した2008年の6000店をも上回っている。

店舗面積でいえば5平方マイル（約13平方キロ）以上が空き家になった計算だ。その中にはステープルズ（Staples）、Kマート（Kmart）、JCペニー（JCPenney）、シアーズ（Sears）といったおなじみの会社の店舗も含まれている（1960年代には、シアーズの売上高は米国のGDP〔国内総生産〕の1％を占めていた）。17年には、巨額の債務超過を抱えていた少なくとも1ダースの小売企業が破産申請を行った。

米国には店が多すぎる。非公開企業が赤字の大規模小売店を抱え、さらに問題がありそうな立地に多数の店をオープンすることを余儀なくされているという事情がある。米国に１０００以上ある屋内型モールの約４分の１は、今後５年以内に閉鎖される見通しだ（総モール数は90年代に１５００でピークを打った）。小売業界についてググると、〝消滅した店舗《デッド・モール》〟についてのファンサイトが見つかる。「Label Scar」（名前の痕跡）の検索語で画像検索すると、壁面に消え残った店の名前が読み取れるような写真が何枚も出てくる。

シリコンバレーの考えでは、未来は明らかにEコマースにある。それは現在、小売市場全体の13％以上を占めており、年率15％で成長している（リアル店舗小売りは３％）。本書執筆時点でEコマースの総売上高は年間約４５００億ドルだが、18年末までに５０００億ドルを超えると予想されている。たとえば、米国ではアマゾンは現在９０００万人を超えるプライム会員を抱えているが、それは米国の総世帯数のほぼ半分に相当する。これらの顧客が１年間におそよ90億ドルの会費を支払い、１１７０億ドルの買い物をしている。食料品や日用品の定期購入プログラムが人気を集めて利用が急増しており、数年のうちに食品雑貨はネットで買うというのがニューノーマルになりそうな勢いだ。

しかし、ちょっと待ってほしい。実はEコマースはそんなに速く拡大しない。全米の小売売上高の85％以上は、いまもリアル店舗で発生しており、５兆ドルを超えている。しかも、それはまだ増加しているのだ。今後４年で、世界の小売部門は売上高にして５兆ドル成長し、28兆ドルに達する見込みだが、増加する５兆ドルのほとんどは物理的な店舗で実現するとみられている。

リアル店舗に進出するネット小売業

さらに、面白いことが起こっている。かなりの数のネット販売ブランドがリアル店舗をオープンしているのである。

トランク・クラブ（Trunk Club）（衣料）、ワービーパーカー（Warby Parker）（眼鏡）、アンタックイット（UNTUCKit）（シャツ）、キャスパー（Casper）（マットレス）、バーチボックス（Birchbox）（化粧品）、オールバーズ（Allbirds）（靴）、ボール・アンド・ブランチ（Boll & Branch）（シーツ）、アウェイ（Away）（鞄）、モドクロス（ModCloth）（衣料）、レント・ザ・ランウェイ（Rent the Runway）（衣料）などの企業が、数百もの新たな物理的拠点を出店しつつある。不動産データ会社のコスター・グループ（CoStar Group）によると、ネット小売業各社が展開するリアル店舗の総面積は過去5年で10倍に増えている。

もっと興味深いのは、それら各社が**リアル店舗に顧客を誘導するために、Eコマースサイトから商品を取り下げ始めている**ということだ。たとえば、いまではスターバックス・ドットコム（Starbucks.com）でコーヒーを買うことはできない。

アマゾンは数店のリアル書店を持っているし、最近買収したホールフーズ・マーケット（Whole Foods Market）のリアル店舗460店を所有していることも忘れてはならない。いまや四半期レポートでは物理的店舗の売上が独立した項目として明記されている。アマゾンの社内文書によれば、同社は少なくとも1500店舗以上の食料品店の可能性を見込んでいる。

小売業の調査とコンサルティングを行うカンター・リテール（Kantar Retail）のリード・グリーンバーグ主任研究員は次のように述べている。「小売業が死んだというのは間違いだ。小売総売上の85～90％がリアル店舗からもたらされている。死んだのはお粗末なリアル店舗だ。ショッピングモール型デパートは、買い物客が望むような方法で関係を築けていないために、多くの問題を抱えている。そういう店に入る買い物客は、店に入る前からそこに何があるかわかってしまっている」[*1]

今日では、純粋なEコマース・ベンダーとして地位を確立することがますます困難になっている。マイケル・ウルフの最近のアクティベート・レポートによると、Eコマース市場では上位15社が世界の売上高の60％以上を占めている。[*2] リテールネクスト（RetailNext）のアレクセイ・アグラチェフCEOは次のように述べている。

「Eコマース・ベンダーは出荷と返品の変動費が非常に大きい。アマゾンは素晴らしいロジスティック・マシンだが、ほとんどの場合、個々の販売では利益を上げていない。また、オンラインでは、多くのネットワークが要求するリファラル報酬〔紹介報酬〕が上昇していることもあって顧客獲得コストが上昇している。自社をオンラインでどう差別化するかも悩ましい重要な問題だ。ウェブサイトで何をしたところで、競合他社は簡単にそれを真似することができる。だが、リアル店舗であれば本当に新しい、他の場所では決して得られない体験を顧客に提供することができる」

図表2　著者がアマゾンで最初に買った物

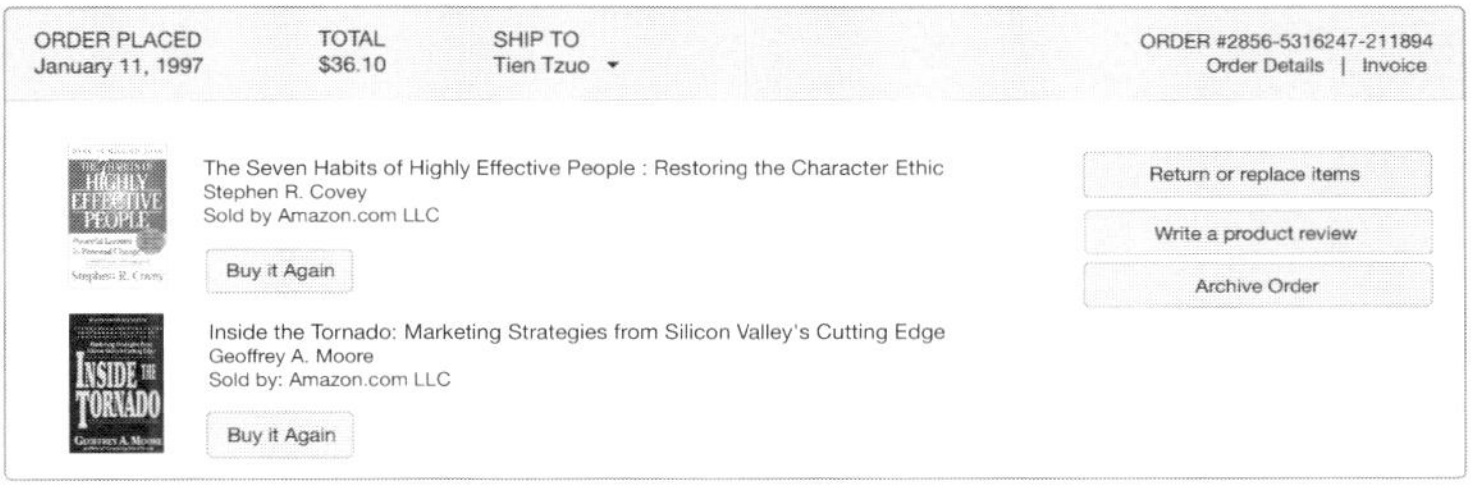

「Eコマース vs リアル店舗」という二分法の間違い

わかってもらえたと思うが、リアル店舗は依然として貴重であり、衰退しつつあるなどということはない。**伝統的な小売業に必要なことは、現在の筋書き《スクリプト》を逆転させることだけだ。**それはどういう意味か？　その説明をちょっとした問いから始めてみよう——あなたがアマゾンで最初に買った物は何か？　それはアマゾンの注文履歴の最後のページを見ればわかる。いま、この本を脇に置いて確認してみても面白いかもしれない。

私が何を買ったかを紹介しよう。アマゾンが本だけ（！）を売っていた頃だ。ビジネスを学ぶ優等生にふさわしく、私はスティーブン・R・コヴィーの『7つの習慣』とジェフリー・ムーアの『トルネード』を買って36ドル10セントを支払っている。もちろん、それ以後アマゾンで買ったすべての物がわかる。その結果、アマゾンは私が何に興味を持っているかを知り、これはどうですかとおすすめ商品を知らせるなど、いろいろ細かい技をかけてくる。あらゆることが顧客にトラックバックされる。

ここでウォルマートを見てみよう。米国の全人口の90%が、ウォルマートの店舗からクルマで20分以内の距離に住んでいる。ウォルマートは5000店舗、150万人以上の従業員を擁し、毎週1億4000万人以上の買い物客にサービスを提供している。ほとんどすべての米国人が昨年、ウォルマートでお金を使った。驚くべき数字だ。ウォルマートはサプライチェーン、輸送ロジスティクス、在庫管理に関して、組織を挙げて数十年の経験を持つ企業だ。製品を仕入れ、売る方法を熟知している。顧客のほとんどは、ウォルマートで食品や日用雑貨を買う。きわめてシンプルで反復的な購買行動だ。だが、あなたがウォルマートでいちばん最近買った物は何かを、ウォルマートは把握していない。彼らにとってあなたは基本的に在庫を店の外に運び出す運搬役にすぎない。レジを通過すると、あなたの姿は彼らの視野から消える。

公平のために付け加えると、ウォルマートも変化している。彼らはEコマース、決済アプリ、商品のピックアップと配送のサービスに多額の投資をしている。しかし、ウォルマートは長きにわたって製品会社《プロダクト・カンパニー》のような考え方をしている。店舗は商品を販売するために存在し、顧客は商品を買うために存在している。それはアマゾンの考え方とは異なる。アマゾンCEOのジェフ・ベゾスは次のように言う。「私たちは長年、3つの重要な考えに従っている。顧客第一。創意工夫。忍耐」。もう1つ、私がよく引き合いに出すベゾスの言葉はこれだ。「他の人はどうか知らないが、私について言えば、レジ係とのあいだで何か意味のあるやりとりをしたことはほとんどない」

アマゾンとウォルマートの戦いは、Eコマースと伝統的小売りの戦いという枠組みで語られるが、それは間違った二分法である。正しくは、**顧客から発想するビジネスと製品から発想するビジネスの戦い**である。顧客と継続的な関係を確立することをめぐる2つの方法のせめぎ合いだ。筋書きを逆にして、まずデジタル体験、次にリアル店舗の建設、という順序に変更することが求められている。

サービスとしてのアップル

毎年数千人のテクノロジー・ジャーナリストが、アップルのトップが熱く語る新製品の発表を聞くために集まってくる。そこでは毎回、前よりも薄く、明るく、大きくなった新しいiPhoneの発表が行われる。最初のiPhoneの発表ではその斬新さが際立ったが、今日、恒例となった発表会はいささか的外れな印象を与える。ゴールドマン・サックスのアナリスト、シモーナ・ヤンコウスキーが正しく指摘するように、「スマートフォンの戦場は、契約者の奪い合いではなく、ユーザー・マネタイズへと移行している」[*3]からである。

アップルのトップもこのことを認識しているに違いない。同社はサービスからの収益を引き上げるのに躍起で、2020年までに現在の2倍にしようとしている。2018年2月1日に行われた業績発表では、時間の大半がサービス収益の説明に割かれたが、2017年のそれは311億5000万ドルで、それだけでフォーチュン100企業に匹敵する。前年比27%の伸びで、全社の成長の半分以上をサービス収益の成長が占めたことになる。

ハードウェア事業には季節性がありアップダウンが大きいが、サービス事業は一貫して予測可能な成長を示している。ここで私が何を言いたいかおわかりだろうか？　こんな重要な数字を聞かされても、その意味がわからない人がいるということだ。業績発表後の質疑応答で、アナリストの質問はｉＰｈｏｎｅの需要と供給に集中した。私は思わず天を仰いだ。

私はアップルが高価なスマートフォンを裕福な人々に売って、何の問題もなくうまくやっていることを理解している。しかし、ティム・クックＣＥＯが新製品発表会の基調講演で、**すべてを包含するシンプルなサブスクリプション・プラン**を発表したらどうなるだろう。ネット・プロバイダの利用料、ハードウェアの自動アップグレード、追加デバイスへのアドオン・オプション、音楽や動画のコンテンツ、特別なソフトウェア、ゲームなどがパッケージされたプランだ。アップグレード・プログラムとして提供されるサービスではなく、アップルが会社ごとサービス提供企業になるということだ。

これは私のアイデアではなく、ゴールドマン・サックスのアイデアであることを書いておかなくてはならない。同社のアナリスト、ヤンコウスキーは、月額50ドルで、ハードウェアのアップグレード、アップルＴＶ、アップル・ミュージックを提供する「アップル・プライム」のサブスクリプションを提案している。このような施策で、もしアップル本社が来年の収入の80％はすでに約束されていると、セールスフォースに似た財務諸表を発表することができれば、アップルの時価総額はあっという間に1兆ドルに達するだろう。

年を経るごとに、アップルはｉＰｈｏｎｅの出荷台数のことを気にしなくなっている。逆に、アップルＩＤの1件当たりの収益、生涯価値、そしてアップルＩＤのベース拡大と価値の強化につながる効率的な指標に関心を寄せている。アップルはこれらのＩＤをリアル店舗での販売に巧みに統合している。私はアップルストアに入り、ＩＤを提示し、製品を買って店を出る。見事な連携だ。

スターバックスもＩＤを持っている。私はスターバックスにログインし、スターバックス・カードとモバイルペイメント・アプリを使い始めて以来、自分が飲んだすべてのコーヒーとラテを振り返ることができる。このようなＩＤの仕組みを持っている会社が他にあるだろうか。思い浮かぶ会社は多くない。そのことが消費者向けブランドの企業に背筋が寒くなるような教訓を突きつけている。

コロムビア・ハウスの破綻が示唆すること

あなたの会社が今後5年、見知らぬ人に製品を売る商売を続けるとしたら、10年後にも会社が存続している可能性は低いと言わなくてはならない。今日、あらゆる消費者ブランドに絶対に必要なのは、**顧客を知る**ということだ。そうしなければ、あなたの会社は破綻する。単純でわかりやすい事実だ。

バーチボックス（Birchbox）（化粧品）、ダラー・シェイブ・クラブ（Dollar Shave Club）（髭剃り）、ルートクレート（Loot Crate）（ゲーマー向け製品）、スティッチフィクス（Stitch Fix）（衣料）、フレッシュリー（Freshly）（総菜）、グレイズ（Graze）（菓子）、トランク・クラブ（Trunk Club）（衣料）、ファブレティクス（Fabletics）（アクティブウェア）、スタンス（Stance）（ソックス）など。これらはどれも、月替わりで特定分野の商品を送りつけるだけの、一般的な定期購入サービスとは大きく異なる。彼らは、顧客との直接的関係の構築から始め、心をつかむ楽しいサブスクリプション体験をつくり出すという、顧客ファーストの精神で小売りに参入した。

常にこのようなやり方が行われてきたわけではない。コロムビア・ハウス（Columbia House）は、80年代から90年代に育った私たちの心の中で、特別な場所（恐ろしい場所？）を占めている音楽の通信販売サービスだ。コロムビア・ハウスと契約すると、たった1セントで、自分が選んだ複数のアルバムを送ってくれた（送られてくるものは後に8トラック、カセット、CDに変わった）。ジャーニーでも、ランＤＭＣでも、スプリングスティーンでも、何でもござれ。コロムビア・ハウスはすべて受け付けた。好きなアーティストや楽曲を選んで、郵便ポストにアルバムが届くのを待っていればよかった。

数十年にわたって音楽の通信販売ビジネスを支配し、最盛期には14億ドルを売り上げたコロムビア・ハウスだったが、２０１５年後半に会社更生法を申請して破産した。この会社の破綻は、人々のメディア嗜好の変化（つまりスポティファイ、ネットフリックス、ニッチな動画に特化したＯＴＴメディアプロバイダ〔動画・音声などのネットコンテンツ・サービス〕などへの移行）、アマゾンに代表されるオンライン小売業者との激しい競争が原因とされるが、私はその崩壊のおもな原因は**加入者との関係性のマネジメントに失敗したこと**にあると思う。

コロムビア・ハウスは、加入者との関係を中心に据えてビジネスを構築しようとするのではなく、ただ商品を送りつけ、顧客に代金を支払わせるだけのビジネスを続けた。残念な方法と言うしかない。最初のディスカウントや無料のお試しに釣られてクレジット情報を提供してしまった顧客が、しかるべきタイミングで解約し損ねると、続けて請求された。不透明な請求、複雑なキャンセル手続き、お粗末なコミュニケーションのおかげで、たくさんの会員が欲しくもない商品の山に悩まされた。悲しいことに、多くの企業がいまでもこのような顧客無視のゾンビ・ビジネスモデルを続けている。

顧客を最高のパートナーとして扱う

さて、今日のサブスクリプション・サービスは何か変わっただろうか？　賢明な企業は、加入者を維持したければ、解約ボタンを見つけにくくするような情けないテクニックに頼るのではなく、素晴らしいサービスを構築する必要があることを認識している。『シリコンバレー発　会員制ビジネス起業術』の著者、ロビー・ケルマン・バクスターはこう書いている。

「サブスクリプション・ビジネスを長く続けたいなら、特に顧客の不満が光速で拡散する時代においては、黄金律に従わなくてはならない。すなわち、やめたいと思っている顧客が簡単にやめられるようにするべきだ。もちろん、なぜやめるのかをたずねるのはよいし、再契約を試みるのもよいが、やめるのを邪魔してはいけない」[*4]

ファブレティクス（女優のケイト・ハドソンが創業メンバーで、ルルレモンの競合）やアドア・ミー（Adore Me）（デザイナー・ランジェリー）などの企業は、お粗末なサブスクリプション管理のせいで批判にさらされた。不明朗な請求、複雑なキャンセル手続き、不十分なコミュニケーション——こうしたサブスクリプション小売りの問題（および顧客の苦情）はすべて、この「ネガティブ・オプション」〔送りつけ商法〕モデルの考えに起因する。２社の名誉のために付け加えておくと、両社ともその後、サービスと透明性を向上させるための具体的な措置を取り、顧客満足度を向上させている。

コロムビア・ハウスの創業後60年以上が経過したというのに、いまだに多くのサブスクリプション小売事業はこのレベルにとどまっているようだ。彼らは、どうすれば製品ではなくカスタマー・エクスペリエンスを売ることができるのか、どうすればシームレスな顧客体験を収益につなげられるのかを知らない。たんに製品に月額料金をつけて出荷していればよいという話ではないのである。そのような考え方は根本から変えなくてはならない。顧客をサブスクライバー、すなわち関係を継続し、互いにメリットを与え合うパートナーとして扱わなくてはならない。

フェンダー――ギターの販売からミュージシャンの育成へ

サブスクリプションは、生鮮食品やリピート購入品を扱うのには明らかにすぐれている。カミソリ、おむつ、食料品、洗剤、ペットフードなど。では、もっと高価な製品を扱っているような場合、定額のボックス・サービスのようにサブスクライバーとの関係を維持するにはどうすればよいだろう?

製品に魅力的なデジタルサービスをセットにして提供すればよい。フェンダー(Fender)の事例が素晴らしい。彼らは70年以上にわたり素晴らしいエレキギターを作ってきた。しかし、業界全体の売上は過去10年で約3分の2にまで減少している。また、フェンダーの売上のほぼ半分は初めてギターを持つ初心者で、その90%が1年以内にギターに触るのをやめてしまう。

その原因は、フェンダーのCPO(最高製造責任者)であるイーサン・カプランによると、ギターが「マスターするのが難しい楽器」だからである。いくつかコードを覚えるぐらいまでは簡単だが、その先が難しく、ほとんどの人がギターを弾くのをやめてしまう。しかし、そこを乗り越えて演奏を続けてもらえれば、そのほとんどが生涯の顧客としてとどまってくれるとカプランは考えている。ギブアップする人の比率を抑えることが重要な優先課題であり、それは「電源に接続されたギター」について考えるだけでは実現しないこともわかっていた。

そこで、彼らはギター初心者が最初のリフや曲を30分程度でマスターできるよう指導する、フェンダー・プレイ(Fender Play)という定額利用のオンライン教育動画サービスを開始した

（私はこれのファンで、これまでにCとDとGの3つの開放弦コードを学んだ。ここで終わらないように頑張りたい）。

「われわれは視聴者をしっかり理解するためにセグメンテーション分析を行った。その結果をデジタル戦略を展開するための手がかりとして使った」とカプランは説明する。サブスクリプション型練習サイトのリンダドットコム（Lynda.com）が成功したことで、フェンダー・プレイのプレミアム・コンテンツには市場があるという手応えを得ることができた。2016年8月には、フェンダー・デジタル（Fender Digital）の最初の製品としてチューニング用の無料モバイルアプリの「フェンダー・チューン」（Fender Tune）を発表した。フェンダー・チューンはフェンダー・プレイの利用者がぶつかる壁を取り除くのに役立ち、膨大な消費者データの活用を早めた。「何分かけてチューニングしているか、何人がチューニングしているか、どの機種をチューニングしているか、うまくチューニングできたかなどがわかります」とカプランは言う。彼のチームは、フェンダー・プレイを発表する前に、フェンダーのデジタル製品全体からリアルタイムのインサイトを得るために、1年かけてデータ分析の仕組みとダッシュボードを構築した。カプランは次のように語っている。「学習を通じて顧客と継続的に対話することが重要だ。私は客にただギターを売って、やめないでくれと願うだけのビジネスはしたくない」[*5]

フェンダーのアンディ・ムーニーCEO――私たちが2017年にサンフランシスコで開催した「Subscribed《サブスクライブド》」のカンファレンスをエリック・クラプトンの「愛しのレイラ」の素晴らしいカバーで締めくくってくれた――は、ギブアップ率を10％削減するだけで、同社の売上を倍増させることができると述べている。

フェンダーの成功例は、一見すると〝静的な〟ものとしか見えない製品にサービス指向の考え方を適用しようとする企業にとって実に魅力的だ。ムーニーは代理店のマージンや販売本数ではなく、サブスクライバー・ベースとエンゲージメント〔企業と顧客のきずな〕に意識を向けた。それは、顧客をギターの所有者と見るのではなく、ギター奏者として、生涯にわたる音楽愛好家として見るということだ。「創業者のレオ・フェンダーは、実はギターを弾いたことがない。だが、彼はアーティストの声に耳を傾けた。フェンダーで、私たちはいまも顧客の声を聞くことの重要性を信じている」とムーニーは語った。

まず必要なのはオンライン体験

筋書《スクリプト》きを逆転させることさえできれば、小売業にはまだまだ可能性があることをわかっていただけただろうか。「筋書きを逆転させる」とはどういう意味か。アマゾンとアップルを見ればわかるように、**すべての発想を、製品からではなく顧客から始める**ということだ（もちろんアップルは有名な〝製品会社《プロダクト・カンパニー》〟だが、私の考えでは、彼らは自社の製品を顧客にサービスを提供するための手段と見なす傾向をどんどん強めている）。そしていま、サブスクリプション・ボックスの新しい種類の企業が繁栄し始めている。フェンダーのような贅沢品のメーカーでさえ、学習とエンゲージメントを重視したデジタル化によって継続的関係を構築する方向に舵を切っている。

それはモールで商品を売っている〝普通の〟店舗にとってはどういう意味があるだろう？　ここでも、新しいタイプの小売業者はすべて顧客から始めている。『コンピュータワールド』誌のコラムニストであるマイク・エルガンは、「結局のところ、小売業の終わりを予言する黙示録など存在しない。そんな未来観はオンライン小売業とリアル小売業という時代遅れの二分法から出てくる見方だ。真の区分は、かたやデータ主導でアプリ中心、柔軟性のあるチャネル総動員型の小売業、かたや古く陳腐化した小売業のあいだに存在する」と語る。[*6]　Eコマース企業がリアル小売店をオンラインストアの拡張として扱っている様子を詳しく見ていくと、オンライン販売だけで収益を上げることがますます難しくなっていることがわかる。

〝ショールーミングの恐怖〟という言葉を覚えているだろうか？　かつて小売業者は店を訪れる買い物客を恐れていた。商品をあれこれ物色し、気に入ったものが見つかるとライバルのオンラインショップで安く買うという客だ。だが、少し調べるだけでわかったことだが、実際はその逆で、多くの人はまずオンラインで商品を物色し、それからリアル店舗に行って、実際の商品を確認してから買っていた。今日では、それがブランド経験の提供に成功する鍵とされている。**まず最初にオンライン体験が必要だった**だけで、それ以上でも以下でもなかったのである。

米国の男性用カミソリ市場でのジレット（Gillette）のシェアは、２０１０年の70％から16年には54％に落ち込んだ。ハリーズ（Harry's）やダラー・シェイブ・クラブ（Dollar Shave Club）からオンライン購入をする男性が増えたからだ。顧客ＩＤの管理や、出荷とパッケージングのロジスティクスをオンラインに移行することによって、リアル店舗を商品倉庫ではなくショールームとすることができる。ワービーパーカー（Warby Parker）は、自社のリアル店舗を訪れる客について、4人のうち3人は最初にウェブサイトを訪れていると推定している。

●たとえば、ボノボス（Bonobos）（男性衣料）の「ガイドショップ」（Guide Shops）（いまはウォルマート傘下！）は実際には何も販売していない。客が店にある商品を気に入れば、ボノボスは後でそれを客に発送する。店の狙いは、客が実際に商品に触れて試せるということと、アドバイスを得られるということだ。同社は店舗を、在庫管理のためではなく、カスタマー・インサイトを獲得するために利用している。

●ワービーパーカーは、来店客の85％があらかじめネットで商品を調べているということを踏まえ、店舗建設に1平方フィートあたり平均3000ドルかけている（高級宝飾店のティファニーをわずかに下回る水準である）。彼らは商品で店舗スペースを埋め尽くしたりはしない。

●ノードストローム（Nordstrom）の新しい店舗では、スタイリングやマニキュアなど、トランク・クラブ（Trunk Club）会員を対象とするあらゆる種類のサービスが提供されるが、実際の在庫を前面に押し出してはいない。顧客は、買った商品を店頭で受け取るか自宅に配達してもらう。

●アマゾンの新しい書店では、本が面出しで陳列され、解説やレビューの評価点を示すカードが添えられている。本で埋め尽くされた棚で囲まれたフロアに買い物客を放り込むよりは、親切な方法といえるだろう。ネットフリックスがそのホームページで行っているのと同じようなやり方で、新しく面白いコンテンツを前面に押し出している。

●スターバックスのケビン・ジョンソンCEOは次のように説明している。「1つ目。お客様に、店に行きたいと思ってもらえるようなショッピング体験を提供すること。2つ目。その体験をリアル店舗だけではなくデジタルとモバイルの関係の中でも提供すること」

当然のことながら、どの企業も、オンラインデータを物理的な店舗のデザインやディスプレイに活用している。バーチボックスのニューヨークの店舗では、ウェブサイトでの商品ランキングとレビューを利用して、品揃えと陳列を行っている。また、商品をブランド別ではなくカテゴリ別に整理するなど、シンプルで直感的な方法を採用している。電気自動車のテスラ（Tesla）では、ディーラーの店舗に多数のクルマが並んでいるわけではないし、営業担当者は歩合制で働いているわけでもない。彼らのおもな仕事は情報を提供して質問に答えることだ。自動車好きの人なら、顧客担当スタッフとオンラインでやり取りすることもできる。

ピックアップサービスとサブスクリプション配送サービスはますます普及しつつある。マッキンゼーによればサブスクリプション型Eコマースは過去5年間、毎年100%以上のペースで伸びてきた。特に食品や雑貨のような分野では、迅速なピックアップと配達は、ビジネスを行うための参加料のようなものだ。

小売業者は自動車メーカーと協力して、クルマに暗号セキュリティ機能を備えた独立したトランクの開発に取り組んでいる。顧客が家にいないときでも、クリーニングや食料品をクルマのトランクに届けられるようにするためだ。ターゲット（Target）（小売り）はアマゾンが全米におよそ80の発送センターを持っていることを知っているが、彼ら自身は１８００カ所のセンターを持つ潜在的可能性がある。ウォルグリーンズ（Walgreens）（薬品）と同様、ターゲットもアプリを使って店舗で大量のピックアップを行っている。

小売店の基本的な経済モデルさえ、あらゆる種類の斬新な方法で刷新されている。流行のテック・ガジェット（ＩＴ製品）を販売するショールームであるｂ８ｔａ《ベータ》は、**製品の販売で儲けているわけではない**。そのビジネスモデルは完全に製品ベンダーからのサブスクリプション収入で支えられており、経営としては投資利益率の向上に意識を集中させている。安定的で定期的な収益モデルのおかげで、第４四半期のホリデーセールで1年の帳尻合わせをする必要がない。まさにウィン・ウィンである。

モールは衰退を続ける？　そんなことはない。倒産した店以外はかなりうまくいっている。リテールネクストのアレクセイ・アグラチェフは次のように述べている。「1平方フィート当たり平均２５０ドル売り上げる古い店は、流行《はやり》のブランドに入れ替えれば平均７００～８００ドルを売り上げるようになる。全体的なポートフォリオが最適化された、成功しているモールはますます良くなっていく」

たとえば、マンハッタンのダウンタウンにあるウエストフィールド・ワールドトレードセンター（Westfield World Trade Center）モールは美術館であり、エンターテインメント・コンプレックスであり、ショールームであり、人々が集う場所として賑わっている。どの店舗も順調だが、モールの経営陣は成長の車輪を回し続けるためにアクセスと快適さにもっと投資する必要があると感じている。彼らがイメージしているのは、入園料、エンターテインメント、ダイニング、商品販売などから収益を得るディズニーパークである。

創業329年のスタートアップ企業

最後に、店舗を持っていない企業はどうすればよいだろう？　小屋ぐらいなら持てるのではないだろうか。サブスクリプション収入と利便性によって企業価値を高めた小売業者のもう1つの例は、スウェーデンの国家的機関であるハスクバーナ（Husqvarna）だ。1689年に兵器工場として設立されたが、いまでは森林や芝生や庭のメンテナンス用器具、建設や石材産業用の機器などで世界をリードする企業である。同社は最近、コアな顧客層である家庭用機器の利用者を対象に、ハスクバーナ・バッテリーボックス（Husqvarna Battery Box）というサービスを開始した。これは有料で貸し出される道具を収納した道具箱で、鮮やかな青い収納庫のような外見をしていて、ショッピングセンターの駐車場に設置されている。

ストックホルムのハスクバーナ加入者は、バッテリーボックスに収納されたヘッジトリマー〔植木用電動バリカン〕、チェーンソー、リーフブロワーのようなバッテリー駆動機器を利用することができる。機器は常に良好な状態にメンテされ、充電されている。サブスクライバーは毎月定額料金を支払い、道具を使い終わったら返却するだけでよく、保管やメンテナンスの必要はない。いたって簡単な仕組みだ。道具を買うつもりの客にとっても、購入前に試しに使えるのはありがたい。ハスクバーナのパベル・ハイマン社長は、「いまでは家やクルマだってシェアされている。ヘッジトリマーのように、たまにしか使わない製品をシェアすることは、一部のユーザーにとっては非常に意味があります」と語っている。

新しいビジネスモデルを成功させるのに不可欠な要素は、熱心なサブスクライバー・ベースを広げ、掘り下げることだ。小売業界においては、デジタル化された顧客IDによって、カスタマー・インサイトの発見と顧客エンゲージメントの強化を実現し、魅力的なショッピング体験を顧客に提供することだ。**新しい勝者は、リアル店舗をネット店舗の拡張スペースとして利用している。**その逆ではない。彼らは従来の筋書き《スクリプト》を逆転させたのだ。

第3章

メディアの隆盛
新たな黄金時代の幕開け

ブロックバスター狙いのハリウッド・ビジネス

ハリウッドの黄金時代――1920年代後半から60年代初め――「ビッグファイブ」と呼ばれる映画スタジオは1週間に数十本の映画を製作した。質より量が追求されていたが、ときどきは悪くない作品が登場した。「捜索者」「オズの魔法使い」「カサブランカ」などの傑作が、凡百の西部劇、ミュージカル、ミステリーの作品群の中で生み出された。

そこには、ヒット作の収益が失敗作のコストを埋め合わせるというポートフォリオ効果があった。もちろん、興行収入が今日よりはるかに安定していたときの話だ。当時、ほとんどの米国人にとって、映画館に行くことは毎週または毎日繰り返されるお決まりの行動だった。映画スタジオは予測可能なビジネスを行っていたと言える。

しかし、その後テレビの時代が到来し、映画製作の賭け金は突然高騰した。人々が映画館に足を運ばなくなったのだ。ハリウッドの映画スタジオはこれにどう対応したか。チャールトン・ヘストンを起用して、「ベン・ハー」「十戒」「クレオパトラ」のような歴史大作に大金を注ぎ込んだ。豪華なセット、何千人ものキャスト、客を呼べるスターに金を注ぎ込んだ。しかし、その効果は限定的で、映画産業は60年代半ばには苦しい状況に追い込まれた。

しかし、大勢の新進のプロデューサーや監督たちが、古い映画のフォーマットに乗せて、ありとあらゆる興味深い新しい傾向の作品を生み出した。「ジョーズ」や「スター・ウォーズ」などが登場するに至って、**ブロックバスター（大作主義）がハリウッドのビジネスモデルとして確立した**。すなわち、まずヒット作を世に送り、テレビ放送のライセンスやフィギュアや小説化、ハロウィーンの衣装や菓子などの関連商品などから収益を上げるというものだ。海外市場の拡大とDVDブームも、数少ないドル箱映画に大金を賭けるという発想に拍車をかける効果しかもたらさなかった。実際、ヒット作から二次利用権収入を得る方法はたくさんあった。

音楽ビジネスの世界でも、本質的にはこれと同じことが行われた。ただし、もっと高額の掛け金で。コロムビア・レコード（Columbia Records）は、１９４８年に12インチのビニール盤レコードアルバムを発表した（それ以前はワックスシリンダーと78回転ＳＰ盤）。そこでもヒット曲が失敗作の穴を埋めた。ブルース・スプリングスティーンの最初の2枚のレコードはコケたが、3枚目の「明日なき暴走」は当たった。ラジオで人気を博せばアルバム販売、カラオケ・ライセンス、BGMバージョン、映画サウンドトラックでの利用、そしておそらくベスト・ヒット・パッケージ。いまどきのシリコンバレー的業界用語で言えば、「ロングテール・コンテンツのマネタイズ」といったところだ。

そして、80年代後半にCDが登場したとき、レコード業界は、笑いが止まらないほど高い新曲の利益率に加え、バック・カタログにあるすべての楽曲をもう一度販売する機会を手に入れた！マライア・キャリーのアルバム「メリー・クリスマス」はその好例だ。1994年に発売されたときにもヒットしたが、その後、売れ行きは止まるところを知らない（現在、全世界の販売数は1500万を超えている）。クリスマスのたびに売上が伸びている。このようにして、当たるか外れるかのビジネスが展開された。まさに音楽が鳴り止むまで。

エンターテインメント業界盛衰史

その後、インターネットとファイル共有サイトが登場したが、エンターテインメント業界は、法律に則って独自の代替的オンラインビジネスを打ち出して、冷静かつ入念に対応した。

というのはもちろん冗談で、業界はパニックに陥った。議会で著作権や通信事業に関する公聴会が開かれ、子どもたちが裁判所に出頭させられ、メタリカ〔ヘビーメタルバンド〕のラーズ・ウルリッヒは悪質な著作権侵害者33万5000人（メタリカのファンだったのではないかと思うが）

の名前をナップスター（Napster）〔音楽の共有を主目的としたファイル共有サービス〕の事務所に提出するなどの展開があった。

そこにスティーブ・ジョブズがさっそうと登場して音楽業界を救済した（見方によるが）。1曲か2曲のヒットを聴くためにアルバム全部を買う必要はなくなり、1ドル払って1曲買えるようになった。ヒット作を生むというおなじみのビジネスモデルに専念できるとあって、アップルと契約する音楽レーベルの行列ができた。もちろん、1曲1ドルのビジネスモデルはいつまでも続かない。それは一時的に海賊版を排除し、音楽業界に一息つかせてくれたが、とにかくトップ40に押し上げれば勝ちという古いシステムを生き長らえさせてしまった。

さらに、業界全体の収益は減少を続け、通信速度が向上してくると、テレビ局と映画スタジオは世界各地で海賊版に苦しみ始めた。

当時誰も気づいていなかったが、目端《めはし》の利くスタートアップ企業は、ストリーミング技術と簡単な定額課金方式で、ネットのコンテンツを遵法的に消費できるサービスを始めた。１９９７年創業のネットフリックスは、映画のストリーミング配信を２００７年に開始し、10年で有料加入者をゼロから1億人まで増やした。ネットフリックスのほぼ10年後に設立されたスポティファイは、９年足らずで有料会員をゼロから５０００万人に増やし、いまや世界の音楽産業の売上の20％以上を占めている。ストリーミングサイトはその後、ネット上の海賊行為との戦いにも勝ち、信頼性の高いビジネスモデルを提供した。

その結果、今日の私たちの暮らしがある。居間に置いたＤＶＤラックの見栄えを気にすることも、CDが傷つく心配も、お気に入りの番組を観るために家路を急ぐこともなくなった。それが、ここ5年ほどの変化だろうか。

私は誰もがラジオで音楽を聴いた80年代に育ったが、音楽テープを買うために15ドル（ずいぶんな金額だ）握ってモールに行き、ヒット曲を聴くために走って家に帰ったものだ。アルバム収録曲がどれも気に入ればラッキー（U2の「ヨシュア・トゥリー」）、そうでなければ運が悪かったと諦めるしかなかった（フィル・コリンズの「ノー・ジャケット・リクワイアド」）。いずれにせよ、15ドルで買ったテープは、半年も経つとトイレットペーパーのような音を立て始めたものだ。

だが、今日のアルゴリズムとスポティファイのプレイリストは、音楽と出会うまったく新しい場を創造した。かつて音楽との出会いは、R・E・Mやザ・スミスといったロックバンドを知っている音楽通の友だちを介してもたらされるものと相場が決まっていた。クラスにそんな子がいなかったら、音楽と幸運な出会いを果たすことはできなかった。

今日、私たちはメディアの新しい黄金時代にいるようだ。多くの点で、古いスタジオシステムの全盛期に似た空気が漂っている。アーティストにはもっと対価が支払われる必要があるものの、より多くの聴くべき音楽があり、より多くの観るべき新しい映画や番組がある。ブロックバスターの考え方から解放された**新しいストリーミングサービスは、無理して最大公約数的なエンターテインメントを追いかける必要がない**。大通りにミニバンを走らせる宣伝でお金を無駄にしなくてもよい。リスクはスマートでエッジの利いたプロジェクトの制作で取ればよいからだ。

「ストレンジャー・シングス」（SFホラー）、「トランスペアレント」（トランスジェンダーを扱ったコメディ）、「オレンジ・イズ・ニュー・ブラック」（女性刑務所の生活を描いたヒューマンドラマ）をプライムタイムのテレビで観る時代が来るなどということを誰が想像しただろうか。

ネットフリックスのポートフォリオ効果

ネットフリックスはオリジナル・コンテンツの制作に年80億ドルを支出している。アナリストもあきれるほどの額で、批判的な人たちからは、長く続くわけがない、3年か4年で買収されて終わりだろう、CEOのリード・ヘイスティングスは傲慢でビジネスが見えていない、といった類いのコメントが聞こえてくる。魔法のような制作方法やしかるべきパートナーを見つけない限り、このやり方はコストがかかりすぎて成功しないと考えられている。ハリウッドの仕事はハリウッドの連中に任せて、「プラットフォームを活用した金儲け」に集中していればいいと言わんばかりだ。

では、ネットフリックスの経営陣はどう考えているのだろう。それを探る最初の手がかりは、ネットフリックスには今日、世界中で1億2000万人の加入者がいるということだ。年間利用料の平均が100ドルとすれば、毎年120億ドルの収入になる。彼らは明らかにその多くを自社のオリジナル・コンテンツの制作に注ぎ込もうとしているが、どういう理屈でそれを正当化しているのだろう。

「バットマン vs スーパーマン　ジャスティスの誕生」のような映画のビジネスモデルはごく単純だ。スタジオはこの制作に2億5000万ドル支出した。3～4倍の売上があれば成功と見なされ、そうでなければ失敗。結局、ハリウッドはどこまで行ってもハリウッドである（スティーブン・スピルバーグは、「リンカーン」は劇場で7ドルで観られるが、そのうち「アイアンマン」を観るのに40ドル払わなければならなくなるかもしれないと、自身も手を貸したブロックバスター狙いの映画産業の将来に対する懸念を公言した）。映画を作りたければ金を出し、市場が報いてくれるかくれないかは出たとこ勝負というわけだ（ところで、「バットマン vs スーパーマン」はひどかった。私が払ったお金を返してもらいたい）。

新しいネットフリックス・ショーのビジネスモデルは基本的にもっと安定している。同社は「GLOW　ゴージャス・レディ・オブ・レスリング」や「ゴッドレス　神の消えた町」といったドラマの新シーズンに約5000万～6000万ドルの制作費を投入しているが、〝売る〟ことのできないテレビ番組や映画への支出をどう正当化するのだろう。

再度、ポートフォリオ効果の話に戻ろう。番組が成功してもしなくても、**ネットフリックスにとっては、切れのよい新しいコンテンツに投資することは、①新しい加入者を獲得し、②現在の加入者の契約を継続させるのに役立つ**。しかも、その番組はいつまでもコンテンツ・リストにあり続けるのだ！　以上があいまって、同社のポートフォリオ全体の価値は高まる。

新しいオリジナル・コンテンツは、新規顧客の獲得コストを引き下げ（ドラマ観たさの加入者が増えるから）、既存加入者の生涯顧客価値を高める（継続利用しようという気になるから）。ネットフリックスは、加入者ごとに、かけたお金の回収が終わるまでの時間を正確に把握している。新しい番組のために巨額の費用を注ぎ込んでいるということは、ネットフリックスは長期的な儲けのためなら短期的な支出に糸目はつけないことを示している。

後ほど少し堅苦しい話をすることになるが、もうしばらく人気を博している新しいメディアの話と、そこから学ぶべき教訓についての話を続けることにしよう。

クランチロール——ネット動画配信の草分け

米国人のおよそ3分の2がネット動画配信サービスに加入している。そして、一般にどこまで認識されているかわからないが、全国ネットの大企業から最も小さなケーブルチャンネルまで、地球上のすべての動画コンテンツ・プロバイダが定額制動画配信（Subscription Video On Demand：ＳＶＯＤ）に移行しつつある。いまや世の中には、ボリウッド映画〔インド映画〕から英国コメディ、韓国ホームドラマまで、ありとあらゆるジャンルの動画配信サービスが存在する。

ライブストリーミングはもう1つの巨大な成長分野だ。たとえば、いまや毎月１００万人に迫る視聴者を引きつけているビデオゲームのストリーミング配信サイト、ツイッチ（Twitch）の爆発的な人気を見てほしい。このような会社は、堅実かつ予測可能なサブスクリプション収入のおかげで、気まぐれな広告市場で四半期ごとの数字に追われることなく、将来に向けて、バックリスト強化や独自コンテンツ開発のための投資を進めることができる。

ズオラは大手ケーブルネットワークから地域プロバイダまで、あらゆる種類のSVOD企業にソリューションを提供している。ネット動画のサブスクリプション配信に本気で取り組んだ最初の会社と共に働く幸運にも浴した。それはどこか？ クランチロール（Crunchyroll）である。100万人以上の加入者がいて、「カウボーイビバップ」や「ドラゴンボールZ」のような人気アニメや（あまりクールとはいえない私の同僚にとって、アニメといえばこれら日本のテレビアニメのことだ）、加入者限定の「ブレードランナー2049」の予告動画を見るために利用料を払っている。クランチロールは日本以外では大きな存在で、海外での権利を専門とし、ブラジルからボツワナまで180カ国以上で視聴者を抱えている。

クランチロールは、2006年に海賊版サイトとして始まった。著作権侵害を容認するつもりはないが、2009年に正規のサブスクリプション・サービスを開始したとき、同社には他社にない2つの利点があった。その分野でのブランド認知と、ファンの好き嫌いについての鋭い嗅覚である。彼らはネットフリックスがまだDVD事業を行っていた時期に、初めて本格的なネット動画配信を開始した。そしてネットフリックスと同様、いまでは加入者から得た収入のかなりの部分を、新たなコンテンツ開発への投資と日本のアニメ業界支援に充てている。

いまやクランチロールの〝ユーザー・カンファレンス〟は、巨大なコミックマーケットのように見える。何千人もの熱狂的ファンが「マンデーナイトフットボール」〔NFL中継番組〕のアナウンサーや「LAW & ORDER　性犯罪特捜班」の検視官の服装でコンベンションセンターを埋め尽くす。こんな全国ネットのテレビ局を想像できるだろうか？　私にはできない。今日、同社の加入者は、過去いちばん売れたアニメ上位5本の販売数の合計より多い。

クランチロールのマーケティング責任者レイド・デラマスは『Subscribed』誌のインタビューに答えて、「ニッチであればあるほど、どこかの面で他と差別化しなければなりません。私たちはコミュニティを通じてそれを実現している。クランチロールには利用者を引きつけるために働いている大きなブランドチームがあります」と語っている。

さらに続けて、「ビデオゲーム、ツイッチ、eスポーツ〔対戦型ビデオゲームをスポーツ競技として捉えた呼称〕、コミコン〔漫画などの大衆文化に関する大規模イベント〕には重なる部分がすごく多いのです。クランチロールには初期の成長を牽引した熱烈なアニメ・ファンが多くいますが、幅広い層にアピールするタイトルもたくさんあるので、会員は筋金入りのアニメ・ファンだけではありません。さまざまなジャンルのファンが交じった素晴らしい集団ですよ」[*1]。要するに、コミュニティを構築することが速く進むための鍵なのである。

ダゾーン――「スポーツ版ネットフリックス」の有力候補

SVODチャンネルはさまざまなジャンルをカバーしているが、まだ大事なものがある。もちろんスポーツだ。現在、そこに行けば好きな競技や贔屓《ひいき》チームの試合中継、解説やハイライトがすべて見られるような「スポーツ版ネットフリックス」の座をめざして熾烈な競争が行われている。いまのところ有力候補は、パフォーム・グループ（Perform Group）が所有する英国のスポーツ専用ストリーミングサイト、ダゾーン（DAZN）だ。2015年に設立され、すでにドイツ、スイス、日本、カナダで事業展開している。年間8000以上のスポーツイベントを月額20ドルで視聴することができる。ケーブルテレビのパッケージ料金よりかなり低額だ。「私たちは常に消費者向けサブスクリプションに注目してきた」と、ジェームズ・ラシュトンCEOはデイリーメール紙のスポーツ版オンライン記事で語った。[*2]

ダゾーンは、クランチロールと似て、複雑なデジタル配信の権利処理を行い、海外の新たな市場に向けて魅力的なコンテンツを提供している。カナダには多くのNFL〔アメリカンフットボール〕ファンがいる。日本には多くのNBA〔米国バスケットボール〕ファンがいる。そしてドイツにはプレミアリーグ〔英国サッカー〕のファンが多数いる。**ダゾーンは、視聴機会に恵まれないそうした市場に番組を配信している**。潤沢な資金がそれを可能にしており、最近では日本でサッカーJリーグの国内配信権を20億ドル近い金額で買った。ドイツでは大手ケーブル会社数社からプレミアリーグと欧州チャンピオンズリーグの配信権を奪った。

考えてもみてほしい。月額利用料20ドルのストリーミングサイトが、スポーツイベントの配信権をめぐってスカイスポーツ（Sky Sports）のような欧州の大手ケーブルネットワークと争っているのである（しかも勝ちつつある）。欧州で初めて、チャンピオンズリーグの何試合かがネットでしか見られなくなったのだ！

ネット接続された世界では国を超えて存在する視聴者の価値が過小評価されており、そこに大きなチャンスがあることをダゾーンは理解している。今後、ニッチな世界で無数のネットフリックスが花開くことだろう。

ケーブルテレビ業界を襲う解約の大波

スポーツ・コンテンツは、顧客をケーブルテレビのチャンネルにつなぎとめる接着剤だと考えられていたが、もはやそうではなくなった。スポーツの生中継はソーシャルネットワークでも観られるし、主要なスポーツリーグでは多くのチームが独自のＳＶＯＤサービスを持っている。

ＥＳＰＮ〔衛星およびケーブルテレビでチャンネルを提供しているディズニー傘下のスポーツ専門チャンネル〕の問題については多くのことが報じられている。ストリーミングサービスの台頭とそれに伴う契約者の減少（２０１１年以降に１３００万人以上減少）に襲われているが、それはＥＳＰＮが法外なテレビ放映権料のために巨額の借り入れを行った直後に起こっている。同社がレイオフで難局を乗り切ろうとしているのは気の滅入る話だが、その一方で、熱心に取り組んできたＳＶＯＤサービスがまもなく開始されようともしている。

著名な通信アナリストのクレイグ・モフェットは、ニュースサイトの「レコード」に次のように語っている。「解約の流れが加速しているが、その根本原因を突きとめることは難しくない。原因は需要にあるのではない。**需要は常にある。**原因は供給だ。ケーブルテレビの解約を考えている人にも、そもそもケーブルテレビとの契約を考えたことがない人にも、ついに選択肢が与えられたということだ[*3]」

デジタル・テレビ・リサーチ（Digital TV Research）によると、カナダではSVODの収益が2021年に240億ドルに達する見込みである。わずか5年前には26億ドルであったことを思えばずいぶんな増加だ。ミレニアル世代とX世代〔1960年代半ばから1970年代半ばに生まれた人々〕のほぼ半分は、伝統的なテレビをまったく観ない。この数字はメディア企業の会議室で多くの人々を悩ませているが（グーグルで「ケーブル業界」（cable industry）と検索したら、「衰退する」（dying）という形容詞が勝手に付けられて結果が表示された）、私は契約減少の傾向はこれまでにケーブルテレビ業界に起こった最善のことかもしれないと思っている。

およそ直観に反するようだが、そう考えるのは、頭の良いメディア企業は同軸ケーブルからイーサネットへの移行で大きな利益を得ることができると思うからだ。デジタル化が完了すれば、自社のコア資産（インフラ、通信ケーブル網、および人材）をまったく新しい方法で活用し、保有する顧客ベースに対して新しいサービスを提供することができる。これまで想像もしなかったようなサービスが登場するだろう。

現在、米国にはブロードバンドのみで外の世界とつながっている住宅が1900万超存在する。メディア調査会社ケイガン（Kagan）の最近の発表によると、2022年までにその数はほぼ2

倍になると予測されている。まさにネット配信プロバイダはケーブルテレビ業界のサブスクリプション収入に打撃を与えているわけだが、ケーブルテレビ業界のサブスクリプション収入がブロードバンドの収益率より常に高いことも事実だ。

顧客がいなくなってしまうわけではない。それを忘れないことだ。**顧客はただ、これまでと違うデジタルサービスを欲しているだけ**なのだ。ケーブル会社にとって、解約の波は短期的には痛手だが（どのみち、ほとんどのケーブル加入者は、視聴できる全コンテンツの9％しか視聴していないのだが）、やがて狙いが絞られた利益の流れが確立する。

人々が動画コンテンツへの食欲を失ったわけではない。ケーブル会社は大規模なインフラと社員ベースに加え、家々のリビングルームに直結するパイプラインも持っている（社員数についていえば、コムキャスト（Comcast）、コックス（Cox）、タイムワーナー（Time Warner）は3社合計で20万人以上を雇用している）。使用量ベースのスマートな課金やクラウドベースのコンテンツ更新により、ビデオ配信サービスは利用者のニーズに敏感に反応できるようになり、利用者にとっての価値を高めることができる。彼らにはネットに接続された住宅のＯＳになれる機会がある。数年のうちに、かつての〝ケーブル会社〟はアップグレードを果たし、住宅の防犯サービス、冷蔵庫の買い替えどきの通知、屋根板の浮き上がりの発見などのサービスを提供しているかもしれない。

今日、ＳＶＯＤサブスクリプションはビデオ・コンテンツ利用で１４０億ドル以上の収益を上げている。10年前にはゼロだった。米国のオンラインショッピングの利用者のほぼ半分が動画配信サービスにお金を払っている。なかなか立派な数字だ。ＳＶＯＤの効率がさらに高まれば、新たな機会の一端が見え始めるだろう。

フランスのモロトフ（Molotov）のような新興メディア企業は、強力な検索ツールと番組推奨アルゴリズムを備えたクラウドベースのＤＶＲサービスによって、私たちのテレビの視聴方法を一新しようとしている。ウィル・スミスたちは〝元映画スター〟として、続々とＳＶＯＤライブラリーで新たなデビューを果たすことになるだろう。ジェフリー・カッツェンバーグたちは〝元映画プロデューサー〟となり、荒海を航海する伸《の》るか反《そ》るかのブロックバスターのマストにしがみつくのではなく、上位ランキング入りをめざすサブスクリプション・ベースの短編シリーズの制作を始めることになるだろう。

スティーブ・ジョブズ vs プリンス

今日、米国の３０００万人以上が音楽ストリーミングサービスにお金を払っており、米国の音楽ビジネスの売上の半分以上を占めている。すべてのリスニング体験とそれに伴う発見があらゆる種類のプラスの副次効果をもたらす。音楽産業の売上高は、15年間減少を続けた後、２０１７年に増加に転じた。ソニー・ミュージックエンタテインメント（Sony Music）のエドガー・バーガー元ＣＥＯは、『ビルボード』誌に、音楽ビジネス全般にも有料のストリーミング・サブスクリプションにも明るい未来が待っている、と語った。

「このまま行けば業界は間違いなく成長する。有料サブスクリプションに消費者が魅力を感じ、市場で主流のフォーマットになることは間違いない。いま音楽産業は、同時に進行する3つの移行をコントロールしようとしている。有形物《フィジカル》からデジタルへ、PCからモバイルへ、そしてダウンロードからストリーミングへという3つの移行だ。その点で業界は非常にうまくやっていると思う。そこに有料サブスクリプション・モデルが加われば、音楽産業は安定した顧客ベースを確保できる」

iTunes型のダウンロードが減少していることについて付け加えると、スティーブ・ジョブズはほぼすべてのことを正しく行ったが、ストリーミングサービスについては判断を間違った。彼は2002年に「音楽のサブスクリプション・モデルは破綻している」と『ローリングストーン』誌に語っている。[*4]「『セカンド・カミング』〔ザ・ストーン・ローゼズのヒットアルバム〕をサブスクリプション・モデルで提供しても、うまく行かないのではないだろうか」とも述べている。

同じ年にデヴィッド・ボウイは、「音楽は水道や電気のようになるだろう[*5]」と語って先見性のあるところを示した。ボウイはデジタル・サブスクリプション・サービスを通じてファンと直接つながったアーティストの先駆けだった。彼はファン限定でボーナストラック、写真、ビデオ、そして独自のISP〔インターネット・サービス・プロバイダ〕であるボウイ・ネット（BowieNet）でウェブスペースとメールアドレスを提供した。

こうした変化の到来に気づいた別のアーティストがいた。プリンスである。プリンスは、

2001年のバレンタインデーに、オンライン・サブスクリプション・サービスであるNPGミュージッククラブを立ち上げた（NPGは彼のバックバンドであるNew Power Generationの頭文字）。それがタイダル（Tidal）〔アーティストとファンをつなぐストリーミングサービス〕の先駆けとなったと見ることもできる。

NPGミュージッククラブは5年間にわたり、毎月または毎年のメンバーシップを提供し、ファンに新譜を提供するだけでなく、コンサートへの優待、リハーサルやアフターパーティーへの参加機会などを提供した。プリンスのデジタルプロデューサーであるサム・ジェニングスは、『Subscribed』のポッドキャストで、プリンスがいかに彼のサービスに価値を築くことにコミットしているかを詳しく話してくれた。

「メンバーになったら、毎月約3～4曲の新曲、ライブバージョンやリミックスやその他いろいろ貰える。あと、オーディオショー。僕たちはオーディオショーと呼んだけど、要はポッドキャストだ。基本的に1時間ほどのラジオ番組で、プリンスがスタジオで収録して、僕たちがダウンロードファイルにして提供した。狙いは、彼らに同時進行体験を提供して、自分もその一部になりたいと思ってもらうことだった。彼らは音楽を入手し、ダウンロードファイルを受け取るんだけど、彼ら自身もさまざまなコミュニティ体験の一部になる。彼らにたんなる客ではなく、メンバーの一員と感じてもらうにはどうすればいいか、いつもそのことを考えていたよ[*6]」

ミュージシャンとリスナーの進化した関係

さらに進んで、リスナーがたんなるメンバーでさえなく、創作プロセスにまで参加するようになれば何が起こるだろう。２０１６年、カニエ・ウェストは一種の新しいアルバムをリリースした。それは**実際にはまだ完成していないアルバム**だった。彼は歌詞に磨きをかけたり、曲の収録順を変えたり、音を足したり引いたりする過程を公開したのだ。テクノロジー業界であれば、この「ザ・ライフ・オブ・パブロ」というアルバムはさしずめ「実用最小限の製品《ミニマム・バイアブル・プロダクト》」（ＭＶＰ）と呼ばれるだろう（第10章で詳しく説明する）。

この呼び方にはどこか顧客を小馬鹿にしたような響きがあるが、実は非常に重要な考え方だ。とにかく市場に何かを投入しなければ、企業は顧客からフィードバックを収集することはできず、事業の継続と改善のためのデータを得ることもできない。ＭＶＰはクラウドソフトウェア開発における絶対的な原則であり、カニエは楽曲制作プロセスにそれを適用したのだ。

アルバムのような静的な商品が音楽ストリームのような流動的なサービスに変わると、何が起こるだろう。ありとあらゆる興味深いことが起こる。今日、何千何万というミュージシャンがパトレオンのようなプラットフォームから信頼できる安定的な収益を得ている。そこに集うミュージシャンたちは、エリック・リースが説くリーン・スタートアップのための方法論のように、実験、検証による学習、その反復といった手法によって製品開発サイクルを短縮しているのである。そしてリスナーの反応を曲づくりに活かすという好循環を作り出している。

MVP段階の楽曲をそこに並べておけば、サブスクライバーがお金を払ってくれ、ミュージシャンは曲を完成させる前からファンを購買へと導くファネル〔見込客が最終的な購入へと至る過程を漏斗《ファネル》になぞらえた図式的理解〕を用意することができる（もちろんいつかは完成する）。楽曲に手を入れながら最終的な販売に至るまでのサイクルを最適化できることのメリットは大きい。

最後に、反復と実験という方法がいかにすぐれているかを実証したミュージシャンとして、プリンスの右に出る者はいない。NPGミュージッククラブを閉鎖した後、彼はファンに次のようなメールを送った。この文面には、プリンスのアーティストとしての天才、やむことのない好奇心、過去を捨てて新たに始めようとする意欲がよく表れている。これは創造的自由の高らかな宣言である。

親愛なるファミリーのみなさま

NPGミュージッククラブの発足から5年以上経ちました。この間、私たちはお互いから多くを学びました。一人ひとりがファミリーとして集った、素晴らしいオンラインの世界についても多くのことを学んできました。あなたがNPGに参加してくれて本当に幸運でした。おかげでNPGは、あらゆるアーティストがうらやむ最高のミュージッククラブになりました。私たちが分かち合ったコンサート、お祝い、サウンドチェック、意見の交換、そして忘れられない音楽の数々——それらすべてがNPGが何であったかを物語っています。あなたが心を開き、音楽への愛を分かち合ってくれたことに感謝します。私たちにとって、それは望んでも得られない恩恵でした。

２００６年にＮＰＧがウェビー賞（国際デジタル芸術科学アカデミーがすぐれたウェブサイトや作品に贈る賞）を受賞した後、ＮＰＧの中で、次は何をすればよいだろう？　という議論が始まりました。変化し続けるＮＰＧの実験において、次のステップは何だろう？　と考え始めたのです。これまでにみなさんと成し遂げたことは間違いなく素晴らしいもので、ただ感謝あるのみです。けれど、このままではＮＰＧにできることから遠ざかっていくような気もし始めたのです。私たちの世界に限界はなく、可能性は無限です。ならば、信じるところに従って再度の跳躍を行い、新たなことを始めるときが来たのではないだろうか？　ＮＰＧはこれらの疑問に答える必要があります。そのため、次のことが決まって報告できるときまで、私たちはこのクラブの活動を休止することに決めました。

ＮＰＧは最初の一歩でした。ここで学んだことは消え去ることはありません。いま、学びを振り返り、新たな再構築のために踏み出すときが来たと思っています。この道の先にあるのは無限の機会です。私たちはそこに向かって全力で進んで行きます。あなたも、ぜひ私たちと一緒に進んでください。

互いへの愛をこめて、ＮＰＧミュージッククラブよ永遠に[*7]

第4章

飛行機、電車、自動車 サービスとしてのモビリティ

加速する自動車業界のサブスクリプション

現代《ヒュンダイ》自動車の新しいハイブリッドカー「アイオニック」に乗りたければ、買わなくても大丈夫。月額275ドルの利用料を払えば乗ることができる。携帯電話のプランを選ぶようなものだ。ネットでモデルを選び、2年プランか3年プランかを選び、オプションを選択したら販売店に行き、クルマに乗って出発だ。価格交渉も、ローンも、ディーラーの店長室で聞かされるセールストークもない。

「私たちのゴールは、スマホを持つのと同じくらい簡単にクルマを持てるようにすることです」と同社の製品企画担当副社長のマイク・オブライエンは言う。「クルマを買おうと思ったら、資金を調達し、価格交渉を行い、下取りのことを考え、その他いろいろ複雑なステップを踏まなけ

ればならない。ミレニアル世代には、これがすごく複雑に感じられるようです」[*1]。私に言わせれば、「すごく複雑」なのではなく、「わざと曲がりくねらせている」ということになる。

自動車のサブスクリプションということなら、現代自動車以外にもたくさんの会社がある。ポルシェのパスポート（Passport）というサブスクリプションでは、6つの車種から選ぶことができ、メンテナンス、保険、車両税、登録料込みで月額2000ドルから利用できる。キャデラックは現行モデルを月額1800ドルで提供し、年間18回まで車種変更ができる。フォードのキャンバス（Canvas）プログラムのサブスクライバーは、毎月のマイレージプランを選び、未使用のマイルを翌月に持ち越すことができる。スマホのデータプランに似ている。

ボルボXC40（コンパクトSUV）は月額600ドルで利用できる。それにはコンシェルジュサービスが含まれている。保険、保守、消耗部品の交換、年中無休の24時間カスタマーサポート等、燃料以外はすべて含まれている。ボルボのCEOは、2023年までに同社のクルマの5台中1台はサブスクリプションで利用されると予測しており、ユーザーがクルマを貸し借りして収益を得ることができる独自のライドシェアリング・ネットワークの構築にも取り組んでいる。

ボルボUSAの製品・技術コミュニケーション担当マネジャーであるジム・ニコルズは『コンシューマー・レポート』誌に、「私たちの調査によれば、多くの消費者はネットフリックスやアップルのiPhone（アップグレード）プログラムのような、面倒なことが何もない定額サービスを探しています」と語っている[*2]。

だが、ここで疑問を感じる読者がいるかもしれない。クルマのサブスクリプションというのは、

「リース」の言い換えにすぎないのでは？　そうではない。**リースは利用者を特定のクルマに縛りつけるが、サブスクリプションではさまざまな車種に乗ることができる可能性がある。**ポルシェのウェブサイトには、「あなたのニーズが変わったら、アプリを使って簡単に車種を変えることができます」と書かれている。利用者は1つの車種ではなく、そのメーカーのさまざまな車種を対象とする利用契約を結ぶのだ。もう1つの違いは、**サブスクリプションでは、クルマを持つことに伴う厄介な側面（登録、保険、保守）は気にしなくてもよい。**リースだと、保険は自分で入る必要がある。

また、カー・サブスクリプションの多くは、月ごとに契約することができる。『スレート』誌のクリスティーナ・ボニントンは「1年のうち、仕事中心の10カ月は電車やバスを使い、あちこち出かける機会の多い残り2カ月はサブスクリプションでクルマを利用する、といったこともできる」と述べている。[*3]契約が終わったとき、サブスクリプションならそのクルマを買わなくてもよい。私はこれは大きな利点だと思う。クルマを良好な状態に維持することについて、自動車メーカー側が気を遣ってくれ、利用者は気にしなくてもかまわないのだから。

クルマを所有することは厄介でお金がかかる。そう考えるのはミレニアル世代だけではない。大学を卒業したばかりの頃、私が乗っていた中古車は預金口座に仕掛けられた時限爆弾みたいなもので、故障したらすぐに残高が底をついた。米国の自動車ローン市場は現在、1兆ドル規模に膨れ上がったあばれ馬だ。これからの10年で、その大部分はサブスクリプションと各種サービスの提供へと移っていくと私は踏んでいる。

自動車メーカーは、消費者選好の変化の荒波に対処しようとしているが、それとは別の大規模な破壊要因にも対峙している。それは何か？　もちろんウーバーである。

ライドシェアリングという新しい移動概念

ウーバーの話をする前に、時間を少し戻す。ズオラ創業後の最初の数年間、私たちはサブスクリプション・モデルはソフトウェア企業だけのものではないと顧客を説得して歩いていたが、そこで出会ったジップカー（Zipcar）という会社に魅了された。

２０００年に設立されたジップカーは、加入者が分単位や時間単位、あるいは日単位でクルマを予約できるようにした。彼らは自分たちのことを、レンタカーやＵホール（U-Haul）に取って代わる会社だという言い方で売り込んでいた。シンプルで直感的に理解できる新しいサービスだった。ジップカーは米国の主要25都市で数千台の車両を保有していた。近くのジップカーを探し、オンラインで予約したら、会員カードをクルマのセンサーに通すだけでクルマに乗れる。多大な人気を集め、２０１２年には、時間単位でジップカーを利用するドライバーの数は75万人を超えた。

たとえば、ズオラの初期の頃にニューヨークで開いたあるイベントで、集まった人が誰一人クルマを持っていないということがあった。全員ニューヨークに住んでいる人たちだったので、そのこと自体はさほど驚くようなことではない。驚いたのは、その人たちの80%がジップカーのメンバーだったことだ。たしかにジップカーには、都市の住人でなければならないという大きな制約がある。しかし、このコンセプト――必要なのはクルマではなくて移動――は改善を重ねながら、どんどん洗練されてきている。ジップカーによる移動体験は、クルマを所有する必要のない将来の世界を私たちに垣間見させてくれる。

さて、現在6000万人以上のドライバーがウーバーとリフトを利用している。これらのライドシェア・サービスは、まったく新しい消費者の優先事項に焦点を合わせている。そもそも、私たちはなぜクルマを買うのか。A地点にいてB地点での用を済ませるだけなら携帯電話を取り出せばすむではないか。移動のための手段も、電気やインターネットと同じようにサブスクリプションで提供すればよいではないか。

いやいや待ってくれ、とあなたは言うかもしれない。ウーバーはサブスクリプション・サービスではないぞ、ウーバーには月額料金制サービスはないじゃないか、と。私の考えは違う。私にはそれは確かにデジタル・サブスクリプション・サービスのように見えるし、感じられる。ウーバーはあなたの身分証明書とあなたの支払履歴を持っている。利用量に基づいて課金されるので、あなたは走った分だけ払えばよい。彼らはあなたの使用状況（自宅、職場、よく行く目的地）を把握し、その情報を活用してあなたに合ったサービスをカスタマイズする。スポティファイとパートナーシップを結んでいるので、あなたがどんな音楽が好きかということも知っている。

それだけではない。実は**ウーバーは月額制のサブスクリプション・サービスをすでに提供して**

いるのだ。現在、ウーバーはいくつかの都市で定額制のサブスクリプション・サービスを試験運用している。ユーザーは毎月決まった利用料を払うことで、超過料金なしの割引料金でクルマを利用することができる。言い換えれば、ウーバーは安定したビジネスと引き換えにユーザーに優遇的利用を認めているということだ。

収益は短期的には打撃を受けるかもしれないが、彼らのゴールは、変動の激しい若い市場で長期的な顧客ロイヤリティを獲得することだ。ライドシェアリングがコモディティ化すればするほど、顧客ロイヤリティの重要性は高まる。ここサンフランシスコのベイエリアでは、ウーバーとリフトの市場は本当に流動的で、私は2社のサービスをしばしば切り替えている。フロントガラスに両方の会社のロゴが表示されているクルマも珍しくない。私についていえば、どちらの会社にもブランドロイヤリティは持っていない。

そのことを私のアマゾン・プライム体験と比べてみたい。他のEコマース・ベンダーには失礼ながら、アマゾンは私の首根っこをがっちり押さえている。それはアマゾン・プライムによるところが大きい。最初は無料配送サービスに魅力を感じて会員になったが、いまでは音楽、映画、そしてあらゆる種類の他のサービスをアマゾンから入手している。私はもうどこにも行かないだろう。

ウーバーとリフトも、同様のロックインを実現しようと、しのぎを削っている。その方法は、ユーザーの日常的な消費行動の随所に料金割引サービスを組み込むことだ。言い換えれば、通勤のための移動ルート上でのサービスを提供しようとしている。

完全な自動運転のクルマが登場すると予想しているリフトのジョン・ツィマー社長は、『ニューヨーク・タイムズ』紙に次のように語っている。「クルマの所有にかかるコストは年間9000ドルです。そこで、たとえば月額500ドルのプランを用意して、ボタンを押せばいつでも使えるようにしたらどうなるかということです。利用者は車内空間の楽しみ方も選べます。通勤の途中でコーヒーを飲みたくなるかもしれないし、夜にウォリアーズの試合を見たくなるかもしれない。そうなってくると、クルマはバーテンダーのいるスポーツバーのようなものです[*4]」

車輪を付けたスマートフォン

いまシリコンバレーでは、自動車は車輪の付いたスマートフォンになり、ソフトウェアは間違いなくハードウェアに勝つ、という考えが受け入れられている。マイクロソフトがIBMに勝ったのと同じ話だ。リチウム電池が燃焼エンジンに取って代わるので、ハードウェアとしての自動車はコモディティ化し、新しい成長市場は情報サービスになるだろうとも言われている。

IT分野の分析を行うガートナー（Gartner）は、2020年までに2億5000万台のクルマが情報ネットワークに接続されると予測している[*5]。3台に1台が接続される計算だ。そのときには、デジタル故障診断、インフォテイメント・チャネル、高度ナビゲーション・システムの業界規模は、現在の470億ドルから2700億ドルの規模に拡大していると見込まれている。どこかの時点で、クルマと結びついたデータやサービスは、車両そのものよりも大きな価値を生み出すようになるかもしれない（携帯電話と似ている）。たとえば、コンシェルジュサービスとして1996年に始まったGMオンスター（OnStar）は、いまや1200万台以上のクルマが利用しており、これを通じて行われたやりとりの件数は2017年に15億を超えた。

多くのシリコンバレーの経営トップの目には、現在の権威ある巨大自動車メーカーが1985年のIBMのように見えている。その年、ビッグブルー（IBM）は40万人以上を雇用していた（現在のアップルの3倍）。最も近い位置につけていたライバルのディジタル・イクイップメントの4倍である。1985年といえば、不振にあえぐアップルがスティーブ・ジョブズを解雇するという歴史的に悪名高い決定を下した年だ。当時、パーソナルコンピュータの市場など大した規模ではないと考えられており、IBMが市場を支配していた。IBMマシンとの互換性がコンピュータの絶対条件で、それは明確な市場優位性を持っていた。IBMはハードウェアをがっちり支配していたので、グラフィカル・ユーザー・インターフェースなど適当でよかった。

同年、およそ2000人の従業員を抱えるマイクロソフトがウィンドウズを導入した。それがIBMにとってPCビジネスの終わりの始まりだった。90年代初めには、IBM製PCはルールではなく例外となり、業界はウィンドウズを中心に展開した。96年には、マイクロソフトの時価総額は980億ドル、IBMは800億ドルになっていた。

アナリストのホーレス・デデュは次のように述べている。「プラットフォームを支配するのでなければ、ハードウェアとしてのPCは、わずかな利益のために激しい競争を行うビジネスでしかなく、それに企業の命運を託すことなどできたものではない」[*6]。IBMはユーザー・エクスペリエンスを提供する権利をマイクロソフトに与えたことで戦いに敗れたのだ。

それと同じことが、ダッシュボード・インテリジェンスをアップル、グーグル、そしてフェイスブックに引き渡さざるをえない自動車メーカーにも起こると考えられている。製造業や3D印刷の分野で見られる劇的な進歩があれば、まったく新しい自動車のスタートアップ企業が中国の工場でクルマを〝印刷〟するなどということが起こるかもしれないという予測もある（携帯電話と同じだ）。あなたもそう思っているのではないだろうか。

だが、これがそうではないのである。**すぐれた性能を持つ安全なクルマを一定規模で生産することは本当に難しい**からだ。イーロン・マスク（テスラCEO）にたずねればよい。アップルでもグーグルでもかまわない。

シリコンバレーに負けないデトロイト

自動車産業の未来を築くという点で、明らかにビッグスリー――GM、フォード、クライスラー――はシリコンバレーにはない制度上の利点を3つ持っている。まず第1に、流通網を持っている。彼らが運営する巨大なディーラー・ネットワークは卓越した資産だ。第2に、彼らが持つオペレーションの規模は他社には真似ができない。2017年に米国で1700万台以上のクルマが販売された（テスラはそのうち約10万台を販売したにすぎない）。自動車の部品調達と組み立てにはさまざまな規制があり、利益率はそれほど高くない。生産プロセス全体を機能させるために、工場や流通チャネルに巨額の投資をする必要もある。

また、3大自動車メーカーの財源は巨大だ。２００９年にＧＭとクライスラーが破産の危機から復活を果たして以来、ビッグスリーは新たな雇用と設備のために３００億ドル以上を投資した。米国の自動車産業は、燃費が良く、電気で、自律走行する自動車の研究開発に年間１８０億ドルを投資している。ＧＭのメアリー・バーラＣＥＯは、完全な自動運転ができるクルマの大量生産は、「数年も先の話ではなく、数四半期先の話です」と言っている。これらの自動車会社は何十年もクルマとブランドを作り続けており、結果として、他社には太刀《たち》打ちできない優位性を持っている。

ただし、それに赤信号が点《とも》っている、というのが現状だ。自律性とアクセスを重視するドライバーの消費行動が本格化するまでに、彼らを理解することができなければ、ビッグスリーは競争相手の後塵を拝することになるだろう。

ビッグスリーの持つ第3の利点は、彼らが現在、自動車メーカーとしてだけでなく、**交通と輸送のソリューション企業としての新たな姿を構想中**だというところにある。彼らはこの分野に自動化の波が到来していることを知っている。将来的に、自動車群全体をシステムとして管理する業務が増え、車両の販売は減るであろうことを知っている。また、新たに立ち上がってきたライドシェアリング・サービスのための車両を作っているのは自分たちであることも理解している。

さらに、真の「サービスとしてのモビリティ」は、クルマを走らせることだけでなく、あらゆる種類の輸送手段を活用することであるということも認識している。そして彼らはそこに大きなチャンスを見出している。

日々の移動には、うんざりさせられることが多い。誰もが、なんとか通勤の苦労を減らしたいと願っている。フォードのコネクティビティとモビリティの分野のディレクターであるジェイミー・アリソンは、私たちがサンフランシスコで開催した「Subscribed」のカンファレンスで、フォードの新たな任務は「ベッド・オン・ベッド」——朝起きてから夜眠りにつくまで——の移動を可能な限りシンプルにすることだと述べた。チャリオット（Chariot）〔通勤用ライドシェアのスタートアップ企業〕の買収や、自転車《バイク》シェアプログラムの拡大の背後にはこの考えがある。A地点からB地点に移動しようとすると、リース、通行料、違反チケット、罰金、修理など、退屈な一連の手続きがついてくることが多い。これらを1個のIDだけで処理できたらどんなに便利だろう。

アリソンは、「これからは、個々の物理的なやり取りではなく、全体をカバーするサービスへと進化していきます」と言った。「カスタマー・エクスペリエンスが断片化しているという現状があります。クルマを買う、あるいはリースする、それは個々別々のやり取りです。その後、修理が必要になれば、ディーラーの店に行って別のやり取りがある。何年ものあいだ、クルマはシステムにつながっていなかったので、私たちは顧客がクルマを使って何をしているのかという、カスタマー・ジャーニーを本当には見ることができなかったのです[*7]」

カスタマー・エクスペリエンスの断片化というアリソンの指摘はまったく正しい。自動車メーカーは何年も昔に、サービスや修理の機会を数千のディーラーや修理工場に譲り渡してしまった。今日、フォードは積極的にそれを改めようとしている。アリソンが言うように、「フォードパス（FordPass）はシームレスな顧客体験のポータル」なのである。フォードパスのアプリのユーザーは、寒い朝の車道でクルマを温めることも、駐車スペースを見つけて予約することも、修理の予約をすることも、近くのガソリンスタンドを見つけることも、ネットで支払いをすることもできる。

ヘンリー・フォードには後世しばしば引用される名言がある。「何が欲しいかと客にたずねていたら、速い馬が欲しいという答えが返ってきただろう」

今日フォードは、モビリティの問題はただクルマを売るだけでは解決しないことを理解している。現在、世界の人口の半数以上が都市に暮らしており、2050年には3分の2になると見られている。フォードは世界で2兆3000億ドルの自動車市場の約6％を占めているが、5兆4000億ドルの輸送サービス市場においては、その存在はほとんどゼロに等しい。フォードは、これら2つの市場が相互に排他的ではなく両立する市場であることを理解しており、まず利用者のニーズは何かを考え、そこから逆算してビジネスを考えるなら、大きなチャンスがあるということも理解している。

いつでも飛べる――「空の旅」のサブスクリプション

あまり知られていないかもしれないが、航空業界でも同様の変化が起こっている。誰でも空の旅がどんなものかを知っている。まったく酷《ひど》いものだ。私のように出張で頻繁に飛行機を利用する人間でも、無事座席に座るまではひと苦労だ。そんな悩みを持つ人はサーフエア（Surf Air）を利用するとよいかもしれない。

同社のジェフ・ポッター元社長兼CEOは、以前は航空会社とバケーションクラブを管理していたことがあり、両方のコンセプトを組み合わせようと考えた。その結果、**サーフエアは「航空業界のネットフリックス」とか「空のウーバー」などと呼ばれている**。メンバーになると、定額の月額料金で無制限で飛行機に乗れる。いまのところ米国西部と欧州で急速に成長している。

これは、顧客の要望とニーズから発想して素晴らしい結果を収めた典型的な成功例といえる。同社は顧客が空の旅に感じている不便や不満をバッサリ断ち切り、それによってロイヤリティのある加入者ベースの拡大を実現した。会員は電話で、いまから乗れる次の便を確認して予約することができる。優先搭乗できるので、すいすい進んでいける。西海岸を始終飛び回っているズオラの社員にとっては、すべてが一変するような体験だ。

航空業界は長年、空の旅を自分で自由に管理したいと望む顧客の存在にかきまわされてきた。空の旅は、直前にチケットを買おうとすると高い料金を請求される。旅行プランを自分の都合に合わせて組み立てようとすると、まるで罰金を取られたような気になる。空港で費やすことになる時間も問題だ。搭乗や乗り継ぎの非効率性は、空港の売店にはプラスかもしれないが、一刻も早く目的地に着きたい旅行者には苦痛でしかない。世界には2億人以上のフリークエント・フライヤーがいる。その優先順位や選好の変化を適切にとらえれば、どの企業にも大きなチャンスがある。

やがて、このような航空会社の恥知らずな料金請求戦略は、自らの重さに耐えかねて崩壊するだろう。それは、顧客無視の追加サービスと収益確保を優先する製品重視の発想が招く憂鬱な帰結だ。

「空の旅」の近未来図

将来の空の旅がどういうものになるか、ちょっとのぞいてみよう。飛行機に乗る前の、クルマや列車での移動からそれは始まる。

ユナイテッド航空がウーバーとタイアップしたクルマをあなたの家に差し向ける。車内のモニターにはフライトやホテルの予約情報が表示されている。モニターのドロップダウンメニューで、機内サービスや機内食をあらかじめ選ぶことができる。目的の都市の鉄道情報も見ることができる。クルマがあなたの家に着く時刻は、フライトの時刻を踏まえて調整済みだ。あなたは車内で「ナルコス」を途中まで見て、飛行機で続きを見ることができる。空港では、クリア（CLEAR）

のようなサービスによって、搭乗券の確認と生体認証によるスムーズなセキュリティチェックが行われる。そんなことが可能なのは、標準的なID情報が詳細なバイオメトリック情報とマッチングされているからだ。これらのサービスのすべてが、定額年会費のフリークエント・フライヤー・プランに含まれることになるだろう。

「ビジネスの観点に立てば、航空会社が何年も苦労していることは誰もが知っている」と、サーフエアの前コマーシャルプランニング担当副社長マック・カーンは述べている。「航空会社の事業はきわめて資本集約的です。コモディティ化していることは言うまでもない。競争は激しく、価格には押し下げ圧力がかかります。でも、サブスクリプション・モデルなら収益は予測可能だ。そんなことができる航空会社はありません。彼らは飛行機のドアが閉まるまで、そのフライトが赤字か黒字かさえわからないのですから（でも飛ばなくてはならないことははっきりしている！）。サブスクリプションのおかげで、われわれは毎月の初めに収益がいくらか、正確にわかります。提供可能なフライト数もわかっているので、オペレーションを効率的に行うことができる。航空業界において、このようなインサイトは魔法といってもよいでしょう。これまで誰もこんなことはできませんでした」

今日、航空会社も、通信会社も、ストリーミング音楽配信サービスも、新聞社も、同じ質問を自らに投げかけている。

●会員にとって、この新しいサービス（または新しいルート）の価値は何か？

●会員は私たちが提供しようとしているようなサポートを受けているか？
●会員はいつまで会員であり続けてくれるのか？
●わが社の成長率はどうなるのか？　外からはどう見えるのか？
●利用状態のどこを見れば、どこにリソースを重点配分すればよいかわかるのか？
●どの会員がチャーン〔解約・離脱〕しそうか？

現在、サーフエアの利用料は月額約2000ドルだ。経済的にゆとりがあるか、会社の経費で落とせるか、いずれにせよ相当なフリークエント・フライヤーが対象であることは間違いない。しかし、やがてこのモデルは、自動車業界がそうなりつつあるように、航空業界全体に広がっていくだろう。それは時間の問題である。

乗客を奪い合う鉄道、ライドシェア、格安航空会社

交通・輸送産業における競争は、垂直方向から水平方向に変化した。その意味は、**自動車会社は自動車会社だけと、航空会社は航空会社だけと競い合っているのではない**、という意味だ。鉄道はライドシェアと競合し、ライドシェアは格安航空会社と競合している。この業界のすべての企業が、好きなときに好きなところに行く移動手段を求めている乗客を奪い合っているのだ。

SNCFのケースを紹介しよう。これは1938年に設立されたフランスの国営鉄道会社だ。欧州でバックパッキングの旅をしたことがある人なら、おそらくSNCFに乗ったことがあるはずだ。都市で働く若いフランス人にとっては、週末に実家に帰るための信頼できる交通手段でもある。しかし、同社はこの2~3年、新たに登場したライドシェアリング・サービス、長距離バス、格安航空会社との激しい競争にさらされている。

SNCFは、生き残るために、これらすべての新しい輸送プラットフォームと競争する必要があることに気づき、ターゲットを絞った新しいサブスクリプション・サービスを開始することを決めた。16歳から27歳の若者は月額79ユーロ（1ユーロ=130円換算で1万270円）で高速鉄道（TGV）が乗り放題というサービスである。

SNCFがこのプランを思いついてから実際に発表するまでに要した時間は8カ月だった。必要な準備の規模を考えると恐ろしく速いといえるだろう。カードベースの古いロイヤリティプログラムでは、申し込みの処理に3週間かかることがあったが、このプログラムは5分で完了した。結果は驚異的だった。今日、以前より7万5000人多く若いフランス人がSNCFに乗っている。SNCFはものの数カ月で年間成長目標を達成してしまった。

「無制限のサブスクリプション・モデルは、電気通信、スポーツ施設、映画館などでは現実のものとなっています」とボエジズSNCF（Voyages SNCF）のゼネラルマネジャー、レイチェル・ピカールは言う。「若者は自由を求めていて、旅行をしたいと思っている。でも、決めるのはもっと先にしたいと思っている。安くなるからといって、予約して自分を縛りたくないのです。

私たちは、それがいまの若者の消費行動や旅行習慣なら、サブスクリプション・サービスで対応すればいいじゃないかと考えたのです。いつでも乗り放題にすれば話は簡単だと」

たしかにその通りだ。しかも、ＳＮＣＦにはすでに別のメンバーシップカード・プログラムがあったので、そこから得られる利用者の行動データがあったし、利用できるバックエンドシステムもあった。そういう理由で、新たなサブスクリプションの取り組みを素早く始めることができた。

80年の歴史を持つ国営鉄道会社が、ブラブラ・カー（BlaBlaCar）のような交通・輸送分野のスタートアップ企業と競い合っているということだ。ブラブラ・カーはフランスで広く成功を収めた長距離のライドシェア・プラットフォームで、長距離を走るドライバーと移動の足を探す利用者をマッチングさせて、双方のコストを削減する仲介サービスを提供している。ブラブラ・カーはＣＲＭのセールスフォース、サブスクリプション管理のズオラ、決済処理のスリムペイ（SlimPay）、データ認証のアリアドネクスト（AriadNEXT）など、クラウドベースのソリューション・スイートを利用して事業を運営している。

対する〝現職〟の大企業ＳＮＣＦも負けてはおらず、新しいソフトウェア・サービスの助けを借りて迅速な市場対応を果たした。若い利用者をターゲットにしていたので、ソーシャルメディアのモニタリングとマーケティングにも多くのリソースを投入した。顧客サービスのプラットフォームがツイッターとフェイスブックになることも最初からわかっていた。その結果、何千人もの若者が以前より頻繁に家族や愛する人々との時間を共に過ごすことになったのである。

移動のあらゆる問題にソリューションを提供

列車、自転車シェア、地下鉄、シャトルサービス、ライドシェア・サービスなどは、すべて水平的な広がりの中で競争が行われているが、スマートなパートナーシップとプラットフォームは、通勤者がこれらの複数ネットワーク全体をシームレスかつ直感的に利用することを助けてくれる。1個のIDでストレスなく全部にアクセスできるようになる。この競争に勝つのは、ルートを管理するだけの企業ではなく、**A地点からB地点までの移動にともなって生じるあらゆる問題にソリューションを提供する企業**である。

フィンランドの首都ヘルシンキでは、ウィム（Whim）という移動経路探索アプリを使った実験が行われている。ライドシェアリングのような私的移動手段と公共交通利用を組み合わせたルートプランを瞬時に生成するもので、天気がよければ健康的な移動方法を勧めたりもする。『エコノミスト』誌は次のように書いている。「都市に住む若者は、オーナーシップ（所有）よりユーザーシップ（利用）になじんでおり、サービスとしての輸送という概念を自然で魅力的だと感じ始めている。その一方で、都市部でマイカーに乗るコストはかつてなかったほど上昇している。駐車スペースを見つけるのも難しい。それらがあいまって、マイカー所有にコストに見合う利便性があるか、多くの都市住民が疑問に感じ始めている。運転免許証を持つ20〜24歳の米国人の割合は、1983年の92％から2014年の77％に低下している[*8]」

本章から学ぶべきことは、移動というものは、めんどうだけれども必要な手続きによって初めて完結するという状態を脱し、**日常生活にシームレスに埋め込まれた直感的なサービスへと急速に進化している**、ということだ。

自動車なら自動車、飛行機なら飛行機だけで事業を遂行するという、しばらく前なら当然だった考えに、いまや疑問符が付けられている。自動車会社が自転車メーカーやシャトルバス運行会社を買収している。航空会社が買収されないとは誰にも言えない。航空業界のエグゼクティブは、チャーン（解約・離脱）、リテンション（顧客維持）、顧客生涯価値といったトピックについて、デジタルメディアの専門家と意見を交換するようになった。鉄道会社は、顧客をセグメンテーションで考えるのではなく、一人ひとりの行動を見て考え始めている。交通をめぐって事態は動き始めた。エキサイティングな未来がそこまで来ている。

第5章

新聞・出版
かつて新聞を出していた会社

購読者数を伸ばすデジタルコンテンツ

新聞業界の死について語るのは終わりにしなくてはならない。

最近のニールセン・スカボロー（Nielsen Scarborough）の調査によると、米国では毎月1億6900万人以上の成人が新聞を紙、オンライン、またはモバイル・デバイスで読んでいる。成人総人口のほぼ70％だ。ロイター研究所の最近のデジタル・ニュース・レポートによると、2017年に『ニューヨーク・タイムズ』『ウォール・ストリート・ジャーナル』『ニューヨーカー』は、デジタル版の購読者をいずれも数十万人増やした。『バニティフェア』は、1日で1万3000件の新規購読者を獲得した。

ミレニアル世代はコンテンツにお金を払わない、と言われていたのはいつのことだっただろう? ロイター研究所によると、米国ではオンラインニュースにお金を払う18~24歳の割合は、2016年の4%から17年の18%へと飛躍した。この間、『ニューヨーカー』はミレニアル世代の購読者が前年同期と比べて倍増し、『アトランティック』は18~40歳の購読者が130%に増えた。

無料のニュースサービスさえ支援者からの寄付を大きく伸ばしている。『ガーディアン』は無料でニュースを提供することを宣言しているため、会員方式で自由意思に基づく寄付を募るという実験を行ったが、大成功を収めた。17年3月現在、『ガーディアン』は月額6~60ポンド〔1ポンド=150円換算で900~9000円〕を支払ってくれる会員が23万人以上いるほか、単発の寄付を16万人から集めている。ロイター研究所によれば、米国ではかつてなかったほど多くの人がオンラインニュースにお金を払っている。その数は総人口の約16%に上り、16年から17年にかけて7%増加した。

たしかに、新聞各紙は何かと議論を呼ぶ大統領の登場の恩恵に浴しているが、売れているのは政治ニュースだけではない。デジタル・サブスクリプションは出版産業を根底から変えており、購読者に支えられた新しい発行物《パブリケーション》が人気を博している。たとえば、ジェシカ・レシンの先鋭的な『ジ・インフォメーション』(定期購読のみ)はシリコンバレーで2番目に大きなテクノロジー担当の記者集団を抱えている。ベン・トンプソンには、そのすぐれたニュースレター『ストラテチェリー』に年額100ドルを払ってくれる何千人もの読者がいる。ビル・ビショップは中国の時事問題をカバーする『シノシズム』というメールニュースを発行しているが、3万人以上の購読者が年額118ドルを払っている。

その一方で、『バズフィード』『マッシャブル』『デイリー・ビースト』『ヴァイス』といった、ベンチャーファンド資金で運営されている、よく目立つ〝デジタル・ネイティブ〟世代（生まれたときからITに親しんでいる世代）のメディアは、いずれも目標の数字を達成するのに苦労している。なぜだろう？

広告モデルから購読料モデルへのシフト

新聞業界は死のスパイラルに陥った、と言われていたのはいつのことだっただろう？

2008年に『ニューヨーカー』誌は「新聞は死につつある」と厳かに宣告し、「財務、編集の質、記事の深み、人材、発行部数など、どれを取っても新聞の低迷は明らかだ。これが何の予兆であるかは、よくよく考える必要のある複雑な問題だ」と書いた。[*1] クレイグリスト（個人が不要品の売買・求人などの公告を書き込めるコミュニティサイト）、経済大不況、プリントメディアの広告売上急減のすべてが相まって第四の権力（ジャーナリズム）の息の根を止めようとしていた。

一方、『バズフィード』や『ヴァイス』のようなクールで新しい広告ベースのニュースサイトに資金を提供していたベンチャーキャピタルは、ジャーナリズム・ビジネスを成功させる方法を嬉々として新聞社に伝授した。「地域独占発行と三行広告よ、さようなら。ゼロ配信コストと無料コンテンツよ、こんにちは」というのがその論法だった。輪転機も配送トラックも要らない新しいデジタル・ニュースサイトが広く読者を獲得して、急増するデジタル広告費をかっさらっていった（20年前に新聞社が無料サイトを開設したときと同じ考え方であることには注意しておく必要がある）。

なぜ、読者もパブリッシャーも、広告ベースのビジネスモデルではなく有料コンテンツの定期購読サービスのビジネスモデルに切り替えたのか？　理由はいくつかあるが、先々の広告収入の見通しが立たないことが大きな理由だ。そして、広告がそんな状態であることについては多くの理由があるが、ここでは3つだけ挙げておこう。

第1に、誰も広告を好んでいない。『メディアポスト』誌によれば、米国人のおよそ4分の1が何らかの広告ブロッカーを使用しており、そのためにパブリッシャーは年間160億ドルの売上を失っている。ロイター研究所が世界の7万人の読者を対象に行った調査でも、4分の1が日常的に広告ブロッカーを使用していることが判明した（利用率はギリシアの36％が最高、韓国の12％が最低[*2]）。今日、「スマート・ターゲティング」や「ネイティブ広告」〔コンテンツと自然に融合している広告〕についての議論が盛んだが、私たちは毎日何千もの的外れな広告を浴びせられてうんざりしている。

第2に、デジタル広告はビジネスの観点からはあまり意味がない。というのも、インタラクティブ・アドバタイジング・ビューロー〔オンライン広告の規格策定、動向調査、法整備などを行う組織〕によると、2016年に支出された全オンライン広告費の49％がグーグルに、40％がフェイスブックに渡っており、残り11％をその他すべての企業が分け合っているという現状だからである。『トーキング・ポインツ・メモ』のジョシュ・マーシャルはこう言っている。「広告収入に比べてデジタル・パブリケーションが多すぎる。30の媒体と、収入が約束されている25の席があると考えればいい。席を確保するために媒体は激しく競い合っている。そこにプラットフォームの独占企業がやって来て、25のうち5個とか10個をがっちり押さえ込んでしまった。何が問題かわかるでしょう？　残り15席を30の媒体で奪い合っているのが現状なのです。やっていけるわけがない。多くの媒体が死ぬか、別の資金調達方法を見つけなくてはならない」[*3]

このハンガー・ゲーム〔文明崩壊後の国家を舞台に、選ばれた24人が殺し合いを強制されるSF小説〕のシナリオは、景気後退によって広告市場がさらに悪化すると内部から崩壊してしまう可能性がある。

最後に、広告はコンテンツの提供者をいつの間にかクリック数稼ぎの競争に駆り立ててしまう。そのための競争に、広告は徹底的に資金を提供する。それがポリティコ（Politico）の元社長ジム・ヴァンダヘイが「ひどい罠」と呼ぶ広告の現実だ。ジェシカ・レシンはこう言っている。「いまでも、広告を必要としないビジネスを構築するほうがずっと安全な生き残り策だと思っています。そのためには、１００％の価値を読者に提供しなくてはならない。それだけがニュース・パブリッシャーにとってスマートで、情報に富み、現実に密着した情報を将来にわたって提供し続ける方法なのです」[*4]

実際、新聞に広告があふれ、多額の広告収入を得ていた頃、プリントメディアもデジタルメディアも近視眼的な製造販売のビジネスモデル発想に毒されていて、本当のところは読者に損害を与えていたと私は考えている。**目標は印刷部数やページビューを増やすことであり、できるだけ多くの広告スペースを売ることだった。**新聞の日曜版に印刷された大量のクーポンや宣伝にはうんざりさせられたものだが、いまはそれが〝無料〟ニュースサイトのポップアップ広告やスライドショーに変わっただけだ。

定額サービスにお金を払う消費者の特徴

広告収入の不安定さが避けがたいことはわかった。その他に、どんな変化が起こっているだろうか？　パブリッシャーが崩壊した広告システムを厳しい目で見ている一方で、気に入った定額サブスクリプション・サービスに抵抗なくお金を払う新世代の消費者が登場している。彼らはスポティファイ、ネットフリックス、食品ボックス、仕事効率化アプリのような、タイムリーで、自分に関係があると思えて、狙いが明確なサービスなら毎月お金を払ってもかまわないと思っている。

スポティファイやＯＴＴ〔Over The Top：インターネットを介して動画配信、音声通話、ＳＮＳなどを提供するサービスの総称〕が根づいている北欧諸国では、オンラインニュースを定期購読している人の割合が世界最高水準に達している（ノルウェー15％、スウェーデン12％、デンマーク10％、フィンランド7％）。パトレオンのようなプラットフォームでは、利用者は毎月何百もの新しい動画やポッドキャストを定額で楽しんでいる。

ストリーミングサービスに料金を支払う人とオンラインコンテンツに料金を支払う人のあいだには強い相関関係がある。２０１７年の『ロイター研究所デジタルニュースレポート』の主著者であるニック・ニューマンは「各種オンラインサービスが、人々にサブスクリプションという仕組みを理解するための文法を教えた」と書いている。収益のゆうに半分以上を広告に依存していた時期もある業界にとって、これは顕著な変化である。

もちろん広告がなくなることはない。デジタル・サブスクリプションが標準となるにつれて、読者もパブリッシャーも、直接の結びつきから得られる利益を意識するようになったということだ。

ペイウォール〔サイトがコンテンツを一部有料化し、対価を支払ったユーザーだけがアクセスできるようにすること〕というアイデアが議論を呼んだ時期のことを覚えているだろうか？　今日、メンバーシップ・プランやスマート・ペイウォールとともに入手可能になった顧客の利用行動のインサイトによって、パブリッシャーの関心はＣＰＭ〔Cost per Mille：１０００インプレッション当たりのネット広告料〕やクリック数といった無意味な広告効果測定値から、サイト滞留時間のような価値あるエンゲージメント測定値へと移行しつつある。サブスクリプションはコンテンツ利用者と広告の関連性を高め、それによって広告の価値を高める。

「ニューソノミクス」というすぐれたウェブサイトを運営している、鋭い業界評論家であるケン・ドクターは言う。「広告売上の比率を下げて、広告を第2の収益源――それでも重要であることは確かだが――にすることは、ほとんどのニュース・パブリッシャーにとって最も重要な戦略目標だ。高品質のコンテンツとすぐれたデジタル製品の裏付けがあれば、購読料売上は広告料売上よりはるかに安定している」[*5]

もちろん、新聞業界は印刷広告モデルからデジタル購読モデルへのシフトを模索中で、いまはまだ逆風にさらされているが、今日の消費者は、デジタルサービスを定額利用することに抵抗を感じていない。ロイター研究所のレポートによると、米国では、有料ストリーミングサービスの利用者は、非利用者より有料オンラインニュースを読む可能性が5倍高い。

「紙かデジタルか」という問題設定の間違い

成功している発行物は、フォーマット（サイトの機能、バナー広告、スライドショーなど）のマネタイズから、読者のウォンツとニーズを優先することへと舵を切りつつある。

数年前に少額課金をめぐって行われた議論において、フォーマットに引きずられるとどうなるかを垣間見ることができた。新聞は記事1本につき5セントとか10セントといった少額課金を行おうとしたが、それはブランド全体にではなく、1本ずつの記事に価値を与えることであって、私には意味がわからなかった（今日それと同じ議論がフェイスブックのインスタント・アーティクル〔メディア企業がフェイスブックのニュースフィード内に記事を配信するサービス。ニュースサイトに飛ばなくてもニュースが読める〕をめぐって行われている）。

まもなく判明したように、新聞にはブランドロイヤリティを持つ多くの読者が目と鼻の先にいた――宅配される新聞の購読者である。ロンドンっ子が新聞に抱く強いロイヤリティを紹介しよう。最近、私は飛行機で、1人の英国人が『ガーディアン』紙をリクエストする場面に遭遇した。フライトアテンダントが申し訳なさそうに、これしかないのでと言いながら『デイリーテレグラフ』紙を差し出したときの彼の反応が傑作だった。「なんで魚の包み紙を読まなきゃならないんだ」

少額課金に活路を見出そうとした新聞各紙は、忠実な読者はすぐれた記事にお金を払ってくれている、ということを悟った。通勤電車で紙の新聞をたたんだり広げたりしながら読む人は減ったが、スマホの画面で読んでいる。突如として、デジタル購読の重要性が高まったというだけのことだ。紙で読んだらお金がかかり、画面で読んだらかからないなどというのは、まったくもってばかげた考えである。

つまり、プリントかデジタルかという問題設定が間違っていたのだ。多くの人々が、ヴォックス（Vox）やバズフィード（BuzzFeed）のようなデジタル・ネイティブのメディア企業は固定費のかからない魔法の世界で事業を展開しているのに対し、紙の新聞は減り続ける印刷広告という重荷のせいで海の底に沈みつつある、と考えていた。「紙かデジタルか」という問題設定は、物理的に新聞が手元に届くことがコンテンツより重要である、という認識の反映に他ならない。

だが、『ウォール・ストリート・ジャーナル』紙の肝は、物理的な紙とインクではなく、ジャーナリストであり、ブランドであり、文化であり、ニュースカバレッジであり、それらが伝える価値観だ。その真の価値は内容にあるのであって（経費もそこにかかる）、フォーマットにあるのではない。読者は中身にお金を払っているのである。

ブランドロイヤリティのある顧客がいることを認識し、充実したデジタル体験を提供することで顧客との結びつきを強められると考えるなら、**新しいビジネスモデルは、きまぐれな広告に依存するものではなく、安定した定期購読収入に立脚するものになるはずだ。**実際、賢いパブリッシャーの多くは、プリントメディアの購読者の忠誠心にうまく働きかけて、デジタル中心の収益モデルへの移行を果たしている。そして、柔軟な価格設定、サービスのパッケージング、バンドルされたアドオンといったデジタルの利点を活用している。

こうしたパブリッシャーは、いずれもケン・ドクターが「かつて新聞《ニュースペーパー》を出していた会社」と呼ぶものへと急速に変身しつつある。**中核的な知的資産と補完的サービスを巧みに結びつけて、読者に新しい体験を提供している。**『ニュースUK』紙はスポティファイの無料アカウントを提供し、『ウォール・ストリート・ジャーナル・プラス』はビジネス書の無料ダウンロードを提供している。ティータイム、クルーズツアー、カンファレンスへの招待といった特典提供もある。実際、印刷ベースの収益を超える新しいデジタル収益モデルの構築に成功した会社も存在する。

かつて自動車雑誌を出していた会社

『モータートレンド』誌は、1949年5月に創刊号が発行され、現在はエンシュージアスト・ネットワーク（The Enthusiast Network：TEN）という会社が発行している。

数年前、この雑誌はウェブサイト動画をユーチューブ（YouTube）に投稿し始めた。視聴数10億、無料閲覧数50億を超えた2016年に、同社は『モータートレンド・オンデマンド』を開始した。月額5・99ドルで利用できるストリーミング・プラットフォームで、「ロードキル・ガレージ」や「ヘッド2ヘッド」などを含む数百時間の独占コンテンツを視聴できる。現在、『モータートレンド』は紙版の収益が総収益の半分以下で、SVODサービスからの継続収益がまもなく20％に届くと予想されている。

これは、「かつて自動車雑誌を出していた会社」にとっては驚くべき変化だ。オリジナル・コンテンツをロク（Roku）、アップルTV、アマゾンなどにシンジケート配信するだけでなく、さまざまな価格モデルや購読プラン、商品販売、『モータートレンド』誌のイベント招待など、多くの試みを実行している。紙の雑誌にデジタル版の無料購読権を付けることもある。

TENのCCO〔最高コンテンツ責任者〕であるアンガス・マッケンジーは、「これは論理的必然だ。メディアを取り巻く環境はこの方向へ変わっていく」と『ディジデイ』で述べている。「広告だけで成り立つビジネスモデルの媒体はどんどん減っていく。サブスクリプション・プラットフォームは、消費者にお金を払ってもらうビジネスモデルで、かつての雑誌と似たようなものだ[*6]」

成功したサブスクリプション・サービスの例に漏れず、ＴＥＮは先々入ってくることが確かな定期収益を利用して、読者に人気のあるトピックとサイトの新機能を組み合わせてサービスのコモディティ化を回避している。『ニューヨーク・タイムズ』も、クロスワードアプリから少なくない収益を得ているし、新たに有料の料理レシピ・アプリの提供も始めた。

私たちがロンドンで開いた「Subscribed」のカンファレンスに、乗馬愛好家向けの雑誌を発行している出版社が出席し、実施中のさまざまな取り組みを紹介してくれた。たしかに、馬を所有する富裕層相手のビジネスが年額20ポンド（1ポンド＝150円換算で3000円）の雑誌購読料だけというのはありえない（彼らは競技や乗馬用具により強い関心を持っている）。この出版社の取り組みの中には成功するものも失敗するものもあるだろうが、目標は読者のエンゲージメントを定着させることであり、そのためには広告主視点からではない編集方針の変更や施策が必要となる。

フィナンシャル・タイムズとエコノミストの価格戦略

機敏な価格設定《プライシング》も、サブスクリプション経営への変身の鍵を握っている。

大事件が勃発したときは思い切った価格戦略がものをいう。ＥＵ離脱の可否を問う国民投票が行われた週末、トラフィックが急増するだろうと読んだ『フィナンシャル・タイムズ』紙（FT）は何をしたか？ **ブレグジット〔EUからのイギリス脱退〕関連のすべてのニュースを無料公開し、大挙してサイトを訪れる読者に、さまざまな有料購読プランの存在を知らせた**のだ。その結果、デジタル版の購読申し込みがふだんの週末の6倍に急増した。今日、FTの定期購読者は90万人を超えるが、売上の75％以上がデジタル版からである。

FTのCCO〔最高コマーシャル責任者〕ジョン・スレイドは、『ディジデイ』に次のように述べた。「私たちはブレグジットへの関心が高まっている最中に、電話マーケティングも行いました。購読申し込みのパターンやソーシャルメディアでのFTの認知や拡散の状況を観察し、最大限の効果を上げるために積極的にマーケティング予算も使いました。それが顧客エンゲージメントを高めるための取り組みと矛盾しないように、エンゲージメント部門と編集部門、マーケティング部門と読者開拓部門で何度も意見を交わしました」

FTの読者開拓努力には、その傑出したジャーナリズム精神と同様の革新性と創造性がある。またFTには、読者のエンゲージメントを測定する単純だが気の利いた方法もある。リーセンシー（最後に訪問したのはいつか）、フリークエンシー（訪問頻度）、ボリューム（読んだ記事数）だ。低スコアの購読者にはチャーン〔解約・離脱〕のリスクがあるので、販売促進部門がディスカウント・オファーなどの働きかけをすることになる。

『エコノミスト』誌は、創造的な価格戦略で同様の成功を収め、読者獲得活動を活発化させた。数年前、彼らは印象に残る勝負に出た。紙版の定期購読者にデジタルコンテンツを無料提供するという一般に行われていたやり方ではなく、**デジタル版にも独自の課金を行うことにした**。そうしない理由があるだろうか。ほとんどの大規模な発行物は、デジタルの取り組みにも労力やお金を注ぎ込んでいる。ならば、それだけの価値が何かあるはずだ。

「狙いは、契約更新の際に、紙版の更新だけでなく、紙とデジタルのパッケージ購読を選んでもらって売上を伸ばすことでした。そのためデジタルの無料提供をやめて、追加料金の請求を始めたのです」とエコノミスト・グループのサブラタ・ムクハラジ（元プロダクト兼ビジネスシステム担当副社長）は説明する。[*7] それは賢い方法だった。追加料金を払ってもデジタル版を読みたいという読者によって、売上は25％増加した。『エコノミスト』は、広告ブロッカー利用者、学生、フリークエント・フライヤーなどのために設計されたサブスクリプション・プランを提示するなど、さまざまな方法で多くの読者を獲得しようとしている。

　新聞業界はサブスクリプション・モデルの利点を人に教えてもらう必要などない。何しろ、それを発明したのは彼ら自身なのだから。もちろん、この業界が非常に苦しい時期を通っていることは承知している。だからこそ、新聞社はデジタル購読者を獲得してエンゲージメントを高める方法について、ＳａａＳ《サース》提供会社ともっと意見交換するべきだと私は考えている。

　新聞社にはスタートアップ企業に伝授できる教えがたくさんある。数年前、私はマーク・ロットという名前の、メディア企業のエグゼクティブがツイートしたジョークを読んだ。「ニューヨーク・タイムズの設立が１６０年前ではなく5年前だったなら、企業価値は現在の10倍の４００億ドルになっているはずだ」。これは傾聴に値する観察だ。実際、ビジネスモデルの観点からは、いまや『ニューヨーク・タイムズ』紙は新聞というよりもＳａａＳ企業のように見える。

ニューヨーク・タイムズという名のユニコーン企業

ユニコーンの話は聞いたことがあるだろう。角《つの》を生やした空想の馬のことではなく、評価額10億ドル以上のシリコンバレーのソフトウェア企業のことだ。

高い評価額は、利用可能な巨額の現金とコストゼロの資金調達を可能にした記録的な投資ラウンドのおかげだ。もちろん中には、「ダウンラウンド」（前回の増資時よりも株価が下回った状態での資金調達）、ディスカウント企業買収、あるいは問題の多い新規上場のせいで姿を消した企業も存在する。ユニコーン企業の多くは何らかの形のサブスクリプション収益で運営されている。『ニューヨーク・タイムズ』が新聞社ではなくＳａａＳだったなら、企業価値は現在の40億ドルなどではなく、少なくともその2倍はあるだろうということに疑いの余地はない。

これを書いている時点で、『ニューヨーク・タイムズ』の株価は、ここ5年での最高値を付けているが、それは読者からの直接の支払いが収益の60％以上を占めることが評価されてのことだ。伝統的に、新聞は購読料収入に比べて広告料収入の割合が高いが、『ニューヨーク・タイムズ』は2つの収入曲線が交差して収益構造が〝逆転〟するレベルに到達した。

現在のこの構造は、２０２０年にデジタル収益8億ドルという目標を達成する上で、持続可能な力強いビジネスモデルの基礎となっている（現在すでにデジタル収益は6億ドルで、購読料収益の総額は10億ドルを超えている）。また、２０１７年の第2四半期には、デジタル版の定期購読収益が紙の広告収益を初めて上回った。今後、その差は広がっていくと予想されている。料理レシピやクロスワードパズルのアプリ利用者を含め、同紙には現在２６０万人を超える有料のデジタル加入者がいる。これほどの数字を持つＳａａＳにどれぐらいの評価額が付くものか、興味のある読者はベンチャーキャピタルに問い合わせてみるとよい。

『ニューヨーク・タイムズ』は、購読料と広告料の収益逆転という、ほとんどの発行物がめざしている目標を実現することができた。まことに喜ばしい。それは経済の気まぐれから（ひいては広告市場の不安定さから）会社を守る一方で、熱心な専門知識層の購読者にプレミアム料金を支払ってもらうためのベースとなる。同紙のデジタルコンテンツの総利用者のうち、何らかの支払いをしているのは約４％に留まる。私はこれを96％の伸びしろと解釈するが、それはシリコンバレーにある多くのＳａａＳ企業のあいだで以前から知られている「利益の大半は少数のコアユーザーからもたらされる」という教えそのものでもある。

テクノロジー業界でその考えを地で行くのが「フリーミアム」のモデルだ。これは、まず無料でベーシック版のサービスを提供し、その利用者にインセンティブを提供して有料プランへの移行を促すという手法で、短期間に多数のユーザーを獲得できる効果があると考えられている。有料ユーザーになってくれるのは、フリーミアム利用者のごく一部に留《とど》まるが、有料で提供するサービスがすぐれたものなら、それに対する支払いでビジネス全体を回し続けることができる。

ドロップボックス（Dropbox）〔オンラインストレージ・サービス〕やスラック（Slack）〔チームコミュニケーションツール〕を見ればそのことがわかる。

『ニューヨーク・タイムズ』の場合、同紙にロイヤリティを感じている購読者は、これまで以上の内容に対して喜んで追加費用を支払っている（マイケル・ウルフの最近のアクティベート・レポートによれば、この米国最高の新聞を購読している米国人の43％が、いま以上の定期購読料を進んで払う用意があるとされる）。それを見れば、オンラインマガジン『スレート』の「スレート・プラス」や『ニューヨーク・タイムズ』の「タイムズ・インサイダー」、『アトランティック』誌の「マストヘッド」プログラムなどの会員制プログラムが好評を博しているのもうなずける。

現在、『ニューヨーク・タイムズ』にはデジタル版のみの有料購読者が260万人いるが、その約15％は世界195カ国に分散して存在する。それら海外の購読者は、米国内の購読者を上回るスピードで増え続けている。同紙は主要な英語圏市場（オーストラリアなど）への展開に本腰を入れているほか、最近スペイン語でのサービスも開始した。デジタル購読者1000万人という野心的な目標を達成するためには、海外にいる裕福な読者を獲得する必要があることを認識しているからだ。目標達成のためには、通貨や手段を問わないスピーディな決済の実現も不可欠である。

サブスクリプションのメトリクス〔業績測定基準〕を追究している者として、私には『ニューヨーク・タイムズ』について知りたいことがたくさんある。どうやって効率的に新規読者を獲得しているのか。顧客獲得に要する費用はいくらか。定期購読者の月間チャーン〔解約・離脱〕はどれぐらいか。購読者1人当たりの平均エンゲージメント水準はどれくらいか。同紙はこうした数字を公開していないが、最終的な仕上がりを見るなら、現在の『ニューヨーク・タイムズ』は、静的な広告スペースの販売会社ではなく、スマートな定期収益ベースのSaaSプラットフォーム企業の姿をしている。

有料購読者のエンゲージメントが鍵を握る

『ニューヨーク・タイムズ』がフェイスブック、グーグル、アップルへのコンテンツ提供契約に慎重なことはよく知られているが、私はその考えは正しいと思う。これら3社は、いずれも有料サブスクリプションにユーザーを引き入れようとしているが、私が出版社の社長だったら、自社の顧客データと支払いデータを引き渡すことにつながりかねない、いかなる取り決めにも手を出したいとは思わないだろう。

「彼らにストアを明け渡すつもりはない」と語るのは同紙のレベッカ・グロスマン・コーエン（オーディエンス・アンド・プラットフォーム担当副社長）だ。彼女は『ディジデイ』のインタビューに答えて、「健全なサブスクリプション事業を構築するために何が必要なのかはわかっています。**それは読者との関係です。そのためには読者と直接つながっている必要がある。**コンテンツを切り刻んで、読者が『ニューヨーク・タイムズ』の記事だと認識してくれるかどうかもわからない、お手軽なブランドで販売などしたら、その実現はおぼつかなくなります」と語っている。[*8]

まさにその通り。多くの出版社がアップルが押しつけてきた30％の〝iＴｕｎｅｓ税〟を拒否するという正しい判断をしたのも、それと同じ理由だ。彼らにとって、売上からアップルに召し上げられる料率も面白くなかったが、アップルがすべての支払いデータと顧客の統計データを握るという点はとうてい受け入れられる条件ではなかった。「ストアを明け渡す」というのは、それを受け入れることに他ならない。

『ニューヨーク・タイムズ』には、ベンチャーキャピタルの資金がもっと集まっていてもおかしくない。最近「レコード」が書いたように、『ニューヨーク・タイムズ』のデジタルペイウォール・ビジネスはフェイスブックと同等、グーグルよりも速いスピードで成長している。同紙はシリコンバレーで一般的とされるベストプラクティスのすべてを実行している。すなわち、サブスクリプション収入の確保、国際展開、多層的サービス提供、フリーミアムの提供、カスタマー・インサイトの活用、そして相当な規模のＴＡＭ〔Total Addressable Market：ある製品やサービスが対象市場を１００％獲得したときに得られる年間収入を示す数字〕の達成などである。

『ニューヨーク・タイムズ』のマーク・トンプソンＣＥＯは、「簡単に言えば、われわれはサブスクリプション・ファーストの企業です」と語る。「購読者に焦点を当てることは、他のメディア企業との差別化を実現するための重要なポイントなのです。われわれは、クリック数を最大限に膨らませて低マージンの広告を売ろうとは思っていない。ページビューを競うための仕組みにも興味はない。ザ・タイムズの健全なビジネス戦略は、世界中の数百万人が喜んでお金を払ってくれる、力のあるジャーナリズムの成果を提供することだと考えています」[*9]。ジェフ・ベゾスも、トンプソンの発言にかなり近いことを言っている。

グーグルやフェイスブックと1ドルの広告料を奪い合う椅子取りゲームをしているのがデジタル・ジャーナリズムのベンチャー企業だ。彼らには出資するベンチャーキャピタルが、確たる地位を固めた賢い新聞社に群がってこないのはなぜか。その新聞社にはデジタル・サブスクリプションの安定した基盤さえあるというのに。それが私にとって目下の謎だ。

メディア分析の専門家ピーター・クライスキーがかつて私に語ったように、ここで読み取るべき重要なメッセージは、今後も質の高いジャーナリズムには、正確な情報に基づく洞察力をいつどこからでも得るために（スマートフォンやタブレットがおもな手段となる）喜んでお金を払ってくれる熱心な読者の支持がある、ということだ。マイケル・ウルフの最近のアクティベート・レポートによれば、現在、活字を読む米国人のおよそ4分の1が有料のニュースを読んでおり、少なくともさらにあと4分の1が、パスワードを打ち込んで読むニュースや、SNSから流れてくるニュースを積極的に読もうとしている。そこから、潜在的な有料読者の規模は相当大きいことがわかる。

『ニューヨーク・タイムズ』『フィナンシャル・タイムズ』『エコノミスト』などの発行物や、『モータートレンド』のようなコンシューマー・マガジンにとって、**勝負はスケールではなく、**

有料購読者のエンゲージメントだ。そのことを認識できれば、企業として何をすればよいかが明確になり、これまで決断を妨げていた思い込みからも自由になれる。企業はすべての顧客にすべてを提供しなくてもかまわない。自社の読者を知り、彼らにとっての最善を提供すればよいのである。

第6章 テクノロジー産業の復活

“魚”を飲み込め！

産業史に残るアドビの決断

２０１１年11月、アドビ（Adobe）のマーク・ギャレットＣＦＯ〔最高財務責任者〕は、数十人のウォール街のアナリストを前に、できるだけ早く**収益を引き下げる**ためにできる限りの努力をする、と語った。ギャレットの緊張がはっきりと伝わってくる発表だった。そのとき、アドビは大きな利益を上げていたクリエイティブ・スイート（Creative Suite）のパッケージ販売を中止し、デジタル・サブスクリプション方式に移行しようとしていた。

「収益の減少が速いほど、わが社にとっても、投資家であるみなさんにとってもよい話なのです。毎月私たちに支払ってくれる人が、それだけ急速に増えているということを意味するわけですから、収益の観点からこれ以上ないほど魅力的なことと言えます[*1]」

アドビの収入は消え去るわけではなく、単に時間軸の先へと押しやられるにすぎない。ギャレットのチームは、アドビがなぜそのような移行をめざすのか、どうやって実現するのか、苦心しながら説明を行った。

アドビにサブスクリプション方式への移行を急がせたものは何か？　ソフトウェアのライセンス事業は同社にとって金のなる木で、２０１１年に34億ドルを売り上げ、その粗利益率はなんと97％という高さだった。こんな数字を見せられて、そこに問題を見つけることができる経営者はいない。だが、いくつか厄介な兆候があった。アドビの事業拡大はおもに価格上昇の結果であり、ユーザー数は増加していなかった。

デジタルメディア担当上席副社長であったデイビッド・ワドワーニは、２０１４年の「Subscribed」のカンファレンスでこう語った。「当時、旧式の売り切りライセンス方式で販売されていたソフトは年間約３００万ユニットで、何年も変化していなかった。わが社は平均単価を引き上げることで収益を伸ばしていたわけです。商品単価か顧客単価か、いずれかの引き上げです[*2]」

他にもいくつか危険信号があった。従来、アドビは18〜24カ月ごとに製品アップデートを提供していたが、デバイス、ブラウザ、およびモバイルアプリの進歩により、ユーザーがアドビに求める仕様要件が、それよりもはるかに速く変化していることが明らかになっていた。つまりアドビの動きは遅かったのである。

そこに２００８年大不況の激震が襲った。誰もが影響を受けたが、アドビは、定期収益に余裕があった他のソフトウェア企業よりもひどい目に遭った。財務面でショックを和らげてくれる材料がなかったからだ。「景気後退中に他のソフトウェア企業がどのように動いているかを見ると、定期収益が高い企業ほど成長率も企業価値評価も低下していないことがわかりました」とギャレットは述べている。「私たちは両方とも非常に大きな打撃を受けた。売上高は約20％減少し、企業価値はもっと落ち込んだ[*3]」

アドビは、四半期ごとの数字を作るのに懸命だった。マーケティングを強化したが、必要な成果を上げることができなかった。頻繁に製品のアップデートを行ったが、ほとんど効果がなかった。その時点で、実際にユーザーベースが減少し始めた。インスタグラム〔無料の写真・動画共有サービス〕などのデジタルパブリッシングが爆発的に躍進したのもその頃だった。箱に入れて売るソフトにだけ頼っていたアドビは、成長の限界という箱に押し込まれてしまっていた。

経営陣には2つの選択肢があった。1つは、その時点でもまだ印刷出版を席巻していたクリエイティブ・スイートを銀行の預金残高とみなし、それを食い潰しながらデジタルパブリッシングの動向を追いかけるというもの。もう1つは、コア製品であるクリエイティブ・スイートに倍の掛け金を張って、印刷とデジタルの両方の世界を包囲するというものだった。後者は、イノベーションを追求し、デジタルサービスを提供し、月額利用料を引き下げてユーザーベースを自律的に増やすという選択肢である。

アドビは後者を選び、マーク・ギャレットは2011年11月にサブスクリプション方式への移行を発表した。その発表は正確な情報に基づき、よく整理されたものだった。しかしその翌日、経営陣が恐れていたほどではなかったものの、アドビの株価は暴落した。

ソフトウェアの「冬の時代」

今日、テクノロジー産業は、年率4%で手堅く成長する3兆ドルの巨人だ。ベンチャーキャピタルを通じた2017年の資金調達額は約840億ドル。これは過去10年の最高額で、2007年比100%の増加である。これらの数字はドットコム時代の目眩《めまい》のするような高値に近づいているが、今回は投資の大半が、しっかりしたファンダメンタルズを有する、地歩を固めた企業による、かなり計画が進んだ段階での資金調達ラウンドによるものであるという点が異なる。

レッドポイント・ベンチャーズ（Redpoint Ventures）のパートナーであるトーマス・トゥンガスによれば、公開ソフトウェア企業の貸借対照表上の現金保有高は過去10年間で20倍に増え、資本金は同じ期間に28倍に増えている。上がり下がりは常にあるが、テクノロジー産業は間違いなく成長を続け、活力を保ち、ますます多様化していくだろう。

しかし、以前は必ずしもそうではなかった。10～15年前、低迷しているソフトウェア企業はアドビだけではなかった。産業全体の成長率は横ばいか低下傾向にあり、2001年のクラッシュがそれまでの利益10年分を吹き飛ばし、「ソフトウェア産業の核の冬」が話のタネになっていた。シーベル（Siebel）のような数十億ドル規模の企業が買収されたり、市場から撤退したりした。ベンチャーキャピタルは、ソフトウェアのスタートアップ企業に資金を提供しなくなった。西部劇の1シーンのように、枯れ草が固まってシリコンバレーのサンドヒルロードを転がり落ちていた。ウォール街は、ソフトウェア産業は恒久的な成熟レベルに達したと宣言し、電気やガスといった古い公益事業のように配当を支払い始めるだろうと言った。金融アナリストはソフトウェア産業について、経済がさらに悪化したらどの企業も切り詰めに走らざるをえない分野で事業を行っている、と論じた。

2003年の『ハーバード・ビジネス・レビュー』の記事のタイトルが、当時の気分を表している。「もはやITは重要ではなくなった」[*4]。著者のニコラス・カーは、基本的にIT産業全体を体《てい》のいい配管業者と呼んだ。「いまや万人がITの中核機能であるデータストレージ、データ処理、データ転送を手頃な価格で利用できるようになった。まさにIT企業のパワーと存在自体が、戦略的資源になりえたはずの自らの中核機能をコモディティへと変え始めた。それは誰もが支払わなければならないコストだったが、誰にとっても他社との差別化要因にはなっていなかった」

至るところで企業の統合が進んだ。オラクルは追い詰められた企業を飲み込み、惰性だけで市場シェアを維持しようとした。2007年にiPhoneを笑い飛ばしたスティーブ・バルマーのマイクロソフトは、その後10年、テクノロジー冬の時代の轍《わだち》に足を取られて苦しんでいた。

景気の悪化とSaaS企業の躍進

テクノロジー部門の大企業が絶滅に瀕した恐竜のように苦しんでいたとき、すばしこいSaaS企業が登場したが、彼らにはさまざまな疑問が投げかけられた。まず、彼らが提供するサービスは小規模な会社でしか役に立たないと思われた。ネットに接続して使う彼らのソフトウェアは、大規模なシステムを構成することも統合することもできなかった。それはキャッシュ不足で衰退しつつある企業だけが魅力を感じる流行のようなものだった。それに、他人のサーバーに収納されたデータは信頼できないと思われた。

しかし、絶滅に向かう恐竜を尻目に哺乳類は繁栄を続け、セールスフォースがその先頭を進んだ。そこに小惑星が衝突して地球に衝撃が走った。2008年のクラッシュである。**SaaSという選択肢が、景気の悪化を乗り越えようとする企業にとって突然魅力的なものとなった。**「それほど重要ではないシステムならクラウドに置いてもよい」という態度が、「わが社はクラウド・ファーストです」という態度に一変した。

いまでは多くのCIO〔最高情報責任者〕が、自社開発したERPシステムのアップグレードに巨費を投じる愚かさに気づいている。市場には安くて賢いSaaSという代替案がたくさんあるのに、あれこれ悩む必要などないというわけだ。

最近では、サブスクリプションがテクノロジー業界にとって支配的なビジネスモデルだということを誰もが理解している。ガートナーは、2020年までにソフトウェアプロバイダの80%以上がサブスクリプション・ベースのビジネスモデルに移行する、と予測している。[*5] デロイトの最近の報告は、もはや大手テクノロジー企業にはサブスクリプション・モデルを提供せずにすませる余裕がない、と述べている。「より多くの顧客がより柔軟な支払いモデルを要求しており、多くの企業の生き残りが、いやテクノロジー業界全体の生き残りが脅かされている。少なくとも、利用量ベースで製品やサービスを提供する方法を見つけられない企業は時代から取り残されるだろう[*6]」

どの分野でも、無期限のライセンスとメンテナンスがもたらす収益は横ばいもしくは低下傾向にある。自社開発ソフトウェアには成長の余地はなく、ここ10年のうちに設立された多くの若いＳａａＳ企業は市場シェアを確実に引き上げている。

ハードウェアの世界でもサブスクリプションへの移行が進行している。アマゾン・ウェブ・サービス（ＡＷＳ）の成功を見て、ＩＴ部門の購買担当者は、大きくて高額なサーバーのための設備投資よりも運転コストだけを支払うレンタル方式のほうが理に適っているという確信を強めている。市場の向かう先が見えている大企業は、移行の波に乗り遅れまいともがいている。

今日の革新的な企業は、ますます定期収益ベースのビジネスモデルを追求するようになっており、その過程で、ＥＲＰシステムはただの会計帳簿に成り下がってしまった。〝これさえあれば何でもできる《ワンサイズ・フィッツ・オール》〟を売りにしながら実は取り回しの難しいＥＲＰモデルは、何をやってもオラクルから請求されるが、何をやっても特別うまくいくことはない、という厄介者にすぎなくなった。顧客サービスから費用管理、予測、料金請求まで、多くの企業が接続すればすぐ使える《プラグ・アンド・プレイ》ＳａａＳプロバイダを活用するようになっている。

核となる1つの機能に集中し、それを巧みに処理することをマニアックなまでに追求しているのがＳａａＳプロバイダである。コンカー（Concur）は四六時中、交通費のことだけを考え、他のことは何もしない。セールスフォース（Salesforce）はＣＲＭと同義だ。アビソ（Aviso）

は最新の機械学習テクノロジーを販売予測に取り入れている。そして私の会社ズオラ（Zuora）は、サブスクリプション・モデルの請求、取引、ファイナンスにすべてを傾注している。これらのＳａａＳが提供するソリューションは、大きなオラクルを設置するよりも、はるかに迅速で効果的だ。

恐竜はどうすれば生き残ることができるのだろう？　それを探るためには、まず〝魚《フィッシュ》〟について説明する必要がある。

サブスクリプション移行期に現れる「フィッシュ」

伝統的なソフトウェア企業が、なぜこれほど険しい坂道に直面していたのかを理解するためには、フィッシュ・モデルを知る必要がある。『サービスとしてのテクノロジー・プレイブック——高収益サブスクリプション・ビジネスを育てる方法』（未邦訳）というすぐれた本で、トーマス・ラーとＪ・Ｂ・ウッドは、この移行期間を**「魚を飲み込む」ための期間**だと述べている。移行期間中、収益曲線は下降を続け、後に再び上向くまで、営業費用曲線を下回る期間が続く。

伝統的な企業が、その収益ミックスを資産販売モデルからサブスクリプション・モデルにシフトさせ始めるときに姿を現すのが〝魚〟である。このシナリオを採用した企業の四半期収益

図表3　サブスクリプション・シフトで姿を現す「フィッシュ」

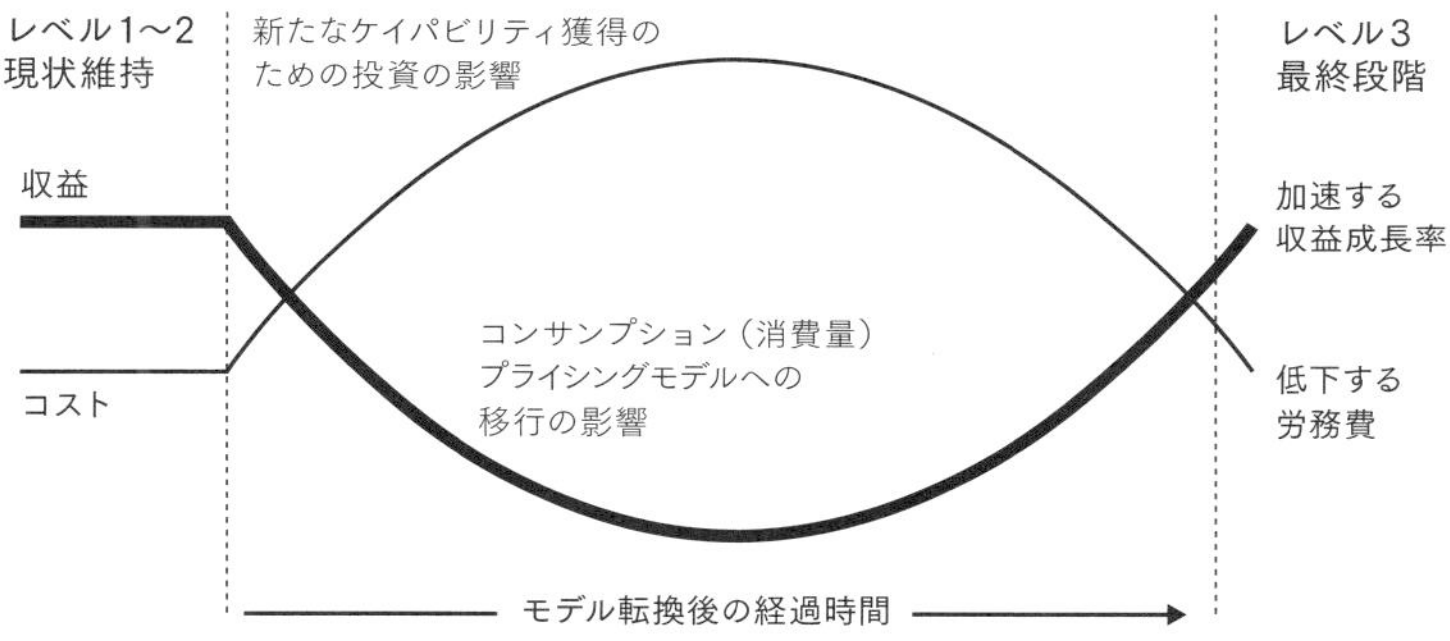

はしばらく減少を続けることを余儀なくされる。それまでは成約の瞬間に立っていた売上からの利益が、小分けされて継続するサブスクリプション収入に置き換わるからだ。さらに、収益が低下する中で、SaaS企業——ソフトウェアに限った話ではないから正しくはXaaS企業——として利益を上げるために必要な業務遂行能力《ケイパビリティ》と構造を獲得するための投資も行わなくてはならない。以上が相まって、収益ミックスが伝統的かつ安定的にコストを上回っていたグラフ左側の状態が終わり、コストが収益を上回るという心穏やかではいられない時間が始まる。[*7]

ということで、フィッシュを絵に描けば図表3のようになる。

ラーとウッドが指摘しているように、四半期ごとの数字を追いかける経営陣はこの〝魚〟の姿が気に入らず、見なかったことにしようとする。取締役会や投資家の顔が思い浮かぶし、そうでなくても、売ってなんぼの昔ながらの発想から抜け出すことができない。株式市場も、そのような企業の業績を、厳密にGAAP《ギャープ》〔Generally Accepted Accounting Principles：一般に公正妥当と認められた会計原則〕に基づく実現利益で測り、定期収益を織り込んだ成長率によって測ることはしない。

しかし、たとえばセールスフォースの年間売上高において、定期収益が60%を占めるとすれば、同社は来年度、収益目標の半分以上が約束された状態でスタートするということだ。そのような定期収益を確保している企業は、株式市場において、そうでない企業よりもはるかに収益率が高いと適切に認められている。しかし、企業の経営陣は古いGAAPのルールに縛られているので、時代遅れのモデルにしがみついて自らを行き詰まらせる羽目に陥っている。

ラーとウッドはこう述べている。「利益を上げている既存企業は、新参者が市場を破壊してもおっとり構えているように見える。顧客が離れ始め、利益が縮小し始めても、彼らは自社の収益エンジンを下手に触りたくないのだ」

これがアドビの経営陣が2011年に直面していた課題だった。**彼らは飲み込まなくてはならない大きな〝魚〟があることを知っていた。**

そこで彼らは何をしたか？　このモデルを追求すると決めた経営幹部は、過剰とも思える徹底的なコミュニケーションに努めた。透明性を高めて不要な論争に絡めとられないようにする狙いから、会社の主要部隊それぞれに向けて、少しずつ異なるメッセージを送る必要があると判断したからであった。彼らはまず従業員に対する説明を始めた。容易ではない組織変更の必要があり、社歴の長い従業員が不安にかられるのも無理はなかった。

財務チームは、単純な個別の販売処理をやっていればよかった状況が一変し、毎月300万〜400万人に対して請求業務を行うことになった。製品開発チームは、それまで年1回でよかったアップデートを毎月行わなくてはならなくなり、稼働時間延長やトラブル発生時のリカバリー、セキュリティ管理といった新しい課題に取り組む必要に迫られた。経営陣は、営業チームを冗談めかして「儲け中毒」と呼び、彼らに向けてユーモアを織り交ぜた意識改革ビデオを作った。その狙いは、意識面でもコミッション設計面でも四半期ごとの数字を追うのをやめ、長期的な受注に全力を注ぐ部隊につくり変えることにあった。

アドビが直面した2つの課題

ここで話は本章の冒頭に戻る。2011年にニューヨークで行われた、アナリストたちとの悪名高いミーティングの話だ。その当時、一定の地位を確立しているソフトウェア会社がサブスクリプション・モデルに移行したという前例も、移行によって成功を収めたという前例もほとんどなかった。

その原因は、組織にはびこる惰性、近視眼的な市場理解、システムの制約、製品やサービスに対する固定的マインドセット（あるいはこれらすべて）にあった。ほとんどの企業の経営陣は、誰もがすぐ思いつく一連の疑問によって立ちすくんでしまうのが常だった。

一気に売上を立てずに時間経過の中で売上を立てるという方法は、最終損益に悪影響を及ぼさないだろうか？　サブスクリプション方式で利益率は低下しないか？　わが社の営業部隊はこれをどうやって売ればいいのか？　投資家はどう反応するだろう？　当時、デジタル・サブスクリプションの成功例はほとんど若いＳａａＳ企業によるもので、凡庸だがなんとか利益は上がっているという事業にしがみついている旧弊な企業から市場シェアを削り取ることで業績を伸ばしていたにすぎなかった。

アドビは、このミーティングで2つの重要な課題に直面していた。まず、投資家を説得して自分たちのビジョンを受け入れてもらわなくてはならなかった。そして、そのビジョンと整合性がとれるように、投資家たちにも財務モデルを書き替えてもらう必要があった。創業から30年続けてきたユニット販売ビジネスを前提として投資家が行ってきたアドビの企業分析は、完全に意味を失おうとしていた。

ＣＦＯのギャレットはウォールストリートのアナリストに対し、開示要件がなく、会社のＧＡＡＰ準拠の財務状況とも関係のない、まったく新しい一連の指標を採用してもらう必要があると力説した。その主張の根拠として、それまでよりはるかに多くの財務情報を公表し、将来のサブスクライバー数と年間定期収益（ＡＲＲ）の成長率について明確な目標数値を提示した。

すでに述べたように、市場の反応は思わしくなかったが（ナスダックが取引を停止したいかとたずねてきたこともあった）、経営チームは移行プランを堅持した。そして、次のステップとして、会社にとって最も重要な構成要素である顧客にアプローチしなければならないということを

図表4　アドビシステムズの株価推移（5年間）

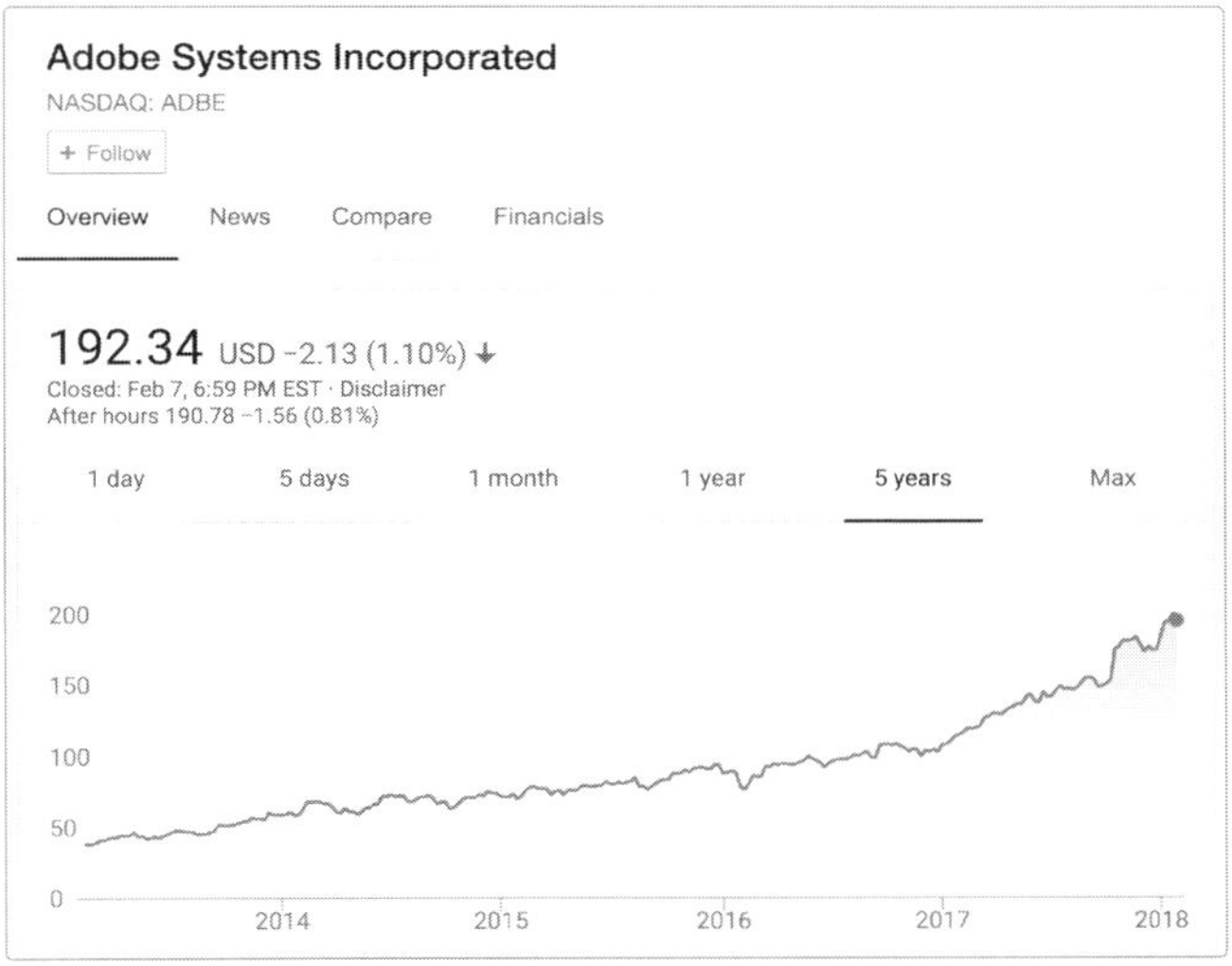

理解していた。

アドビの経営陣はここでもう1つ、**顧客に時間を与える**という賢い決断を下した。デジタル・サブスクリプションを推進する一方で、２０１２年５月には従来の永久ライセンス方式のクリエイティブ・スイートも販売し、２つのタイプを1年間並行して走らせたのだ。２０１３年５月にはその並行期間も終わり、デジタル・サブスクリプションに完全に切り替わったが、永久ライセンス製品を完全には引き揚げなかった。アップデートは行われないという理解がすべての顧客に行き渡るまで我慢したのだ。

ワドワーニは、アドビが毎年開催しているMAXクリエイティブカンファレンスで2時間の基調講演を行い、集まった顧客に率直に語りかけた。懸案事項を明らかにし、移行を決断した理由を説明し、移行のメリットを訴えた。これに続いてエバンジェリストのアウトリーチ活動が実施され、5万人を超える顧客と直接ミーティングが行われた。

移行開始後の3年で、アドビ・クリエイティブ・クラウド（Creative Cloud）のサブスクリプション収入は、ほぼゼロから売上のほぼ100%を占めるまで躍進した。今日、同社のデジタル・サブスクリプション・モデルへの移行はビジネススクールの教材となっている。アドビは教科書的ケースを提供して、マイクロソフト、オートデスク（Autodesk）〔図面作成ソフトウェア〕、イントゥイット（Intuit）〔会計・税務ソフトウェア〕、そしてPTC〔CAD・CAM等のソフトウェア〕にインスピレーションを与えた。

アドビが移行を発表した2011年の株価は約25ドル、移行翌年の収入はほぼ35%減少したが、その後、株価は年率25%のペースで上昇を続けて現在は約190ドルを上回り、年間定期収益（ARR）は約50億ドルである（2011年には実質ゼロだった）。そして総収益の70%以上が定期収益である。素晴らしいの一言に尽きる。

ソフトウェア大手、PTCの大転換

今日、ソフトウェア業界全体がアドビが切り開いた道を進んでいる。2015年2月、オートトデスクは、永久ライセンスからサブスクリプション・プランへの移行を発表した。オートデスクのカール・バスCEO（当時）によると、2016年8月までに同社の株価は史上最高値を更新し、クラウドのサブスクリプション率は記録的に上昇した。「顧客企業もそのパートナーも、すぐれた柔軟性とユーザー・エクスペリエンスを備えたモデルを進んで採用してくれている」

そしてマイクロソフト。1986年以来公開されているマイクロソフトの株価が、2017年7月に過去最高を記録したのはなぜか？　SaaS企業として成功するために大きく舵を切り、商用クラウド事業（2018年度の年間収益目標として200億ドルに迫る額を掲げた）と、従来のライセンス事業からの脱皮を意味するオフィス365（Office 365）事業に乗り出したからだ。

サブスクリプションへの移行に成功し、企業価値と株主価値を高めた企業は、IBM、シマンテック（Symantec）、セイジ（Sage）、HPエンタープライズ、クリック（Qlik）など枚挙にいとまがない。

サブスクリプションへの移行が進んでいる、その他の大きな理由は何か？

IT部門の購買担当者が設備投資にお金を使うより運用コストに充てることを好むということが挙げられる。歴史的に、ソフトウェア企業は技術面での投資においては設備投資を好んできた。一定の年数をかけて減価償却できるメリットがあるからだ。しかし、技術がクラウドに移行するにつれて、設備投資より運用コストが好まれるという補完的な変化が起こっている。クラウドなら、初期費用が比較的少額もしくはまったく不要で、運用コストとして利用した分だけ払えばす

図表5　PTCの株価推移（5年間）

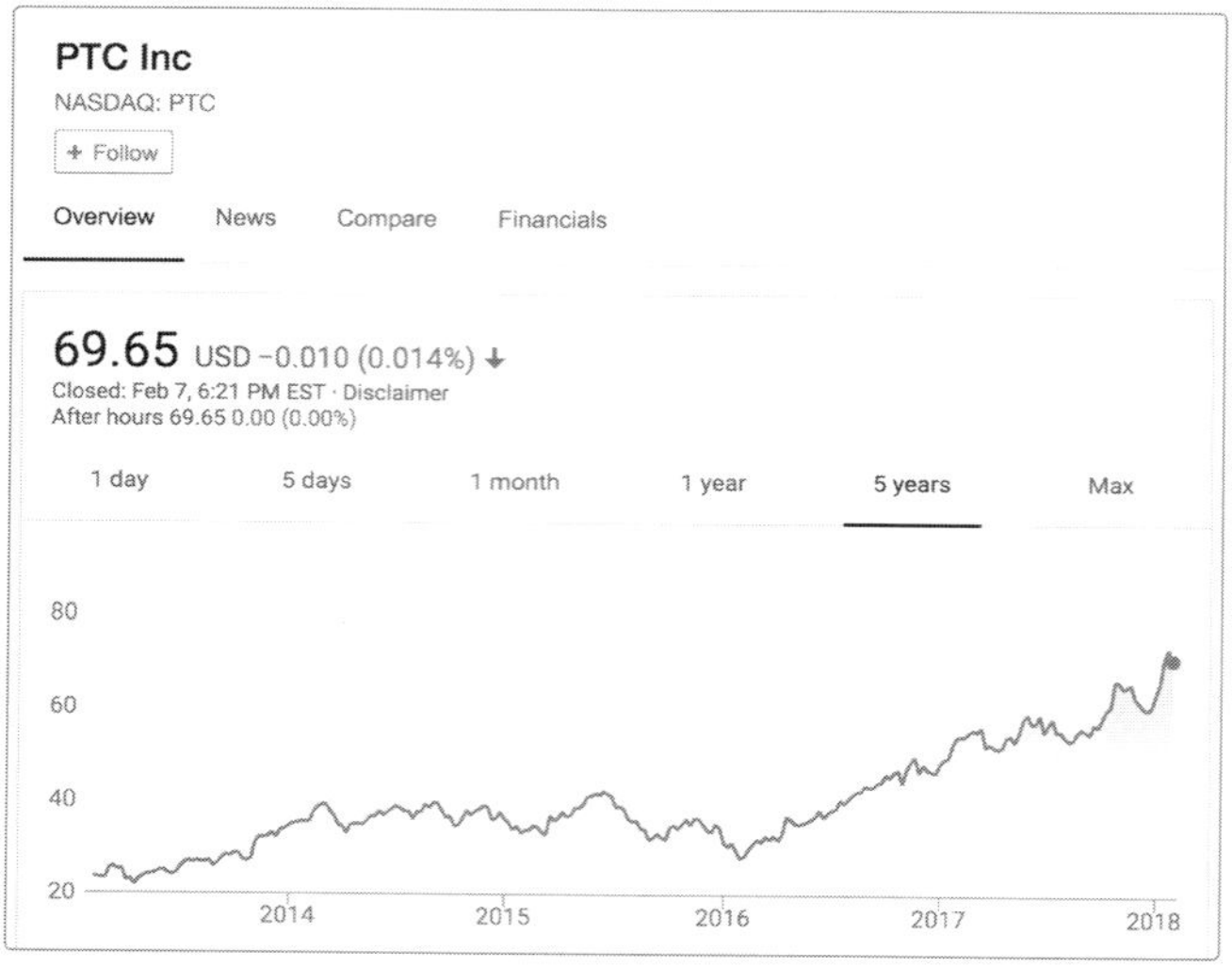

むという利点がある。使った分だけ正確に払うという仕組みによって、成長を牽引するために必要なキャッシュを確保できるだけでなく、機敏に動ける体質への変革を妨げる硬直的で高価なITインフラの縛りから自由になれるという戦略的価値も大きい。

この移行を他社より上手に進めている会社がある。たとえば、大成功を収めているPTC（Parametric Technology Corporation）を見てみよう。PTCは世界のソフトウェア企業上位50社の1社だ。彼らの顧客は航空機を設計し、ビルディングを計画し、スニーカーを作り、機械や道具を作り、新しい医療診断技術を開拓し、その他さまざまな仕事を行っている。

数年前、PTCの収益は低迷してい

た（おなじみの話だ）。2015年の第2四半期、PTCは3億3000万ドルの収益を計上したが、1年後には2億8800万ドルに減少した。その同じ期間に、1740万ドルあった利益は2850万ドルの損失に転じた。しかし、同社の株価は2016年2月の最安値28ドルから2年足らずで135％上昇した。株主価値40億ドル以上の追加である。

ほんの数年前、PTCは2011年のアドビと似たような状況にあった。従来型のソフトウェア産業の他社と同様、成長率1桁台前半の経営を続けていたが、毎年売上ゼロから始めなければならなかった。収入は販売1件ごとに積み上げていくしかなく、12カ月経つと再びゼロに戻った。全体的な収益成長をめざすという、もっともな目標を掲げてはいたが、四半期ごとの利益を犠牲にしない限りにおいて、という条件が付いていた。PTCは厳格なGAAPベースの評価モデルに合わせようと自らを駆り立ててきた。その結果、多くの人が、PTCはメンテナンスから上がる収益を配当に充てているだけの成熟企業なのだろうかと疑問に感じていた。PTCの株価売上高倍率〔時価総額を年間売上高で割った値〕は1〜3に留まっていた。

そんな状況の中で、PTCは独自の調査分析を通じて、顧客の90％以上がサブスクリプション・ベースの価格設定を望んでいることを発見した。おそらく「アドビ効果」の表れだろう。サブスクリプションを望んでいたのはクリエイティブな職種のプロフェッショナルたちで、設備投資がからむプロジェクトが悪夢のような展開になりがちなのに比べて、月々の利用料支払いだけですむサブスクリプションは、財務部門の承認がスピーディに得られるという点が気に入っていた。彼らは上司に対し、サブスクリプションならROI〔投資利益率〕を正当化する説明ができるが（これだけ利用した、だからこれだけお金を払う）、100万ドルの設備投資だったら容易ではない。サブスクリプションは官僚主義ともIT統合の苦痛とも無縁だ。

そういうわけで、PTCは永久ライセンスからクラウドベースのサブスクリプションへという、広範かつ体系的な移行を発表した。同社は、この移行で成長に再び火がつき、収益が拡大し、長期的な株主価値が最大化するという見通しに自信を持っている。3つの同時実現である。

移行に乗り出した2015年10月、PTCは投資家とアナリストに対し、5年以内（2021年度中）に収益16億ドル、売上高成長率10％、営業利益率30％台前半、総売上に占めるサブスクリプション売上70％をめざすと発表した。アドビのアナリスト向け発表が株価暴落を招いたのとは対照的に、PTCの発表は株価を押し上げた。株価は2015年9月末の32ドルから11月初旬には約37ドルに上昇し、企業価値は15％上昇した。

そしてそのちょうど1年後、業績はさらに大幅に改善した。PTCは移行に関連する最新情報を公表し、2021年度としていた目標達成年度を丸1年繰り上げ、サブスクリプションの売上目標を70％から85％に引き上げた。この上方修正は2016年度の収益確定直後に行われたが、PTCの移行が一貫して計画以上のペースで進んだことを物語るものであった。

1年の期間を置いて行われた2回のアナリスト向け発表をもう一度比較してみよう。

2015年にPTCは、21年度の見通しとして収益16億ドル、持続可能な成長率10％、安定的サブスクリプション・ミックス70％、非GAAPベースの営業利益率30％台前半（20％台半ばから引き上げ）、フリー・キャッシュフロー4億5000万ドルという数字を挙げた。

16年にはこれらの数字を引き上げて、21年度の収益18億ドル、持続可能な成長率10％強、安定的サブスクリプション・ミックス85％、その結果としてソフトウェア収益95％の継続発生、非GAAPベースの営業利益率30％台前半、フリー・キャッシュフロー5億2500万ドルと発表した。すごい数字だ。

PTCはアドビと同じ方法で明らかに魚を飲み込んだ。定期収益がそれを生み出すための定期コスト（267ページ参照）を上回る、伝説の変曲点に到達したのだ。そこを越えると、利益曲線はホッケーのスティックのように立ち上がり始める。2016年度当初、PTCのサブスクリプションACV（年間契約金額）指標は4300万ドルだったが、元の目標のほとんど3倍の1億1400万ドルを叩き出した。

PTCは経済がサブスクリプションに移行するのを見て取り、賢明な方法と強い決意で変身を図った。経営陣はサブスクリプション・モデルが定期収益を生んでいることを十分に知っていたので、GAAPによる四半期業績が短期的に落ち込んでも落ち着いていた。他社がサブスクリプション・エコノミーへの移行に不意打ちを食らっているときに、PTCはその動きを味方にして、公共投資のコミュニティに事細かな情報を提供し続けた。その結果、PTCは成長を促進し、大幅な収益改善を実現し、新しい株主価値の領域を見出した。

ここで、大切な事実を2つ紹介しておきたい。「企業がSaaSビジネスモデルへの移行を発表したとき、投資家はどう反応するか」という題で『ハーバード・ビジネス・レビュー』に掲載されたものだ。[*8]

①アドビの例からもわかるように、すべてを一気に切り替える必要はない。ベンダーがＳａａＳ製品と並行して永久ライセンスモデルも提供すると発表した場合、当該ベンダーの株価は平均２・２％上昇した。

②移行に必要な施策をすべて自社だけで行う必要はない。クラウド上のインフラやプラットフォーム提供者と協力してＳａａＳサービスを提供すると発表した場合、当該ベンダーの企業評価は平均２・９％向上した。

シスコ――ハードウェアからの移行

このような移行を行っているのはソフトウェア企業だけではない。ハードウェア企業も次々とサブスクリプション・モデルを採用している。たとえばシスコ（Cisco）。同社はネットワーク間でデータパケット転送を行うルーターやスイッチを販売しており、インターネットでのやりとりの大半はシスコのハードウェア上で行われていると言っても過言ではない。

これまで同社のビジネスは単純だった。多数の企業に大量のデータ機器を販売し、がっちりお金をいただくというものだ。しかし、４～５年前から強い逆風にさらされ始めた。クラウド・コンピューティングの登場により、クライアントがこれまでほどシスコのハードウェアを必要としなくなったのだ。社内に置かれていたデータセンターがクラウド上に移行したからである。

『ストラテチェリー』のベン・トンプソンは、クラウド・コンピューティングの魅力を簡潔にまとめている。「クラウドの真の価値は、初期投資コストの節減に留まるものではない。下手をしたら首の上にのしかかる挽《ひ》き臼《うす》になりかねない大がかりな設備投資とは異なり、使った分だけ払えばよく、しかも無限の拡張性と柔軟性を備えたインフラであるという点にこそ価値がある」

シスコは、何千もの顧客企業に挽き臼を売りつけてしまうリスクに直面していた。そして、その挽き臼自体が、安くサービスを提供する競合他社やソフトウェアベースの代替品のためにコモディティ化するリスクを抱えていた。ハードウェア事業が横ばいになるのを見た経営陣は、今後の成長の大部分が、セキュリティとコラボレーションを中心とする新たなサービスを提供するための企業買収によってもたらされると考えた。つまり、成長を金で買うという発想をしたわけである。

鉄道会社なら、線路の拡張と運送量の拡大のどちらをめざすべきだろう。前者からもたらされる利益は断続的でトランザクションごとの利益だが（だいたい本当に必要な新しい鉄道線路は何本なのかわからない）、後者は継続的な価値の創出を意味する。シスコの新しい経営陣は、すべての機能を提供するサービスを開始するという決断を下した。それは必然的にサブスクリプション・モデルの採用を意味した。

しかし、どうしたらルーターやスイッチをサブスクリプション・ベースで販売できるのだろう？　**ハードウェアの中のデータに焦点を当てればよい**のである。線路を拡張するのではなく、運送量を増やすのだ。シスコのハードウェアであるカタリスト（Catalyst）の最新版には、機械学習と分析のソフトウェア・プラットフォームが組み込まれており、ネットワークのプロビジョニングタイム（作動開始までの所要時間）を短縮し、セキュリティ違反を防ぎ、運用コストを最小限に抑えることで、企業を悩ませる膨大な非効率の解消に効果を上げている。

シスコのパートナーであるテクリンクス（TekLinks）でセールス担当副社長を務めるマイク・ジルアードは、次のように述べている。「シスコの新しいやり方は、ハードウェアのための設備投資の負担を減らし、ソフトを利用可能にしてくれる。わが社のキャッシュフローの変動も小さくなる。クライアント企業にとってもそれは同じだ。シスコは使った分だけ払ってもらうアプローチに切り替えつつあるが、それが自然な考え方というものだ。顧客のリスクもわが社のリスクも軽減される。そして、シスコもわが社も、いやでも顧客とより緊密な関係を維持できるようになる[*9]」

シスコは、安定しているが横ばいのハードウェア事業を回しているだけではなく、ソフトウェアとサービスの分野での成長を刈り取るべく動いている。ハードウェアという箱を売るのではなく、それがもたらす成果を売るために、サブスクリプション・モデルを広範かつ体系的に採用しようとしている。同社のクラウドベースの経営サービス事業は、新商品のサイクルがもたらす好不調の大波を和らげてくれる。もうクリスマス商戦に1年の運命をかける小売業のように行動しなくてもよい。

今日、同社の収益のほぼ3分の1は繰り返し発生する定期収益で、ケリー・クレイマーCEOが満足げに指摘するように、それがGAAPの短期的な収益数値の達成にもつながっている。繰

図表6　シスコシステムズの株価推移（5年間）

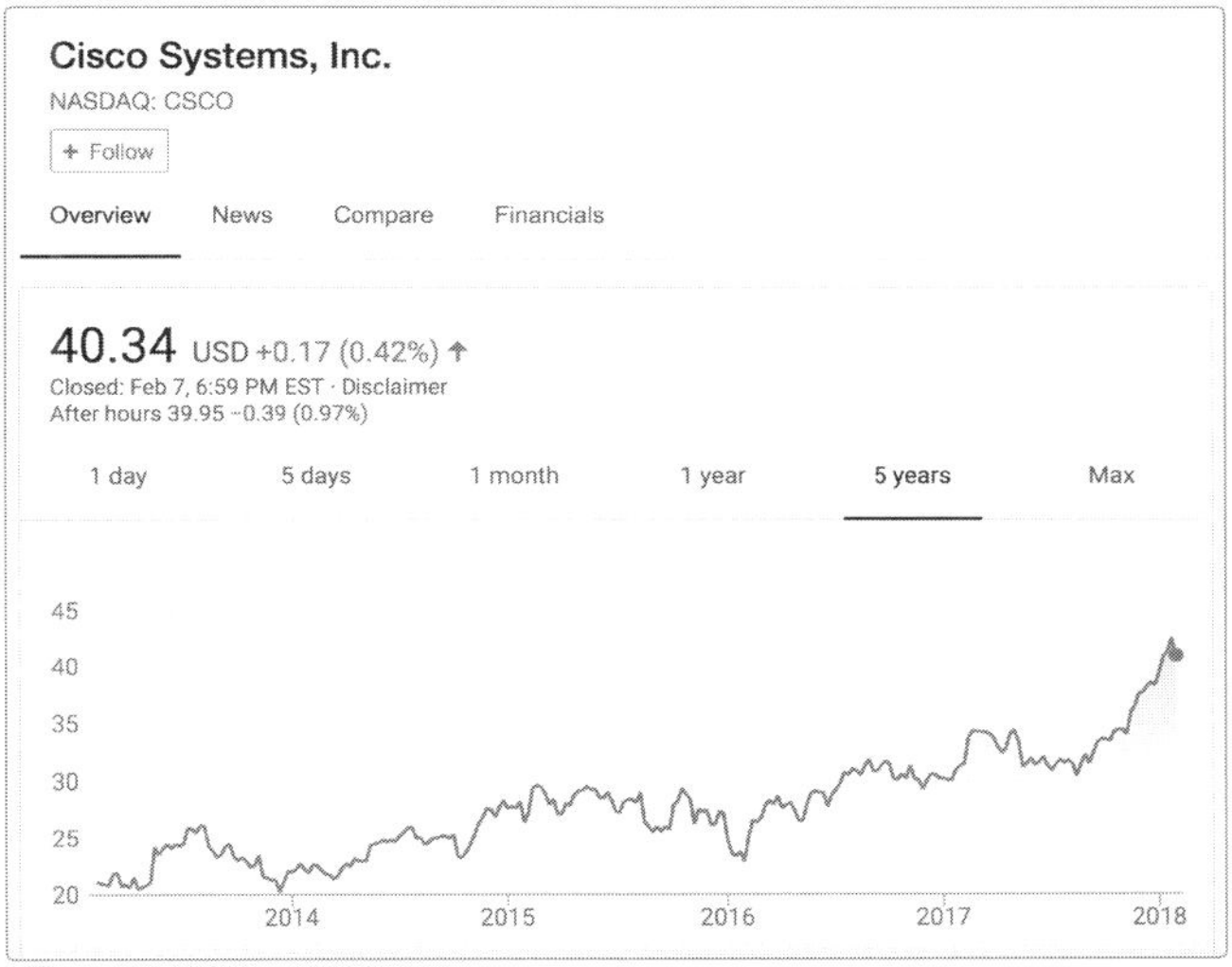

り返すが、**標準的な収益ロスはむしろ好ましい**。それは顧客リストがこの先何年も有効であり続けることを意味するサインに他ならないのだから。シスコは確実に魚を飲み込みつつある。

さて、ＰＴＣとシスコの成功を見てきたわけだが、栄誉はそれを受けるにふさわしい者に与えられなくてはならない。それはもちろん、道なき道をかきわけて進んだアドビである。同社が２０１１年11月にアナリストたちに行った発表は、現代ビジネスの歴史的転換点だった。今日の市場は、成長エンジンとしてのサブスクリプション・モデルにとってはるかに洗練されたものになっている。

アドビとＰＴＣのサブスクリプショ

ン・モデルへの移行の共通点は何か。ラーとウッドが指摘しているように、成功した企業の移行には、いくつかの共通点がある。「移行の目的を明確に伝え、確実なタイムテーブルを提示していることだ。利益を最大化するという攻撃精神で前に進み続け、オープンで透明性のある財務報告を通じて、持てる技術をサービスとして提供するという方向転換を明確に打ち出した企業ほど、移行期間中も株価を維持できる可能性が高い」

今日、テクノロジー部門は再び活気づいている。セントルイス連邦準備銀行によると、テクノロジー部門の雇用は大不況（２００７〜09年）以後20％増加している（それ以外の民間部門は11％）。２０１５年のテクノロジー部門の雇用者数は４６０万人となり、２０００年のピークを超えた[*10]。

私はそれが当然とは思わない。「もはやＩＴは重要ではなくなった」というニコラス・カーの指摘通りになる可能性もあったのだ。コモディティ化の進展により、テクノロジー産業は、世界経済の中で安定しているだけで面白味に欠ける分野に成り下がっていたかもしれない。１９９６年まで、テクノロジー部門の雇用といえば製造分野と相場が決まっていた。職場は工場であって、スタートアップ企業のクールなオフィスではなかった。だが現在、テクノロジー部門の労働者の80％近くの職種は、製造ではなくサービスである。このシフトを受け入れた産業が成長を続けることができる。

第7章 IoTと製造業の興亡
モノを売る時代は終わった

サブスクリプション化できないものがあるか？

ズオラを立ち上げた当初、われわれはディナーテーブルでワインボトルを空けながら、自分たち自身に難問をぶつけた——サブスクリプション・モデルを採用できないビジネスがあるだろうか？

メディアとソフトウェアをサブスクリプションに移行させる方法なら、それほど頭を使わなくても思いつくが、どちらも最終的には1と0で構成されるデジタルの世界の話だ。だが、**ずっしり重いモノの世界はどうだろう**——ビル、産業機器、建設機材などは？　たとえば、冷蔵庫などというモノをサブスクライブできるだろうか。どうすれば床をサブスクライブできるだろう？　掘削機は？　屋根は？　私たちはその後、実際にこれらすべてのサブスクリプション事業をサポートすることになるわけだが、最初の頃、そんなことを考えて議論するのは楽しかった。

要するに、サブスクリプション化できないものはない。なぜなのか種明かししよう。**製品が提供するサービスのレベルについて契約すればよい**のである。それはすべてに応用できる方法だ。冷蔵庫を提供するのではなく、新鮮で冷たい食品の提供を保証する。屋根ではなく、太陽エネルギーの供給を保証する。掘削機そのものではなく、一定量の土砂の掘削を提供するということだ。今日、われわれの夕食後の会話は現実的になっている。特に土砂について、建設用重機について、サービスレベル契約について話し合うことが多い。ここではその建設を例に取って話を進めよう。

何かを建設するための最初のステップの1つは、地盤の基礎を固めるためにどれだけ地面を掘る必要があるかを調べることだ。現場での測量はかなり非効率的なプロセスだ。人手による調査では一般に20～30％の誤差が生じることがあり、それが機器のレンタル、資材の購入、作業員の雇用、完成プランなどすべてに影響を与える。

マッキンゼーによると、大規模な建設プロジェクトは予算を80％上回るのが日常茶飯事で、完成に要する時間は当初計画より20％も長くかかっている。[*1] 地盤調査には数週間を要することもあるが、必要な情報は、さまざまな青写真やデータベースに散らばって存在しているので、いつどこで間違いが起こっても不思議ではない。しかし、これらすべてが変わろうとしている。

今日、コマツは現場での調査を30分で完了することができる。コマツは1921年に設立された、世界で最も古い建設・鉱山機械メーカーの1つだが、数年前に「スマートコンストラクション」と呼ばれる新しいサービスを開始した。スマートコンストラクションは、クルマの自動運転に使うのと同じレーダー技術を利用して、人間の推定が入り込む建設現場でのマニュアル測量を不要にした。

現場に到着したコマツのチームが最初に行うことは、おそろしく格好のよいドローンをたくさん飛ばすことだ（その模様を紹介する見応えのある動画をユーチューブで見ることができる）[*2]。ドローンからの情報を使い、センチメートル単位の精度を有する3Dレンダリングが行われ、建設現場の地形モデルが作成される。コマツはその3Dレンダリングを建設現場の青写真にマッピングして、掘削すべき土地の面積と土量を正確に計算する。

次に、そのバーチャル建設現場の上で、チェスの試合に挑む人工知能プログラムのように何千通りものシナリオをシミュレーションして最良のアプローチが決定される。その結果は、材料、機材、人工《にんく》数、最後の1時間まで詳細に記載された作業スケジュールを含む完成版プロジェクト計画となって出力されるのである。

労働力の部分は特に興味深い。コマツは、ホームグラウンドの日本では労働力の高齢化問題に直面しており、米国では製造に対する需要に比べて設備管理者が不足しているという状況に手を焼いている。そのため、コマツは半自律型の掘削機、ブルドーザー、パワーショベルをプロジェクトに投入する。基本的に、これらの巨大ロボットが建設プロジェクトを遂行する。

ボーイング747のパイロットが1回のフライトで実際に飛行機を〝操縦〟する時間は7〜10分間といわれるが、それと同じように、コマツの設備管理者は機器を監視するためにそこに配置されている。現場管理者が3Dの仮想現場の前に座ってリアルタイムで進捗状況を確認し（回転、ズームイン、ズームアウトなどの操作を駆使する）、計画変更の必要がないかシミュレーションしている様子はスター・ウォーズさながらである。実に素晴らしい。

私たちがコマツやキャタピラーに提供しているもの

さて、私の会社ズオラはコマツとの関係の中で何をしているのか？ キャタピラー（Caterpillar）とのあいだでも行っているのと同じことを行っている。私たちは、彼らの顧客に対する問いを、「トラックは何台お入り用ですか？」から「どのくらい土砂を移動する必要がありますか？」に変える手助けをしている。コマツやキャタピラーが建設サービスをサブスクリプション方式で提供するのに必要なお金のやりとり全般の処理を行うことによって、彼らが建設サービスに全力を注げるよう手伝っているのである。

キャタピラーは最近、サンフランシスコで開かれた「Subscribed」のカンファレンスに出席し、同社のサービスは顧客の建設現場が立ち上がる前から始まるという話をしてくれた。[*3] キャタピラーは、多くの建設プロジェクトから集めたデータをいかに分析すればよいか、そしてそれを顧客がさらに多くの建設工事を受注するために役立てるにはどうすればよいかという、高度な問いに取り組んでいる。

そのことをよく物語る出来事が数年前にあった。1万6000台以上の機器を持つクライアントがキャタピラーに相談を持ちかけた。その会社は、保有するすべての機器について、稼働状況、燃料使用量、アイドル時間などを1つの画面で管理したいと考えていた。キャタピラーがこの会社の機器や機材のすべてを精査して再編成したところ、1年後に全体の稼働率はほぼ20％も上昇した。

キャタピラーは鉱山用大型トラックの製造も行っている。見たことがあるだろうか。おそろしく巨大である。荷台には普通サイズの自動車を200台以上並べることができる。操縦者は2・5階の高さの運転席に座り、まるで空中からトラックを操縦しているように見える。超巨大なトンカトラック〔米国で人気のあるおもちゃのトラック〕のように見えるが、基本的にそれは半自律的に稼働する走る工場だ。

キャタピラーの顧客企業が、ある現場でトラブルを起こし、65万ドルの損失と900時間のダウンタイムが発生した。今日、キャタピラーは「キャット・コネクト・ソリューションズ」(Cat Connect Solutions）と呼ばれる分析プラットフォームを提供しており、現場管理者はそうした問題を回避（少なくとも予測）することができる。

たとえば機械の振動パターンをモニターし、それを同一の機械の過去の使用データと比較することによって、修理やメンテナンスが必要なタイミングを把握することができる。これにより、リスクのある機械のメンテナンス計画を立てることができ、この企業では、損失額は1万2000ドル、ダウンタイムは24時間にまで圧縮されている。信じられないほど価値のあるサービスといえる。なぜこんなことが可能なのか? キャタピラーが世界中に展開しているすべての重機や機械装置から収集され生成された情報によってである。

世界中のメーカーやOEM〔相手先ブランド製造〕企業は、自社のサーバーの中に、新たな付加価値を生むサービスの種が数多く存在することに気づき始めている。どういうことか、それをいまから説明しよう。

製造業のサブスクリプション化が急進している理由

製品からサービスへの劇的な移行があらゆる分野――小売り、輸送、メディア、テクノロジーの分野――で起こっており、その移行を成功させるためにはビジネス・マインドセットを変える必要がある。

この移行から最大の利益を受けている業界は製造業である。世界経済は有形財から離れつつあるといわれているので、そう聞くと驚く読者がいるかもしれない。米国のGDPに占める割合という点では、製造業は1950年代にピークを打った。製造業の雇用は90年代後半以降、減少が続いている。

労働統計局によると、今日の米国における製造業の全体的な雇用は、第二次世界大戦前と同じ水準にある。[*4] 50年代前半には、労働者の約3分の1は工場でモノを作っていたが、現在その割合は9％弱だ。世界中を見渡しても明るい展望はどこにも開けていない。ＩＭＦ〔国際通貨基金〕によれば、大不況〔米国サブプライム住宅ローン危機に端を発した2008年前後の世界的金融不況〕の後、世界の生産性は「先進国、新興国、低所得国のすべてで広範かつ持続的」に低下している。[*5]要するに、世界は成長していない。

しかし、もう1つの事実を指摘しておきたい。製造業はまだまだ巨大だということだ。全米製造業者協会によると、米国の製造業は2016年に2兆2000億ドル、ＧＤＰの約12％を生み出した。[*6]米国の製造業には約1250万人の労働者がいる。大不況以後、メーカーは100万人以上の雇用を追加している。そこだけ取れば、米国の製造業は世界9位の経済規模なのである。

というわけで、製造業は巨大なのだ――私たちの多くが想像するよりもはるかに。

しかし、なぜ製造業が、私がこの本で触れた他のセクターよりはるかに大きく、ずっと速くサブスクリプションへの移行を遂げつつあるのだろう？　それは、**いまわれわれの目の前で製造革命が進行しており、世界の生産性、生産量、成長率のいずれにおいても2桁台の改善が見込めるほどの勢いで成長しているから**だ。

製造業は、目が覚めたら若返っていた老人のようなものだ。ギルガメシュ〔古代メソポタミアの伝説の王。英雄譚『ギルガメシュ叙事詩』の主人公〕と同じくらい古い物語の主人公なのだ。ヒップホップのＬＬ・クール・Ｊも言っている。「カムバックなんかじゃない。オレは何年もずっとここにいる」

「モノのインターネット」がもたらす革命

過去5年間、世界中の何千もの製造業が、センサーと接続《コネクティビティ》のためにコツコツと膨大な資金を投入してきた。ドア、椅子、パイプ、タイル、窓、テーブル、歩道、鉄筋、照明、靴、ボトル、タイヤ、レンガなど、ありとあらゆるものにセンサーを取り付ける作業が熱心に進められた。さまざまな予測によれば、2020年までに10億個のスマートメーターが設置され、1億個の電球がネットにつながり、1億5000万台以上のクルマが4G接続され、2億個のスマートホームが建てられ、人々は数十億着のスマート衣料、9000万以上のウェアラブルデバイスを身につけているという。

センサーが付けられ、インターネットに接続されることで、これらの製品は何ができるようになるだろう？　大量のデータを収集して送信することができるようになる。すべての情報が集められてサーバーに収納されるので、企業は分析用プラットフォームを使って、製品が使われるパターンや方法を把握することができ、製品を改善する方法を見つけることができる（まさにビッグデータ）。このような生態系の全体は、一般的に「モノのインターネット」あるいは「ＩｏＴ」と呼ばれている。

ＩｏＴ（Internet of Things）は、センサーと接続による物理的世界のデジタル化だ。業界用語のような響きがあるが、事態を正確にとらえている。何かをデジタル化するというのは、それを数字の形のデータに変換するということだ。変換されたデータは、他のデジタル化されたオブジェクトを検出し、通信し、応答することができる。最終的には、地球にあるすべての製造物がデータを送信し、受信できるようになる。これら数十億個の接続されたオブジェクトによって生成されるデータに基づく分析サービスは、システム効率を高めてビジネスアイデアを生む。その価値は何兆ドルにも達するだろう。

現在のIoTは、効率性追求という初期段階にあり、効率と生産性を向上させるための診断システムを構築している最中だといえる。しかし、ますます面白い状況が生まれつつある。**IoTはまもなく効率性追求のステージを超えて、可能性追求のステージに入っていくだろう**。その点に関して、ブルーヒル・リサーチ（Blue Hill Research）のスコット・ペザの説得力あるコメントを引用しよう。

現在、何らかのデータを収集できる製品、あるいは改造すればデータを収集できる製品を販売していて、そのデータに価値を認める人が世界のどこかにいるならば、IoTは新しい収益源となる。古びたり故障したりする可能性のある有形の製品を販売しているなら、IoTによって遠隔監視サービスや予防的メンテナンス・サービスを提供することができ、新しい収益源にすることができる。あるいは、顧客が自分で監視やメンテナンスできるようにすれば、製品の魅力や価値を高めることができる。もし現在、より多くのデータにアクセスすることさえできれば拡張できるサービスを販売しているなら、IoTがもたらすデータはお金そのものだ。

また、テクノロジーを売って、顧客が機器の状態を感知したり、通信の安全を確保したり、サービスの提供と請求を管理したり、収益予測や計画を立てたりするのを支援しようという企業は、IoT市場で必要とされる存在である。[*7]

2030年までに、IoTは現在の中国経済の規模、すなわち約14兆ドルの部門へと爆発的成長を遂げることが予測されている。そうなれば世界経済の約11%を占めることになる。驚異的な数字だが、私にはまだ過小評価されていると思える。米国には現在、自動車、航空宇宙機器、ロボット工学、金属加工、エレクトロニクス、プラスチック加工に関わる約25万の製造会社がある。話を世界に広げれば、さらに何百万社もあるだろう。これらすべてがIoT企業に変身しようとしているのだ。すべてのモノにデジタルコンポーネントが組み込まれるようになれば、〝重い〟産業機器と〝軽い〟デジタルサービスの古い区別は文字通り意味を失う。

2018年には、世界全体の産業生産額、あるいは私たちが製造するすべてのモノの背後にあるシステム、工場、労働力の生産効率とサプライチェーンのパフォーマンスは、おもにIoTのおかげで2桁台の成長を遂げると期待されている。すべてのモノがつながるという状態は製造業に革命をもたらす。

産業システムの思想家であるオリヴィエ・スカラブレが2016年の素晴らしいTEDトークで指摘したように、世界経済は過去150年のあいだに何度かの成長期を経験しているが、それらはいずれも製造革新によってもたらされた——すなわち19世紀の蒸気機関、20世紀初頭に始まった大量生産、そして1970年代に始まったファクトリーオートメーションである。そして今日、私たちは長期停滞から抜け出そうとしている。スカラブレは次のように述べている。

最後の製造革命以来、私たちは何も手を打たなかったわけではない。実際、私たちは製造業を活性化させるためにお粗末な試みを重ねた。たとえば、コスト削減と安い労働力を求めて工場を海外に移転した。これは生産性を刺激しなかったばかりか、お金の面でも短期的な節約にしかならなかった。安い労働力は、いつまでも安くなかったからだ。次に私たちは工場を大きくして、製品別に特化させようとした。1つの製品をたくさん作り、需要に応じて売ろうとしたのだ。今日……ほとんどの工場は50年前と同じように見える。*8

こうしたことのすべてが、いま変わろうとしている。

ビジネスプロセスを変革する「デジタルツイン」

読者の中には、ゼネラル・エレクトリック（GE）が家電製品のメーカーだった時期に子ども時代を過ごした人がいるかもしれない。しかし今日、GEは風力タービン、ジェットエンジン、オイルリグ（石油掘削装置）を製造している。データサービス・ビジネスでも成功を収めている。同社の開発者募集のコマーシャルを見たことがある人もいるだろう。彼らは、3兆ドル以上の資産を保有し、それを常時管理している。そのため今日では、資産のほぼすべてが双子の兄弟を持つに至っている。より具体的に言えば、デジタルツイン〔現実世界のモノや空間をデジタル上に再現する手法〕である。

私たちは最近、サンフランシスコで開いた「Subscribed」のカンファレンスにGEデジタルの副社長ガイティス・バルデュカスを迎えた。彼は、デジタルツインは、有形資産の設計情報や製造情報を保有しているだけでなく、**いまその資産がリアルタイムでどのように稼働しているかを把握して画面に映し出すことができる**と指摘した。[*9]

たとえば、米国南西部を飛ぶジェットエンジンと、おもに北海を飛行するジェットエンジンは、それぞれにデジタルツインを持っている。時間の経過とともに2基のジェットエンジンの疲労度や消耗には違いが生じるが、それぞれがそのデータを自分のデジタルツインに送信する。点検整備を行うエンジニアは、AR（拡張現実）ヘッドセットを装着し、あたかもジェットエンジン上に必要情報が表示されているかのような状態で作業を進めることができる。デジタルツインは消耗箇所やトラブル発生箇所をエンジニアに示し、当該機器の履歴を踏まえて問題解決の方法まで提案する。

要するに、GEは重工業用機器がつながった独自のソーシャルネットワークを運営している。すべての送電線網や石油精製所、医療用MRI装置が、それぞれインスタグラムのアカウントを持っているようなものだ。ただし、シェアするのが観光地や料理の写真ではなく、燃料消費、水圧、使用時間、減衰率などのデータであるという点が違う。

バルデュカスは次のように述べている。「まず、消費者がインターネットを体験し、次に企業がインターネットを活用した。そしていま、私たちは第3世代の産業用インターネットに向かって進んでいる。たんに携帯電話を接続するとか、企業向けアプリケーションをサブスクリプション方式で動かすというだけではない。いま、それは1つの巨大なマシンになっている」。GEはこれまでに60万以上のデジタルツインを作っている。ソーシャルネットワークが世界を変えたように、この第3世代の産業用インターネットは製造の世界を変えようとしている。

バルデュカスが指摘したように、既存の機械にセンサーを追加するのは比較的簡単だ。典型的な消費者用スマートフォンには12~14個のセンサーが組み込まれていて、照明からシナプティクス〔タッチパネルなどに搭載されているヒューマン・インターフェース技術〕までさまざまな機能を担っている。

もちろん多くの産業用機械にもすでにセンサーが搭載されているが、それで実現している接続性は、空き缶で作った糸電話のようなものにすぎない。たとえば、典型的なオイルリグには3万個のセンサーがあるが、それによって生成された情報のうち意味のある検証を受けているのはわずか1%にすぎない。というのも、これらのセンサーは概ね1つのことしかしないからだ。受け持ち範囲での異常値は検出するが、システム全体を最適化するとか、他のセンサーと協力して何らかの予測を行うといったことができない。そのため、センサーの改装やネットワーク化、つまりIoTの「実装段階」は、今後数年間で巨大な成長産業になると見込まれている。

そして、デジタルツインのネットワークが自社が保有するすべての製品をカバーするところまで広がっていけば何が起こるだろう？　最初にその恩恵に浴したのはＧＥ自身だった。何千もの機械がある中で、エンジン１基が故障したり、コンプレッサー１台が不具合を起こしたような奇妙な動きをし始めたらどうなるだろう。問題箇所を特定するためにお金も手間もかかる複雑なメンテナンスの手順を踏まなくても、個々の機器からデジタルツイン・ネットワークに送信されるデータがあれば、はるかに速く問題を解決することができる。ＧＥはこの点の効率を向上させただけで、年間２億ドル以上のコスト削減を実現した。

その後、ＧＥはこのプラットフォームをプレディクス（Predix）という独立したサービスに発展させた。プレディクスは、機器のパフォーマンスを向上させ効率を高めるために共有されるデータとアプリケーションのエコシステムである。

しかし、ＩｏＴは効率アップや診断のためだけのものではない。ＩｏＴは製造企業が自社のビジネスを根本的に見直すことを可能にするものである。

製品を売るな、結果を売れ

この新しい接続性とネットワーク・インテリジェンスによって、ますます多くのメーカーが製品を売るビジネスを終わらせることになる。どういう意味か説明しよう。

最近、製造業のリーダー企業は、自社製品を使ってもらうことで最善の結果が得られるよう、クライアントと協力し合っている。たとえば、ヘルスケアのＩＴ企業は、患者の再入院率を一定の割合まで下げるという契約を病院と結んでいる。スペースＸ（SpaceX）は実験用マウスを国際宇宙ステーション（ＩＳＳ）に輸送するためのキャビン環境を保証する契約をＮＡＳＡと結び、それを実現するための技術とリソースを収集した。英国のホームセキュリティ会社のハイブ（Hive）は、「お客様は暗い家に帰ることを望んでいない」というキャッチフレーズを掲げ、それを実現するために技術とサービスを組み合わせている。これらの企業ではサービスレベル契約が製品ごとの請求書に取って代わりつつある。

ＩｏＴによって、企業は一見客《いちげんきゃく》にバラバラの製品を売るのではなく、**システムとしての製品を売ることができるようになった**ということだ。このシステムが競争優位の核心となる。システムとしての製品によって、メーカーは顧客が実際に欲しがっているものを提供することができる。顧客が望んでいるのは製品ではなく、製品を使って実現できる結果だ。牛ではなくミルクなのだ。建設業界では、コマツとキャタピラーがそのことを示している。私たちはすべての企業はサブスクリプション・エコノミーに向けて変わることができ、成功することができると考えているが、その理由はＩｏＴの登場にある。

毎日、消費者の暮らしの中で、何百もの新しいＩｏＴの物語が生まれている。どこかばかばかしく思えるものもあれば、本当に魅力的なものもある。ＦＤＡ〔米国食品医薬品局〕はアップル・ウォッチが心電図センサーを搭載することを承認した。それによって定期検診ではなくリモート監視による医療が進み、数十億ドルの医療費が節約できる可能性がある。

ワールプール（Whirlpool）の新しいオーブンは、レシピを読み取って調理することができる。ディズニーの「マジックバンド」は、食べ物を買ったり、アトラクションの予約をしたり、ホテルの部屋に入るなど、テーマパーク周辺でさまざまなサプライズを顧客にもたらす。ジョニーウォーカーのブルーラベルのボトルに付けられたセンサーは、ボトルが不法に開封されていないか、いま流通経路上のどこにあるのかといった情報を発信している。

フットボールのヘルメットに付けられたセンサーは、チームの医師が潜在的な頭部外傷を把握するのを助け、野球のバットやボールに付けられたセンサーは選手の技術と身体メカニクスの改善に役立つ。クロノセラピューティクス（Chrono Therapeutics）という会社は、患者が薬の量とタイミングを正しく管理できる皮膚パッチを提供している。シンク（Thync）というウェアラブルデバイスは、装着した人に低レベルで安全な電気刺激を与えてリラックスさせたり、気分を改善したり、化学物質を使わずに眠るのを助ける。まさに物理的な世界が目を覚ましつつあると言えるだろう。

産業界で広がるＩｏＴの活用

ＩｏＴの物語は、消費者にとってだけでなく、産業にとっても魅力的だ。個人の住宅でスマートホームの技術が扱うのと同じ問題（セキュリティ、照明、音、温度、電気・ガス・水道などの管理）に何倍もの規模で取り組める機会があるからだ。

今日、世界の人口の半数が都市に住んでいる。その割合は２０５０年には70％に近づき、世界の都市面積はオーストラリアの面積に匹敵するまでになる。都市が健康的な生活のできる環境になることが不可欠である。緊急時の対応、廃棄物処理のロジスティクス、大気の質、渋滞、エネルギー使用など、すべてが次第に最適化されつつある。

いまバルセロナでは、ＩｏＴの取り組みによって、照明用送電網だけで年間３７００万ドルの節約が実現し、４万を超える新しい雇用が生まれた。地球上のすべての製造物によって構成される環境は、データを駆使して何ができるかを模索するための実験場に変わりつつある。

突然、建物と建物が互いに話し始めた。フランス企業ターケット（Tarkett）のフロア・イン・モーション（FloorInMotion）は、建物のフロアをネットに接続することで人の移動パターンを監視し、エネルギー使用量を管理することを可能にする。医療施設であれば、患者や高齢者が部屋や廊下の移動に苦労していたらアラートを発する。シュナイダー・エレクトリック（Schneider Electric）とそのパートナー企業は、ニュージーランドの農場と協力して灌漑水管理（リットル単位の精密さで管理する）、天候予想（「いま水をやる必要があるのか？」）、電力購入管理（「値段が安いときに電気を買って蓄電しておこう」）などのためのセンサーを設置している。

サプライチェーンは、自らを認識して自己管理し始めている。ハネウェル（Haneywell）はインテルと協力して、物流管理者のための配送追跡システムを構築した。精密電子機器のパッケージの所在を追跡できるだけでなく、簡単なスティックオンセンサーによって、製品の状態に問題がないかを追跡することができる（トラックの場所、衝撃、傾き、光、湿度、温度、潜在的な改ざんなど）。これによって、陸でも海でも空でも、詳細なリアルタイムの在庫追跡が可能になった。

こうして物語は果てしなく続くが、すべてに共通する帰結がある。**コネクティビティが製品をサービスに変え、それによって企業は製品ではなく結果を売ることができるようになる**ということである。

ＩｏＴによって企業は結果を重視するマインドセットを持つことができるようになった。それを示すもう１つの例は、アロー・エレクトロニクス（Arrow Electronics）だ。同社は１９３５年に、当時まだ比較的新しい消費者向け技術であったラジオ受信機の販売を始めた。今日では56カ国で２４０億ドルの事業を展開している。アローには約１万８０００人の従業員がおり、その中には数千人の現場で働くアプリケーションエンジニアやシステムエンジニアがいる。アローは何十年ものあいだ、たとえて言えば、単純だが儲けの出る部品倉庫業のような事業を行うことで満足していた。何千ものテクノロジー企業に電子部品の販売を行っていたのだ。

「お客さんがやってきて、プロセッサーが欲しいとか、電気機械の部品が欲しいとか言うわけです。水晶発振器だったり、何かパッシブな装置のこともあります。お客さんと話をして、製品が決まったら、われわれはどこかからそれを買ってきて、わずかな利益を上乗せして販売してきました」と社長兼デジタル改革責任者のマット・アンダーソンは話した。[*10] しかしアンダーソンによると、同社は10年前、ビジネスモデルを商品供給業から付加価値サービスに切り替える必要があることを認識したという。テクノロジー産業のホームデポであることをやめ、ベル研究所になる必要があった。今日、彼らが顧客と交わす会話はかつてと様変わりしている。

今日、彼らは主要なファストフード・レストランのチェーンと協力して、厨房のすべての調理器具にセンサーを設置し、繁忙期のオーダーもこなしやすい「迅速対応メニュー」の作成に取り組んでいる。農家と協力して害虫フェロモン検出器のネットワークを構築し、農薬に分散剤を自動的に加えて散布する仕組みをつくり、健康的な食材の生産を助けている。高性能のマウストラップの構築にも取り組んでいる。トラップが有効に作動しているかをモニターするだけでなく、レストランや穀物倉庫が衛生関連の規則を守っていることを証明したり、問題が起こったら管理者に通知することもできる自動トラップだ。ネズミにとっては同じトラップかもしれないが、企業にとっては大きな違いだ。

どうすれば結果を売れるのか？

私たちがいつも受ける1つの質問はこれだ——理屈はわかったが、どうすればそれを売ることができるのか？

接続されたデバイスから固有のデータが得られるなら、その情報を消費者、広告主、再販業者、業界団体など、さまざまな種類の顧客に販売できる。その情報にメリットを認める複数の顧客が

165　　第7章　　IoTと製造業の興亡——モノを売る時代は終わった

存在するなら、柔軟な価格設定やパッケージングによって同じ情報を売ることが可能だ。

情報の創造的な使い方と価格戦略に関する進歩的な考え方を学ぶためにスウェーデンの企業の例を見てみよう。

ウプサラに本拠を置くエヌジェニック（Ngenic）はスマート・サーモスタットを、「あなたの家を温めるもう1つの脳」という触れ込みで販売している。顧客はエヌジェニックが提供している3つの基本プランからいずれかを選ぶ。サーモスタットを単純に買い取る、安価な月額料金で利用する、エネルギー供給業者との契約時にバンドルされたかたちで割引購入する、のいずれかだ。エヌジェニックの顧客の半数以上が、1年間で暖房費の10％以上を節約している。このデバイスは、日照量、在宅状況、優遇電気料金（これが興味深い）などの変数を考慮に入れて家庭のエネルギー使用量をモニターしてくれる。

優遇電気料金について説明しておくと、米国では一般的に電気は1社からしか買えないが、スウェーデンのエネルギー市場は規制緩和が進んでいて、120以上のエネルギー供給会社がある。ほとんどの顧客は複数の電力会社と、需給状況に応じて1時間単位で変わる料金契約を結んでいる。

エヌジェニックのサーモスタットは、物理的なことだけをいえば、製造も組み立ても比較的安価だ。そして、社会主義のようにも見えるスウェーデンに広く行き渡った自由市場の経済活動のおかげで（ほとんどの電力は発電所から家に届くまでのあいだに最低6回の売買を経ている）、電気は本当に安い。それなのに人々はなぜエヌジェニックのサーモスタットを買うのか？ **エネ**

ルギーを節約し、環境を保護するのに役立つからだ。エヌジェニックはそこで価値を創造している。電力供給業者と提携して、「グリーンインテリジェンス」とそれによる差別化を顧客に提供する価値に加えている。エヌジェニックのデバイスは、電力卸売業者と裁定取引を行い、安ければ買う量を増やし、高ければ減らすという調整を分単位で行っている。

　ここで押さえておくべきポイントは、**ＩｏＴの世界ではＢ２ＢやＢ２Ｃで行われているような直接的な売り買いは存在しない**ということだ。企業はさまざまに異なる多くの顧客を持つことができる。物理的なデバイスはただのイネーブラー〔それを使えば何かができるようになるもの〕にすぎない。企業の価値は、顧客のＩＰアドレス、利用状況データ、および複数の市場間で情報を交換する能力にある。

　エヌジェニックのビヨルン・ベルグはこう語る。「グーグル検索のようなものだと考えればわかりやすいでしょう。検索すること自体には誰もお金を払わない。しかし、その検索でグーグルが利益を得ることは誰もが知っている。検索すれば何らかの情報がグーグルに渡るけれど、検索によってそれ以上のメリットを得ている。これが追求すべきモデルです。接続されたデバイスによって生成された情報からどんな価値を生み出すことができるのか？　そこに焦点を絞るべきなのです[*11]」

　エヌジェニックは、多数のプレイヤーがひしめき合う市場で、多様なクライアントに多様な価格設定とパッケージングで価値を提供することによって、自社と顧客が成功するために活動している。誰もが学ぶべきポイントがそこにある。

製造業の輝かしい未来

膨大な数のデジタルツインから生まれたデータを分析ソフトウェアで読み取れば、新しい知が得られ、それをサービスとして売ることができる。家に届く電気、Ｗｉ－Ｆｉ、水道水のように、それは価値を持っている。そのような分析サービスを表す別の言葉はもちろん「人工知能」だ。

ケビン・ケリーはその素晴らしい著書『〈インターネット〉の次に来るもの——未来を決める12の法則』（邦訳・NHK出版）で、ＡＩが普及して電気のようにどこにでも存在し、機能するようになった未来を描いている。「ＡＩという名の共有されたユーティリティは、人間が必要とするだけの知能として働く。必要以上の知能は提供しない。ＡＩは、すべてのユーティリティがそうであるように、たとえインターネットを変え、グローバル経済を変え、文明を変えるものであるとしても、ごくありふれた存在になる。ＡＩは自分では動けないものを活性化するが、それは電気が一世紀以上前からやっているのと同じことだ。これまでわれわれはモノに電気を通して《エレクトリファイド》きたが、これからは知能を与える《コグニファイド》ことになる[*12]」

私たちの子どもたちは、彼らの世界にある物理的なオブジェクトについて何か言うとき、だんだん「スマート」とか「接続された《コネクテッド》」といった形容詞を使わなくなっていくのだろう。彼らはＩｏＴの空気を吸い、ＩｏＴの水の中を泳ぐようになる。私たちが作るすべてのものは、予測的メンテナンス、効率改善、安全性向上、すぐれた使いやすさなどの機能を備えるようになる。そして、すべてが個別の特注品として作られることになるだろう。同じ製品を何百万個も作って海外工場のパレットに積み上げ、世界に出荷するなどということはなくなる。何でもカスタマイズして、自分だけの使い勝手を楽しむようになる。

オリヴィエ・スカラブレが指摘しているように、古典的な「東から西へ」の貿易の流れは、地域内交易フロー——東は東、西は西——に置き換えられていくだろう。スカラブレは言う。「考えてみれば、古いモデルは馬鹿げている。どこかで大量に作って倉庫に積み上げ、そこから世界中に送り出すなどということは問題が多い。消費者のすぐそばで作る新しいモデルのほうが、地球環境のためにもはるかにすぐれている。成熟した経済圏では生産が地元に帰ってくる。雇用が増え、生産性が向上し、経済はさらに成長する」

ＩｏＴを活用すれば顧客を再発見できる

ＩｏＴの話で私がいちばん気に入っているのは、こうした新しいイノベーションを推し進めているのが、歴史も基盤もある大企業だということだ。

シュナイダー・エレクトリック（１８３６年設立）は、エレベータの使用パターンを追跡・監視し、乗降頻度の高い階にエレベータを待機させることで利用者の待ち時間を削減している。機器の損傷や磨耗も追跡しているので、利用量の少ない時間帯にメンテナンスをスケジュールすることができる。印刷機のハイデルベルガー・ドルックマシーネン（Heidelberger Druckmaschinen）（１８５０

年設立）は、ＰＴＣのシング・ワークス・ＩｏＴ（ThingWorx IoT）プラットフォームの助けを借りて、2万５０００台以上のハイエンド印刷機を遠隔監視している。

シモンズ・インダストリーズ（Symmons Industries）（１９３９年設立）は、ホテル用スマートシャワーシステムを構築し、温度、使用時間、水量などの使用状況を監視し、ホテルが水道光熱費を最適管理できるようにしている。繊維産業用機器を製造するガーバー・テクノロジー（Gerber Technology）（１９６８年設立）は、機器からもたらされる情報を使ってユニークＰＬＭ（YuniquePLM）という新しいサービスを立ち上げ、ファッション界のクリエイターたちが適切な衣類を、適切な市場に、適切なタイミングで投入できるようにしている。そして、先に紹介したスマートフロア（フロア・イン・モーション）を販売しているターケットは創業１３０年のフランスの会社だ。

しかし、われわれには、いくつか新しいルールが必要だ。若い男の体になって目を覚ました老人のアナロジーに戻るなら、75歳の男が18歳になったとして、その18歳は何十年も前と同じようには行動しないはずだ。それと同じで、古い製造企業は、ＩｏＴを最大限に活用するために、ビジネスを行う方法においていくつか基本的な変更を行わなければならない。その点に触れて、マッキンゼーが最近のレポートで次のように述べている。

モノのインターネットは、新しいビジネスモデルを可能にする。場合によっては強制する。たとえば、顧客の現場で使用されているマシンを監視する機能を備えているため、産業機器メーカーは資本財の販売からサービスとしての製品の販売へと移行することができる。センサーデータによって、機械がどのくらい使用されているかがわかるので、メーカーはその使用量に応じて顧客に課金することができる。修理と保守の料金は、時間単位の利用料に組み込むこともできるし、すべてのサービスを含む年間契約の下で提供することもできる。機械から送られてくる稼働状況のデータは、新モデルの設計に活かせるし、製造者が追加的製品とサービスを抱き合わせ販売するのを助けることができる。この〝サービスとしての〟アプローチによって、サプライヤーは競合他社による切り崩しを受けにくい、顧客との親密なつながりを持つことができる。[*13]

これら大手メーカーと一緒に働いた経験から学んだことを1つ挙げるなら、この変化は真の成長を促すということだ。テクノロジー産業に起こったことは製造業でも起こるだろう。私はそう確信している。なぜか？　**ＩｏＴによって顧客を再発見することができる**からだ。企業は顧客が本当に望んでいるのは何かを知ることができる。私に言わせれば、企業が手にすることができる唯一無二の競争優位は、顧客との関係と、顧客についての知識である。

こう考えたらわかりやすいのではないだろうか。あなたの会社が新製品を発売したとき、競合相手が最初にすることは何か？　どこかでその製品を買い、研究開発ラボに送り、解体し、ベンチマークし、１０００種類の方法でリバースエンジニアリングすることだ。だが、どんなに手強い競合でも、あなたの会社が自社の顧客ベースについて獲得した集合知について、同じことはできない。その知識は、あなたの会社が、あなたの会社だけが持ちうるものだ。これ以上強力なアドバンテージは他にない。

ＩｏＴは世界を変えようとしている。しかし、そこで本当に成功するためには、私たちが作ったものを買ってくれる人々を再発見しなければならない。

第8章

所有から利用へ
あらゆるビジネスに広がる成長機会

サブスクリプションがビジネスの常識を塗り替える

「所有」という概念は死んだ。「アクセス」が新たな喫緊の課題となった。ＩＴ調査会社のＩＤＣは、２０２０年までに世界の大手企業の50％が事業の多くをデジタルで強化された製品・サービス・経験を生み出す能力に依存するようになる、と予測している。[*1] 製品よりもサービスに焦点を当てるのが真っ当なビジネス戦略といえる。

本書の巻末で紹介するズオラのサブスクリプション・エコノミー・インデックスは、サブスクリプション・ベースの企業がＳ＆Ｐ５００企業の８倍、米国の小売売上の５倍のスピードで成長していることを示している。わが社のチーフ・データサイエンティストであるカール・ゴールドは、ズオラのプラットフォーム上で匿名化され、統合され、システム生成されたデータを使ってこのレポートをまとめた。数十億ドルの収益と何百万件もの金融取引の実態を踏まえて書かれた、興味の尽きない内容だと自負しているので、ぜひ熟読していただきたい。この分野での成功例をベンチマークし、洞察を得たいなら、見逃すことのできないレポートである。

ここまで、サブスクリプション・モデルが小売り、メディア、輸送、製造をどのように変えてきたかを見てきたが、はっきりしていることは、このモデルは業界を問わず、あらゆるビジネスで成立するということだ。この章では、前章までに紹介できなかった業界の事例を取り上げる。

ヘルスケア業界

ドラッグストアチェーンのCVSファーマシー（CVS pharmacy）が、オンライン小売業のアマゾンを恐れて、健康保険の巨人エトナ（Aetna）を690億ドルで買収した。これを見れば、ヘルスケア業界が移行期にあると感じられる。この買収により、CVSは自社が運営する薬局で初期診療サービスを提供できるようになった。これはきわめて理に適った戦略だ。特に、気が滅入るような米国の医療の実態を考えるとその感が強い。

米国では患者が医師を訪ねると、医師は患者を検査機関に行かせるか、専門医のいる病院に行かせるか、あるいは処方箋を書いて薬局へ行かせる。行った先で、医師の診断や処方に疑問が生じれば、患者は再び同じ医師のもとに戻される。これらすべての段階で、保険の支払い申請書への記入が求められる。それに基づいて数カ月後に、解読できないような診療請求書が送られてくる。こうした一連の医療行為で生じるさまざまな情報はあちこちに散らばって存在し続けることになる。顧客中心の精神で名をなしたＣＶＳが、ここに何らかのチャンスがあると考えなかったら不思議だ。

ヘルスケア企業を縛っていた壁は取り壊されつつあり、３兆ドルの産業に新しい風が吹き込んでいる。現在、何百もの新しいデジタルサービスは、医師がこれまでよりも進んだ診療をするのを助け、私たちが自分の健康問題に気づき、予防し、病院の世話にならず、老後も自立して生きるのを助けている。

最近は、大勢の人が診療医を手首につけて生活している。医療用ウェアラブルデバイスを通じて健康状態のモニタリングが行われ、病気の診断と健康問題の発見、緊急時の対応、さらには薬の適切な投与までめんどうを見てくれる（胃酸に接触するとシグナルを発するチップが埋め込まれたピルもある）。

ワンメディカル（One Medical）のようなサブスクリプション型予防医療の新しいプレイヤーは、当日の診察予約や、アップルストアのような顧客サービスを提供している。マゼランヘルス（Magellan Health）のような総合的医療サービス企業は、利用者の行動、身体、投薬、および社会的ニーズを統合したサービスを提供している。これらすべてが、病院任せの健康管理を患者自身へと移行させている。ありがたいことだ。

政府・自治体機関

米国では基本的な社会サービスにおいて政府の非効率性が目立つ。税金を払う、会社を登記する、運転免許を取る、通行料を支払うといった日常のあらゆる場面でそれを感じる。誰もが不愉快な思いをした経験があるだろう。だが、世界のどこでもそうだというわけではない。

エストニア人は税金をオンラインで支払う。ただ支払えるだけでなく、前年度の財務実績データが入力された税務申告データをオンライン承認することができるのだ。いわばワンクリック税である。ルワンダは携帯電話で運転免許証を申請し、登録料を支払うことができる。スウェーデンでは、半径500メートル以内に心臓発作を起こした患者がいたら、医学的訓練を受けた市民ボランティアに緊急通報が流れるデジタルサービスがある。

オーストラリアでは、ニューサウスウェールズ州（NSW）の住民は1個のIDを付与されており、それを使って「サービスNSW」というシステムにログオンすれば、800以上ある行政手続きやサービスを利用することができる。相談員が常駐し、無料Wi‐Fiが整備されている専用オフィス（〝ワンストップ・オフィス〟と市民から呼ばれている）が100カ所以上あり、自由に利用することができる。デジタルサービスのおかげで、政府は道路のデコボコを直したり図書館の手数料を徴収するだけの存在から、市民の創造性を花開かせるプラットフォームに変身しようとしているのである。

政府支出は世界各国でGDPのかなりの割合を占めている。米国では約3分の1だ。政府機関が握って離さない大きな価値である。考えてもみてほしい。安全な市民IDがすべての役所を横断して使うことができたら、どれだけ効率が改善されるか。

米国民はプライバシーの問題に敏感だが、ビッグブラザー〔組織・国家の独裁的権力〕に人生の全情報を売り渡すか、さもなければいくつもの政府機関のデータベースに情報を死蔵されたままにするか、という二分法に囚われた考え方は間違っている。私自身、州や連邦政府とやりとりするあらゆる案件で、時間を取られる憂鬱な手続きをいつも体験している。透明性や自動化を求めているのは消費者だけではない。市民もまたそれを求めているのである。幸いにも、政府は聞く耳を持ち始めた。

教育産業

私たちの多くは、ほんの数年前には存在すらしていなかった仕事に就いている。常に移り変わる専門的な職業環境では、継続的な学習が不可欠だ。それなのに高等教育は、4年経ったらすべての顧客と契約を解除する。こんな業界が他にあるだろうか。ばかげているとしか言いようがない。

ビジネススクールのことを考えてみよう。MBAを一言で表現すれば、2年間の友だちづきあいと一見役立ちそうなカリキュラム、ということになる。だが、MBAを取ってから10年後に昇進し、突然、新しいスキルに磨きをかけたり、10年前には教わらなかった新しい内容(本書の内容の大半がそれに当たるのではないだろうか)を学ぶ必要が生じたらどうすればよいのだろう。たぶんグーグルで検索しまくることになるのだろう。

そんなことをする代わりに、ウォートン・スクールの2人の教授が示唆しているように、ビジネススクールがキャンパスで学ぶ10カ月と、それに続く生涯にわたる教育的支援——各人各様に設計された、最新の知見が学べる、いつでもアクセスできるオンラインコース――で構成されることになったら事態はどう変わるだろう。[*2] つまり卒業も修了もない学校になるということだ。

今日、多くの総合大学や単科大学が大規模オンライン公開講座（ＭＯＯＣ）を試しているが、私はこのアイデアを卒業後にまで拡張する必要があると思っている。リンダドットコム（Lynda.com）（現在はリンクトインの一部）、カプラン（Kaplan）、ユーデミー（Udemy）、あるいはプログラミングを教えるオンライン講座のような、プロフェッショナル向けの学習プラットフォームが爆発的に成長している。つい最近、私はニューヨークのアップルストアで8歳の子どもたちが大勢学んでいるのを見た。

教科書業界では、チェグ（Chegg）のような新規参入組やホートン・ミフリン・ハーコート（Houghton Mifflin Harcourt）のような老舗出版社は、オンラインでレンタルできるインタラクティブなコンテンツによって、学生の経済的負担を軽減するだけでなく、より効果的な学習機会を提供している。

保険業界

今日、保険料のほとんどは、本人にはコントロールできないあらゆる種類の保険数理的要因によって決定される。しかし、よく運動をする人ならどうだろう？　それほどクルマを運転しない人は？　お酒を飲まない人は？　保険料はそれらを反映したものになるべきではないだろうか。

たとえば、ヘルスＩＱ（Health IQ）は、巧みに設計された健康に関する一連の問診によって、活動的な生活をしている人の健康保険料を引き下げている。人々がますます場所を変えて住み、働く場所を変え、モノを買わずにサブスクライブするようになった今日にあって、一律固定的な条件のもとで設計された長期的な保険契約は、もはや意味を持たない。パートタイムの仕事だと損害賠償保険に入れないというのもおかしな話だ。

全ドライバーの65％が、走行距離の長いドライバーが支払うべき保険料を負担するかたちで余分な保険料を払っている。メトロマイル（Metromile）は、自動車のＯＢＤⅡ（自己診断機能）ポートに接続した簡単な装置を使った「ペイ・パー・マイル保険」を提供することで、この状況を改善しようとしている。

保険ビジネスでは、保険金を支払わないことで儲けたい保険会社と、少しでも多く保険金をもらいたい加入者のあいだで利害の対立があるが、持ち家や賃貸住宅向けの家財保険の新興企業であるレモネード（Lemonade）は、一律で月額固定の保険料を徴収し、業務費用をカバーした上で、残った金額を保険料の支払いに充てるという方法でこれを回避しようとしている。

最終的には、保険会社はデロイトが「フレキシブル・コンサンプション」モデルと呼ぶ方式〔使用量ベースの課金方式の1つ〕の利点を活かして、集団《コホート》としての契約加入者にではなく個人としての加入者に注意を向けるようになっていくだろう。

ペットケア業界

ペットケアは、他の多くの消費者向けパッケージ販売の分野よりもはるかに速く成長している

1000億ドル規模の世界的な業界だが、顧客との直接の関係を妨げている仲介業者の存在を含め、どの業界にも存在するシステム上の問題を抱えている。しかし、デジタルサービスがこの状況を一変させようとしている。ペットフードの小売企業はデジタル・ペットヘルス・サービス企業に変わりつつある。

マイ・ロイヤル・カナン（My Royal Canin）に行き、ペットの簡単なプロフィールを記入すれば、品種や年齢に基づいて適切な食べ物についての情報を提供してくれる。栄養や健康、グルーミングの問題に関する助言、専任の獣医師の案内などが提供される。ペットは病気になる。自分の医療費だけでも大変なのに、ペットの医療費まで加わると頭が痛いが、トルパニオン（Trupanion）はペットの生涯にわたる医療費の90％をカバーする保険を提供している。

ペットケア業界には、小さな子どもを持つ親のためのサービスと似たようなサービスが存在する。考えてみれば自然なことだ。ビジネスソリューションを提供しているゲイル（Gale）によれば、ミレニアル世代の44％がペットを「子どもを持つ予行演習」と見なしている。ポッドキャストからは子ども向けの気の利《き》いた新サービスが次々に流れてくるが、そのすべてにペット版が存在すると考えてよい。首輪のセンサーで位置情報を知らせるトラッキングサービス、バークボックス（BarkBox）のような毎月のボックスサービス、健康状態のモニタリングサービス、ペットを遊ばせられる公園や施設を教えてくれる地図アプリ、ペットフードの自動販売機、飼育やしつけに関するオンライン講座などだ。

公益事業（電気・ガス・水道）

これまで電気、ガス、水道などの公益事業《ユーティリティ》の大企業は、特別な工夫を必要としない方法で事業を行っていた。巨額の投資を行って巨大な施設を建設し、津々浦々の顧客に送り届け、その費用を捻出できるだけの金額を請求するというものだ。今日、それは変わりつつある。

『エコノミスト』誌が次のように書いている。「再生可能エネルギーは大きな役割を果たしているが、新しい技術のおかげで、供給に合わせて需要を微調整できる（逆ではない）ようになった」[*3]。ソーラシティ（SolarCity）のようなデジタル技術を活用してエネルギー消費量を管理する新しいサービスによって、太陽光発電住宅は電力を送電網に売ることができ、ネスト（Nest）のような家庭用エネルギー管理システムは、電力会社がピーク需要を抑えて電力不足を回避するのをサポートしている。今日、使った電気に対する請求書ではなく、売った電力に対する小切手を受け取る人が増えている。

公益事業は、昔から身近に存在するサブスクリプション・ベースのビジネスである。今日それは、一方通行の巨大チャネルであることをやめ、応答性の高い小さなネットワークへと変身しつつある（本書に何度も登場するテーマがここにも顔を出している）。センサーと接続のおかげで業界全体が目を覚まし、あらゆる新しい価値を解き放ちつつある。

フランスの電力会社エンジー（ENGIE）（スエズ運河を建設した会社がルーツ）は、顧客が電気製品の修理や保守のための訪問サービスを予約できるサービスを提供している。シュナイダー・エレクトリック（1836年設立）は、地方自治体とパートナーシップ契約を結んでいるが、自治体に電力を多く供給することではなく、自治体が電力消費量を35％削減することを助けている。ブルックリンの新しいソーラースタートアップであるＬＯ３エナジー（LO3 Energy）は、ブロックチェーン技術を使って、太陽エネルギーを隣の家に売る仕組みを提供している。これらの新サービスは、たんに便利なだけでなく、これまで存在しなかった大きな成果を提供している。

不動産業界

これまで私たちは、何世代にもわたって、大人になったら家を買うのが当然で、家を所有することは大人であることの大きな証《あかし》だと教えられてきた。明らかに、それはもはや事実ではない。きわめてもっともな理由から、若者の多くはその考えには同意しない。彼らは住まいに柔軟性と多様性を求めており、気分によって住環境をさまざまに変えたり組み合わせたりしたいと考えている。

ズオラでは、全員が自分のデスクを持っているが、いつも同じ場所で仕事することに耐えられない社員が多くいる。彼らはノートパソコンを持ってラウンジスペースのソファーに腰を下ろし、イヤホンから流れてくる音楽を聞きながら仕事をするのが好きだ。ウィワーク（WeWork）やサーブコープ（Servcorp）のような企業は、このような新しい嗜好を踏まえ、オフィス面積１平方フィート当たりの生産性を向上させることができると考えている。企業は不動産物件の長期リースにはそれほど関心がない。彼らが求めているのは、状況に応じてオフィスを拡張したり縮小したりできる柔軟性である。

物理的な世界の縛りがますます解放されつつある。モバイルワーカーも起業家も、コーヒーショップを共用ワークスペースのように使っている。毎日120万人を超える人々が、フリーランサーや小さな企業チームがたむろする〝オフィス〟に〝通勤〟している。人々は、VRBOやローム（Roam）のような民泊情報プラットフォームを通して、わくわくするような新しい休暇体験を楽しんでいる。エアビーアンドビー（Airbnb）の成功に刺激されたホテル業界は、自分たちのビジネスは自社の名前を冠した巨大リゾート施設を建設することではなく、利用者の心をつかむ旅行体験を提供することだと気づき、アパートのレンタルプラットフォームにも手を伸ばし、事業の多角化を図っている。

デジタル・サブスクリプションは、こうした企業のビジネスモデルの大きな部分を占めている。あなたがホームアウェイ（HomeAway）で民泊先を探している個人旅行者であっても、ジロウ（Zillow）の専門サービスを使って顧客にアプローチしようとしている不動産のオーナーであっても同じことだ。

金融業界

長きにわたり、銀行はインターネットを、リアルな窓口に加わった顧客とのもう1つの接点、単なるバーチャルなATMのように扱ってきた。そんなことだから、個人でも会社でも、ネットで預金残高を調べたり、どこかにお金を振り込んだりすることはできても、お金を預けたり、資本金を増額したり、ローンを組んだり、証券を買ったりするためには店舗に足を運ばなければならない。

『ハーバード・ビジネス・レビュー』誌に載ったベインとSAPの最近の分析によると、最初から最後まで完全にデジタル処理で完結できる銀行の商品やサービスは全体の7％しかないことが判明した。[*4] これも様変わりしようとしている。新しいフィンテック・サービスは、さまざまな興味深い方法でそれらの機能をデジタルの世界に運び込んでいる。

ヘルスケア業界が手首から顧客にアプローチしているとすれば、金融業界はスマホからアプローチしようとしている。ウェルスフロント（Wealthfront）はアルゴリズムを活用して、責任ある投資、退職後のための貯蓄、あるいは教育資金のためのプラン529の利用などを望む顧客をサポートしている。ロビンフッド（Robinhood）は、投資家が売買のたびに10ドルの手数料を払わなくてすむサブスクリプション・サービスを提供している。アディアン（Adyen）は、太陽の下に存在するほぼすべての決済方法に対応することで、世界展開する企業を支援している。ベンモー（Venmo）は、レストランやタクシーの料金を割勘にするのに便利なデジタルウォレットだ（ベンモーの名前を聞いたことがない人は若い同僚にたずねるとよい）。金融の世界では、通貨価値の保証にまで至る広い領域で、あらゆることが目まぐるしく動いている。

話はまだまだ尽きることがない。ズオラは、農業、コミュニケーション、旅行、ウェルネス、電気通信、ライフサイエンス、航空、食品・飲料、フィットネス、ゲームといった分野でさまざまな企業と協力しているが、そのすべてについて言えることがある。サブスクリプションは成長をもたらすということだ。

成長への新しい道筋

顧客が物理的なモノの〝所有〟にわずらわされることなく、望み通りの結果を得ることができるとすれば、そこに需要が生まれ、新しい収益の流れができる。地球上のあらゆるセクターが、昨今のテクノロジー産業が享受しているのと同じような成長を遂げる可能性を秘めている。デロイト・デジタル（Deloitte Digital）の責任者であるアンディ・メインは、サンフランシスコで開かれた「Subscribed」のカンファレンスで次のように語っている。

市場はオープンな競技場になった。そこでは、これまで存在しなかった経験やさまざまなモデルが生まれ、顧客に提供されている。企業はこれまでと違う、さまざまな方法でビジネスを展開しなくてはならない。どんな経験を顧客に提供できるかを競い、提供できる価値を考え抜き、その価値を実際に提供するために事業を編成することが求められる。そこではカスタマー・エクスペリエンスが競争の新たなフロンティアである。

すべてがこの方向に進んでいる。ここまでこの本で紹介した企業の事例、記事、研究のすべては、誰もが必要なサービスを受けることができ、自由を謳歌できる世界の到来を示している。しかし、この新しいオープンな競技場で成功するために、企業には何が必要なのだろう？　サブスクリプション・エコノミーで成功するために、組織をどうつくり変えればよいのだろう？　変革の過程では、思わず「なんてことだ‼」と叫びたくなるような、途方に暮れる瞬間を乗り越えなくてはならないかもしれない。第Ⅱ部ではそのことを説明しよう。

第 II 部 SUCCEEDING IN THE NEW SUBSCRIPTION ECONOMY

サブスクリプション・モデルで成功をつかむ

SUBSCRIBE

第9章 企業がサブスクリプション・モデルを選択するとき

全社で沸き起こる「なんてことだ!!」の大合唱

デジタル・トランスフォーメーションがビジネスを製品中心から顧客中心に変え、顧客と企業の関係を変えるものだとすれば、全体としての企業の機能も変わることになる。事業をサブスクリプション・モデルに変えるために、企業はどのような自己変革を遂げる必要があるのか。話をわかりやすくするために、架空の企業を使って説明することにしよう。本書でまだ触れていなかった、ビデオゲーム業界の企業ということにする。

ビデオゲームの業界はおそらくハリウッドより規模が大きい。2つの業界にはいくつかの類似点がある。ブロックバスター狙いのハリウッドはシリーズ方式で展開しているが、大型ゲーム・ブランドもシリーズ方式であり、収入のかなりの部分は発売直後に前倒しで発生し、伸《の》るか反《そ》るかの週末の売上に大きく依存している。主要なゲームの開発には6000万ドルものコストがかかることがあり、販売にはその2倍のコストがかかることもある。

ハリウッドが「ジーリ」より「タイタニック」を作りたいと思っているように、ゲーム業界は「トランスフォーマー　ライズ・オブ・ザ・ダーク・スパーク」より「グランド・セフト・オートV」をリリースしたいと思っている。後者は発売24時間で8億ドル以上を売り上げたが、前者はそうではなかった。ゲームスタジオは通常、ゲーム1本の制作に2年かけ、発売日にはできるだけ多くの販売チャネル（おもに店舗や家庭用ゲーム機向けオンライン販売）に商品を大量投入して、顧客が行列をつくって待っていてくれることを願っている。

映画と同じで、ビデオゲームもメディア消費の一般的動向に従っている。ストリーミングやサブスクリプションによるオンライン収入は上昇傾向にあるが、ディスクの販売収入は急速に減少している。ハリウッドに負けじと、ビデオゲーム業界も〝マルチスクリーン戦略〟を熱心に追求している。家庭用ゲーム機、スマートフォン、ゲーム専用機（たとえばニンテンドー・スイッチ）、店舗、ストリーミングサイト（たとえばツイッチ）、さらにはマディソンスクエアガーデンやステープルズ・センターなどで開催されるeスポーツの大会だ。

平均的なビデオゲームのプレイヤーは、さまざまなチャネルを通じてゲームを楽しんでいる。友だちとオンラインで遊んだり、ダウンロード・コンテンツ（DLC）を買ったり、ゲーム内課金サービスを利用したり、モバイル版をスマートフォンで楽しんだり、有名プレイヤーの神業をツイッチ（おそらくその選手をスポンサーしている）で観戦したり、大会に足を運んだりする。

さて、あなたは「スターシップ・ブラスターズ」という大型シリーズゲームを開発する会社の社長である。2年に一度、新しいキャラクター、クレイジーな新しい冒険譚、そしてパワーアップしたブラスターズをひねり出して、前作以上のゲームをリリースしなくてはならない。しかし、続編になるほど制作にお金がかかり、売上は低下するのが常だ。「スターシップ・ブラスターズⅢ――スティル・ブラスティング」を買った人の半分しか「スターシップ・ブラスターズⅣ――ブラスタゲドン」を買ってくれないのだ。そして、2年ごとのリリースでは、新しいゲームを楽しみたがっているゲームプレイヤーの欲求に追いつけないこともわかっている。

そこで、あなたは考える。年間60ドルのゲーム代を月額5ドルに分割して利用者をつなぎとめ、ダウンロード・コンテンツをたくさん買ってもらえれば長期的にはよい稼ぎになるだろう。失敗作で大損することもないし、当たり外れの起伏が激しいハリウッド型経済に依存しない、安定した収益モデルの恩恵にあずかれる。会社のプラットフォームは四半期ごとに定期的な収益を上げ、それで適切な投資をすることもできる。

「ファイナルファンタジー」のプロデューサー、吉田直樹はテレビゲーム系ニュースサイト「ゲームスポット」に次のように話した。

サブスクリプション・モデルなら、一定の収益の流れがある。ゲーム開発者、クリエイターとして、ぼくたちは最高のプレイ体験を提供し続けられる状況を維持したいのです。もちろん、最初の加入者数はフリー・トゥ・プレイ〔重要な基本部分へのアクセスを無料で提供するゲーム〕ほど多くはないかもしれませんが、安定した収益がある。ぼくたちは瞬間的なビジネスを考えていない。長期的視野で考え、更新し続けるための資金を得たいと考えているわけです。短期間に収益を確保することを重視する人もいますが、長期的に考える必要があると思います。[*1]

というわけで、あなたの腹は決まった。2年ごとに派手な大作をリリースすることはやめ、サブスクリプション・サービスとして「スターシップ・ブラスターズ」を月額5ドルで提供するのだ。常に革新的で、たえずアップデートされ、ユーザーからは継続的なエンゲージメントが得られる。いいことずくめだ。あなたは頑張って印象的なプレゼン資料を準備する。運命の役員会が開かれ、あなたの提案は承認された。電子メールが社内を行き交い、すべての部門が新しいビジネスモデルに移行するための明確な指示と必要な文書類を受け取り、ローンチの日も決められた。

さて、全社の反応はどうか――**おそらく「なんてことだ!!」の大合唱だろう。**

マーケティング部門は、発売日に集中的なキャンペーンをかけられないことに腹を立てている。開発部門は制作スケジュールを一から立て直さなくてはならないのでカッカしている。IT部門は、何百万ドルも投資した新しいシステムの前提がいきなり変わってしまったことに憤慨している。そして財務部門も、次の四半期の収益悪化が予想されるので、とても喜ぶ気分にはなれない。

サブスクリプション文化を根づかせるには？

さあ、あなたはどうすればいいのか？　どうやって会社をサブスクリプション・モデルに移行させるのか？　ここから先、本書の第Ⅱ部はすべてこの問い――どうすれば企業にサブスクリプション文化を根づかせることができるか――に対する回答だ。まず、第1章にも載せた図を再掲する。

図表1の右側（新しいビジネスモデル）では、ゲームプレイヤーが真ん中にいる。図の左側（古いビジネスモデル）と違い、プレイヤーはチャネルの後ろに隠れてはいないので、あなたからもよく見える。左から右への変化は、あなたの会社の経営にどのように影響するだろう？　簡単に対処できるような影響ではない。サブスクリプション・ビジネスへの移行に必要なことははっきりしているが、従業員一人ひとりがそれに向けて思い切って跳躍するのを、トップのあなたはどうサポートしたらよいのだろう。会社全体の「なんてことだ!!」という空気にどう対処したらよいのだろう。

開発チーム

まずは開発チームから始めよう。ここにはプロダクトマネジャー、エンジニア、製造担当者、デザイナーなどがいる。肩書きや立場はさまざまだが、最終的には全員が製品のイノベーションに責任を持っている。古いモデルでは、彼らの仕事は市場調査を行い、フォーカスグループ・イ

図表1　現在進行中のビジネスモデルの変化（再掲）

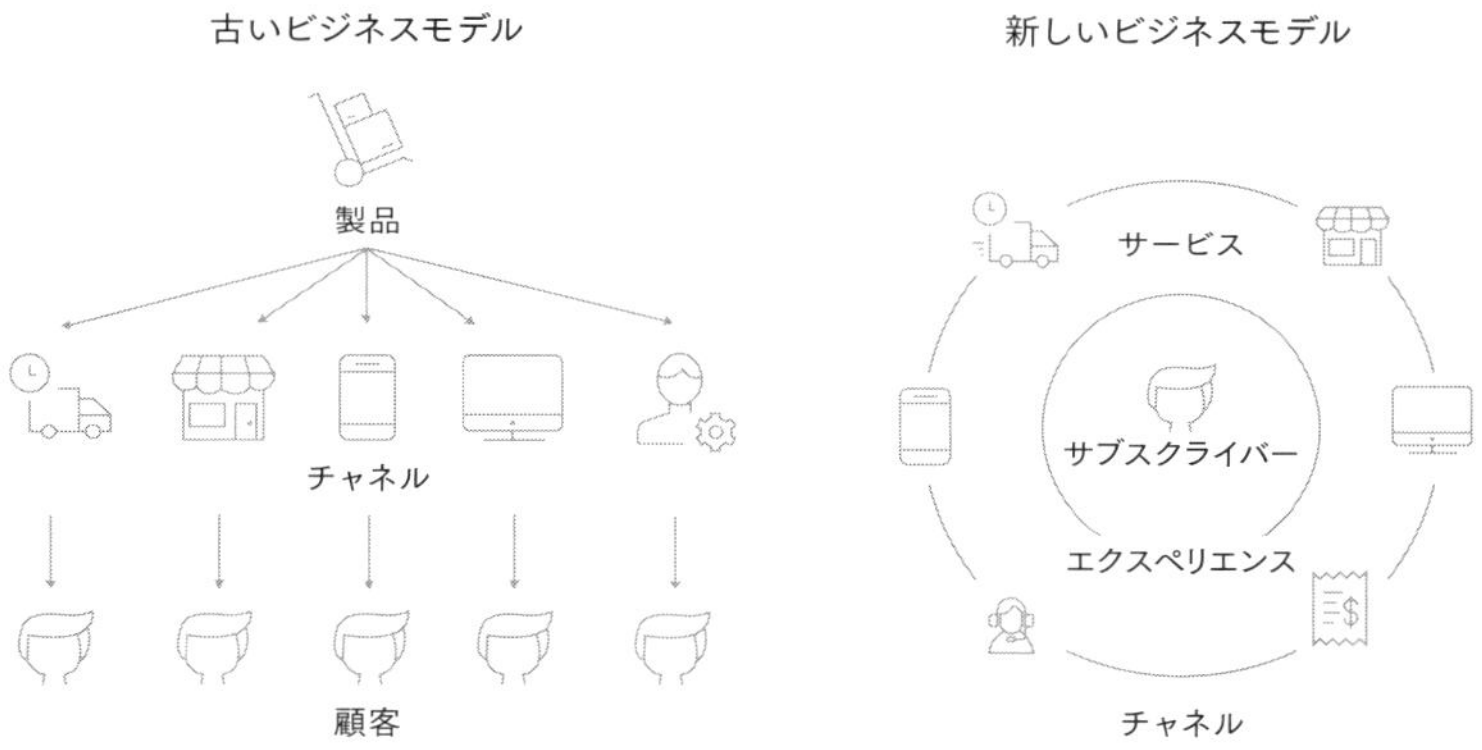

ンタビュー〔グループ対話形式で行う市場調査〕を行い、方眼紙に何やらごそごそと絵を描き、ぎりぎりまで抑えたコストでゲームを製造し、ドカンと市場に投入することだった。想定以上に売れれば大成功、ヒット商品の誕生で大儲けできた。売れなければ儲けはなかった。

しかし、一発勝負の静的な製品が生き生きと呼吸する経験に変わるとき、何が起こるだろう？　個々ばらばらな存在だった顧客が、いわばあなたの会社の開発プロセスの中心に席を置くのに等しい変化が起こるとき、何が起こるだろう？　その顧客にうれしい驚きを与え続ける方法はあるだろうか？　いま見え始めた顧客の利用行動に基づいて、どうすれば人々によりよい経験を与え続ける道筋をつくることができるだろうか？

財務チーム

次に、財務チームはどうなるだろう？　監査役、ＣＦＯ（最高財務責任者）、財務オペレーションの担当者などだ。彼らのかつての仕事は、経費を細かくトレースし、すべての問題を解決してくれる販売に几帳面に紐づけることだった。限界費用を改善するにはどうすればよいか。流通チャネルにどれくらいお金をかける必要があるか。間接費はどれくらいか。「スターシップ・ブラスターズ」の場合、財務チームの最重要関心事項はソフトの販売本数だ。デジタルサービスからの売上は重要だし、成長もしているが、あくまでも二次的な収益源だ（カリフォルニア州クパチーノに本社のある某社と似ている）。だが、いまや物事はそれほど単純ではなくなった。

これからの財務チームは、まったく新しいルールブックに基づいて一連の新たなメトリクスを試していくことになる。すなわち、**顧客獲得コスト、生涯顧客価値、年間定期収益、顧客1人当たりの平均収益**である。あなたのゲームのプレイヤーが少なくとも1年間遊んでくれれば、月額5ドルの課金モデルは悪いアイデアではない。だが、数カ月で止めてしまったらどうだろう。そのようなパターンは、サブスクリプション・ビジネスではどのように扱われるのだろう？

今日の財務チームは、プライシング（価格設定）、パッケージング、アクセス解析など、組織全体にかかわるオペレーション・メトリクスを積極的に扱うようになっている。たとえばネットフリックスは、それほど〝売れる〟わけでもない番組の制作に年間80億ドル使うことをどう正当化しているのだろう。彼らの財務チームは、他社が知らない何かを知っているに違いない。

ITチーム

CIO〔最高情報責任者〕とITチームはどうか？ 彼らの仕事はどう変わるか？ 過去20年間、彼らは標準化による効率向上に焦点を絞って業務を行ってきた。どうすれば在庫を削減できるか。サプライチェーンを短縮できるか。A地点からB地点まで製品をより速く、より低コストで送り届け、それによって1個当たりのコストを下げ、競争優位を実現するにはどうすればよいか。一貫性のある記録システムを維持するにはどうすればよいか。

あらゆる企業がサプライチェーンを管理するために、仰々しいERPシステムを導入した。その目標は、あらゆる記録システムの標準化だった。その上で、いくつか新しい技術を試せる余裕が残っていれば言うことはなかった。ほとんどの場合、ITチームの社員はエンジンルームにこもり、情報の流れが途絶えないようにシステムの世話を焼くことに汗を流していた。

しかし、ITインフラがユニット販売（「スターシップ・ブラスターズ」のDVD販売本数）ではなく、顧客（ゲームプレイヤー）を中心に構築されたらどうなるだろうか。

アナリスト企業のガートナーは、「ITは、記録するためのシステムから、イノベーションのシステムへと脱皮しつつある」と述べている。[*2] どういう意味か？ プロダクト開発担当者がIT部門を訪ね、「新しいサービスを開始して、契約を継続してもらうにはどうすればいいだろう？」と質問するようになるということだ。営業とマーケティングの担当者がIT部門に出向いて、「これがプライシングとパッケージングのアイデアだが、どうやって試せばいいだろう？」と相談を持ちかける。財務担当者もエンジンルームのドアをノックして、「古い財務システムを超えて、ビジネスを見る方法を完全に一新する必要がありそうだ。何か役に立ちそうな視点や情報をもらえないか?」と協力を要請する。あなたの会社のＩＴ部門は、こうした新しい課題に対応することができるだろうか。

営業・マーケティングチーム

そして、サブスクリプション・モデルは営業やマーケティングにどのような影響を及ぼすだろう?　こう考えたらどうだろう——取引を売ることと、関係を売ることとの違いは何か?

アン・ジャンザーはすぐれた著書『サブスクリプション・マーケティング——モノが売れない時代の顧客との関わり方』(邦訳・英治出版)で「マーケティングはもはや、たんに売ることを意味しない。顧客にサブスクリプションを継続してもらい、改めてエンゲージメントを強めてもらうために、真の価値を提供し、問題を解決する必要がある」と書いている。[*3]

「スターシップ・ブラスターズ」の場合、重要課題は、進化し続けるすぐれたゲームの制作に全力を尽くすことだ。そのための具体策は、ビルボード広告に使っていた宣伝予算を開発担当者の増員や大会の開催に回すということかもしれない。そういう場合もあるだろう。

昔ながらの営業部隊は、こうした変化に伴う課題に直面している。今日の見込客は、多くの情報を入手できるので、あなたの会社について多くのことを知っているが、そのためにかえって混乱していることも多い。営業担当者に何をたずねればよいかわかっていないこともある。そんな見込客との会話をどこから始めればよいだろう。あるいは、売った後もあなたの名前を連絡先リストに残すであろう顧客に、どのように売るのが正しい売り方なのだろう?

組織の壁を取っ払え!

20世紀の企業組織は、図に描けばビル空調のパイプラインに似ていた。さまざまな部門が独立した運営を行っていた。過去においては、そのような縦割りの機能別組織が理に適っていた。マーケティング部門は市場調査を行い、その結果を製造部門に伝えた。製造部門は製品の仕様を定めて生産した。製品は営業チームに引き渡され、彼らはそれをひたすら販売した。財務チームは金勘定だけに没頭した。ＩＴ部門に至っては、パスワードを忘れることでもなければ、会社に存在していることさえ忘れられていた。

製品ラインを中心に組織を編成するこの方法は、規模と一貫性ですべてが決まり、「黒であれば何色でも売ってあげましょう」という姿勢が許された時代には合理的だった。これにより、経営トップは開発サイクルや販売実績ににらみをきかせ、各部門にオーナー意識を持たせて説明責任を果たさせることができた。

製品を中心に据えたこのアプローチは、ビジネスの中核的な活動に関わる問題を手堅く進める上では利点もあったが、ビジョンを共有しない孤立した細切れの組織を生み出すという大きな代償をともなった。それら各組織が社内で顧客を奪い合った。経営陣は近視眼的発想に陥り、市場の変化を察知するセンスを失っていった。企業はあるべき発想とはさかさまの筋書きで――顧客ファーストではなく製品ファーストで――組織されていた。

しかし、残念なことに、この組織構造が長期にわたって機能し続けた。顧客を扱うという面ではうまく機能しなかったが、それでも製品を売るには売ったので、経営者に不満はなかった。それは機能的ではあるが、凡庸なビジネスしか遂行できない方法だった。企業にとって、利益を生む凡庸ほど危険なものはない。戦後、製品ベースの組織構造が形づくられ、企業にとっての黄金時代が続いたのは、消費者が比較的受け身だったからにすぎない。

このようなビジネスのやり方は、組織構造としても経営方法としても、もはや明らかに通用しなくなっている。**新しい世界では顧客が中心にいるので、企業は自らの手で部門の壁を壊さなくてはならない**。誰もがうつむいていたら、利益の上がるサブスクリプション・エクスペリエンスなど提供できるはずがない。一丸となるべきチームが組織の壁で分断されていたら、ビジネスモデルを革新することなどおぼつかない。まして、その革新を実現させるために正しい選択をし、市場に進出し、自社の事業の根幹に据えることなどできない相談だ。

次章から、サブスクリプション・ビジネスを成功させるための新しいルールを詳しく見ていく。まずは組織の中心にあって、すぐれた製品をすぐれたサービスに変える任務を負う開発チームについての議論から始めよう（ゲーム会社であればデザイナーや発明家ということになる）。

第10章

イノベーション 永遠のベータ版にとどまれ

Gメールの新たな開発哲学

ＳａａＳサービスを開始したソフトウェア企業には興味深いことが起こる。ユーザー登録を初めて受け付けたメディア企業にも、顧客の購買記録を追跡し始めた小売企業にも、やはり興味深いことが起こる。突然、**顧客が何をしているかが見え始めるのだ！**

顧客の動きを示すデータが画面に初めて表示されたときには、得も言われぬ気持ちになる。私自身、セールスフォースで体験したその瞬間のことをいまでもよく覚えている。私たちはすぐに、もっと多くの情報が欲しいと思うようになり、そのことが私たちの意思決定の方法を変え、リソースの配分方法を変え、新しいサービスを構築する方法を変えていった。すべてがそこから変わったのだ。

Gメールが世に登場したとき、人々は新しい種類の製品開発哲学に触れた――と私は個人的に考えている。2004年4月1日にGメールが初めてローンチされたとき、Gメールのロゴには「ベータ版」（BETA）の文字が添えられていた。何百万という人々がGメールを使用するためにサインアップ〔オンラインで行う利用開始手続き〕したが、それはまだ開発中のベータ版だった。実際、その後5年間ベータ版であり続けた。2009年7月7日まで〝テスト段階〟が終わらなかったのだ。なぜそんなに長くかかったのだろう。どうなった段階でグーグルは「ベータ版」という呼称を外すことを決めたのだろう。

本当かと思う人がいるかもしれないが、それは開発チームが言うところの〝完成〟とは何の関係もなかった。フォーチュン500級の大企業が自社のためにGメールを買いたいと思ったとき、ロータスノーツ〔IBMのグループウェア・電子メール製品〕やマイクロソフト・エクスチェンジ〔グループウェア・電子メール製品〕などの購入に慣れていた各社の購買部門は、ベータ版プロダクトを買うことを認めなかった。そこでグーグルは考えた。「ベータ版」の文字を外せばいいじゃないか、と。

以下に引用するのは、2009年7月7日にグーグルがブログで発表した「ベータ段階の終了」を知らせる文面である（私は最後のセンテンスが特に気に入っている）。

私たちはしばしば、グーグルが提供するアプリケーションの多くがいつまでもベータ版なのはなぜか、とたずねられます。たとえばGメールは5年以上ベータ版のタグを付けています。

そのことについて、ベータ版を〝未完成版〟という従来の意味で捉えておられる皆様は特に疑問をお感じになるようです。

2年前にビジネス用グーグルアップス〔2016年9月に名称を「Gスイート」に変更〕を立ち上げて以来、弊社は利用者とのあいだで365日24時間サポートのサービスレベル契約を結び、その点以外でもすべての非ベータ版ソフトウェア基準を満たすサービスを提供してきました。現在、弊社自身を含め、世界中で175万社以上がグーグルアップスを活用してビジネスを展開しています。その中で、試験段階であるかのような印象を与えるベータ版タグの付いたソフトを、ビジネスで使用することをためらう大企業が存在することがわかりました。そこで私たちは、ベータ版表示を外せる高レベルの基準を設け、その基準達成に向けて努力を続けてきました。そしてこの度、グーグルアップスに含まれるすべてのアプリケーションがその基準に到達しましたので、ここにご報告いたします。（中略）

なお、「ベータ版」のままご使用になりたい場合は、「設定」の「Labs」画面で簡単に「ベータ版」の外観に戻せることも申し添えます。[*1]

実に面白い。画面から古い「ベータ」ロゴは消えたが、利用者側の設定次第でそれを再度呼び戻すことができるというのだ！　つまり、**B・E・T・Aの4文字ワードは利用者にとって何の意味もない**ということだ。

これは、本当に重要な文書だ。現代のソフトウェア設計の基本原則を世に知らしめたものと言える。Gメールは、断続的に繰り返される当たり外れの大きいプロダクトサイクルの終わりを告げ、**終わりなき開発が続くプロダクトの誕生を告げた**のである。

何が言いたいかというと、そもそもベータ版というのは、最終的な準備が整う前に顧客の利用に供してフィードバックを集め、それを最終的な製品に反映させて出荷するためのものだ。それはアジャイル・プロダクト開発とも呼ばれるが、その肝《きも》は、開発プロセスに顧客や主要なステークホルダーに参加してもらい、想定外の事態を予想し、品質保証に役立てるところにある。

Gメールのチームはこの考えをさらに一歩進め、「最終的な製品」という最後の部分をすっ飛ばしたのだ！　自分たちが作っているのは静的なものではなく、生きて呼吸する製品なのだから、顧客をイノベーションのためのパートナーとして参加させればいいじゃないか、ということに気づいたのだ。ずっとベータ版マインドセットでやっていくことに何か問題があるのだろうか、と思い至ったのである。

「アジャイル・ソフトウェア開発宣言」は、2001年にユタ州のスキーリゾートに集まった開発者グループによってまとめられた。[*2] それは単純だが強力な4つの価値を提案するものであった。

①プロセスやツールよりも個人と対話を
②包括的なドキュメントよりも動くソフトウェアを
③契約交渉よりも顧客との協調を
④計画に従うことよりも変化への対応を

この原則はあらゆる種類のサブスクリプション・サービスに適用できる。イノベーションは何もない真空の中では起こらない。それは一定の期間にわたって1つのコンセプトを繰り返し追求したことの結果だ。一発勝負の大型製品の発売は、実際には燃え尽きへの入り口になる可能性がある。その結果、社員の生産性とインスピレーションも不健全なアップダウンを繰り返す。対して、アジャイル・ソフトウェア開発の利点は、持続可能な発展を支える環境を作り出す点にある。開発チームはイノベーションのペースを常に保てる組織でなくてはならない。それが状況対応を怠らず機敏に動くための唯一の方法だからである。

いま、そのコンセプト――常に顧客の声を聞き、常にプロセスを繰り返す――が世界中のあらゆる産業に広がっている。

カニエ・ウェスト――音楽業界初のSaaSアルバム

第3章でも取り上げたが、カニエ・ウェスト〔シカゴ出身のミュージシャン。ヒップホップMC、音楽プロデューサー〕は、2016年2月14日にアルバム「ザ・ライフ・オブ・パブロ」をタイダルで発表した。多くの人々が興奮し、先を争うようにしてストリーミングを始めた。

しかしその後、奇妙なことが起こった。**カニエがアルバムに手を入れ続けたのだ**。公式リリースから何週間ものあいだ、ボーカルを追加し、歌詞を変え、曲の順番を入れ替え続けた。それまで、ミュージシャンは最終完成形のアルバムを売り出すというのが常識だった。批評家はそれに基づいてレビューを書いた。ファンはその作品を好きになることもあるし、ならないこともある。アルバムの発表というのはそういうものだった。しかし、ストリーミングがそのあり方に終止符を打った。

このやり方は失敗に終わることもあるが（たとえばジョージ・ルーカスはオリジナルの「スターウォーズ・トリロジー」にあらゆる種類の愚かな特殊効果を加えて台無しにしてしまった）、1年とか2年後に同じアルバムを聴く人に、ちょっと違う経験をしてもらうのも悪くないだろう。

カニエは、アトランタのラジオ局V-103で、自身の前のアルバム「イーザス」が素っ気なくシュリンクラップされただけのCDであったことに触れて、「CDの死亡宣告、蓋の開いた棺桶みたいなものだね。〝このCD見てよ。これがこれまでずっと見てきたCDだ。最後に見といて。もうそんなに見られなくなるからね〟って感じかな」と語っている。こうしてカニエは、音楽業界で初めてのSaaSアルバムをリリースしたミュージシャンになった。

カニエは、自身の創作プロセスの中心に、アルバムではなくリスナーを置いた。実験、検証による学び、そして反復によって、製品開発サイクルを短縮した。顧客の声を製品開発に役立てることによって好ましいフィードバックループを確立した。制作の途中段階にあるアルバムを公開し、サブスクライバーに支援を要請することで、最終的な製品が完成する前からセールスファネルに顧客を導き入れることができた。彼は自らの楽曲を題材にして応用研究を行い、開発サイクルに組み込んで最適化するために必要な場所とリソースを設けたのである。そんな理屈を考えてそのような方法を採用したわけではないと思うが。

グレイズの「アジャイル・ファクトリー」

サブスクリプションという革新的なコンセプトがいかに強力か、そして、それがソフトウェアやデジタルメディアに限定されていないことをわかってもらうために、グレイズ（Graze）という英国のスナックボックスの会社を紹介したい。スナック菓子に特化したパンドラの箱のような会社だ。

数週間ごとに、彼らは私に、4種類のお菓子を詰めた箱を1個送ってくる。私はオンラインで一言、フィードバックを書き送っている。「これは気に入った」「これは好きじゃない」「あんな菓子はもう送ってこないで」「これと似たようなのを、もう少し試してもいいかな」「ポップコーンは外さないで」等々。彼らは最近どこでも見かけるようになった提案エンジンアルゴリズムを持っている。かなり使えるクールな代物だ。

しかし、もっと深く知ると、この会社はもっとクールだということがわかる。私はたったいまアジャイル・ソフトウェア開発について述べたが、グレイズは**アジャイル・ファクトリー**を持っている。ロンドンで開催した「Subscribed」のカンファレンスで、同社のアンソニー・フレッチャーCEOは、ポケットから携帯電話を取り出し、「私はこの電話で工場を動かすことができます。供給業者も、ディストリビューターも、パッケージング業者も動かせます。私が出荷するすべてのボックスは1人の顧客を対象としています。その人1人だけです」と話した。それだけでも凄いが、話はそこで終わらない。ここからが私のいちばん好きな部分だ。

グレイズは最近、米国でもサービスを開始した。米国といえば、スーパーの棚に並べられた伝統的な英国のスナックが飛ぶように売れる国ではないが、フレッチャーは次のように語る。

「私は以前、エナジードリンクの消費財メーカーで働いたことがあります。海外に進出した際、私たちは新しい市場で人々の味覚や好みを把握するために、何百万ドルも使って市場調査をしたものです。いろいろ市場に投入しましたが、2回に1回は空振りに終わりました。失敗したら、あれこれ再編成して1年以内に再挑戦する方法を考えました。でもグレイズは、米国での発売開始にあたり、市場調査は一切行いませんでした。既存の製品ラインを運び込み、市場に投入しただけです。システムが自分で勝手に必要な調整を行ってくれることがわかっていましたから」

グレイズ・チームはただダッシュボードの前に座って、ローンチ直後の商品の動きを見守った。数日後、スパイシー・バーベキュー風味の菓子が売上を伸ばし始め、チャツネ〔南アジア・西アジアを中心に使われているソースまたはペースト状調味料〕風味の製品が急降下した。

グレイズはフォーカスグループ・インタビューも、電話調査も、ユーザー・インタビューも行わない。そもそも、ヒット商品を生もうとしているわけでもない。なぜか？　**顧客に提供するサービスに市場調査がすでに組み込まれているから**だ。

顧客の購買行動を逐一確認できるので、グレイズは3カ月か4カ月で米国での売れ行きに完全に歩調を合わせることができた。彼らは世界のどこにでも工場をオープンし、顧客の声を聞き、学習し、自らを最適化するプロセスをただちに開始することができる。サブスクライバーと一緒にサービスを設計し、利用状況や利用行動のデータとともにサービスの内容を知らせれば、顧客が本当に望むものを作ることができ、顧客ニーズに応じてそれを進化させることができる。Gメール・チームも、グレイズ・チームも、そのことを認識していた。

ネットフリックス――もうパイロット版は要らない

パイロット版は、ネットワークテレビの開発プロセスにおいて基本的な部分を占める。大きなテレビスタジオは、当たるか当たらないかわからない番組に、最初から1シーズン丸ごとの制作費を注ぎ込んだりはせず、1回分のエピソードだけ制作し、ラスベガスのような場所で視聴者の反応をテストする（番組制作者がラスベガスを好むのは、米国中から観光客が訪れているので、米国全体の評価を適切に反映すると考えられているからだ）。テレビ番組の制作には巨額の資金が要るので、テレビスタジオにとってパイロット版は賭け金の一部をヘッジするための方法だ。

番組改編の時期になると、パイロット版はそれ自体「ハンガー・ゲーム」のような血なまぐさい展開をたどることになる。数百を超える企画案《ピッチ》がテーブルに載せられ、数十の脚本に絞り込まれ、そこからさらに絞られて15本ないし20本のパイロット版が制作されるのである。パイロット版の寿命は短く険しい。『バラエティ』誌によれば、最終的に完全なテレビ番組になるのはパイロット版の4分の1以下だと推定されている。パイロット版は市場調査なのだ。

だが、**ネットフリックスはパイロット版を使わない**。これまで作ったことがないし、これからも作らない。誤解しないでほしいが、ネットフリックスも駄作を発表することはある。しかし、HBO〔Home Box Office：米国の衛星およびケーブルテレビの老舗放送局〕と並んで、誰もがそれについて語りたがるような、時代精神を反映した最高の番組を生み出すことにかけて例外的ともいえる成功を収めている。たとえば、「ザ・クラウン」「ハウス・オブ・カード」「オレンジ・イズ・ニュー・ブラック」「ストレンジャー・シングス」などだ。

ネットフリックスは、最初のオリジナル・コンテンツである「ハウス・オブ・カード」で殴り込みをかけるとき、米国ではほとんど知られていないこの英国ドラマが、自社のプラットフォームでは非常に健闘していること、デビッド・フィンチャー、ケビン・スペイシー、ロビン・ライトらが視聴者のあいだで人気があることを知っていた。さらに視聴者が政治ドラマに熱心なこともわかっていた。これをベン図に描けば、これら3要素が重なる「ハウス・オブ・カード」の成功は約束されているようなものだった。しかし同時に、この濃密で多層的なストーリーが限られた尺のパイロット版にうまく収まらないことも理解していたので、彼らは最初から番組全編のために小切手を切った。

同社のジョナサン・フリードランドCCO〔最高コミュニケーション責任者〕は『ニューヨーク・タイムズ』紙に次のように語った。「私たちは消費者とのあいだに直接の関係を築けているので、視聴者が何を見たがっているかがわかるし、特定の番組にどの程度の関心が寄せられるかもわかる。それがあるから、『ハウス・オブ・カード』のような番組を見てくれる視聴者が存在するという確信を持つこともできるのです[*3]」

ネットフリックスがユーザー情報を熱心に収集していることは誰もが知っている。同社は毎日、数百万、数千万のユーザーのタッチポイント〔企業やブランドと消費者との接点〕（動画だから「プレイボタン」だろうか）を観察している。ユーザー評価レーティング、検索行動、居住地情報、視聴時間、利用デバイス情報、ソーシャルメディアへのフィードバックなどは当然として、番組のどこで一時停止ボタンを押したか、巻き戻したか、早送りしたかなどもそこに含まれる。そのプログラムを観る前に何を観たか、観た後で次に何を観たか、5分で観るのをやめたプログラムは何か、といったこともわかっている。また、提供するすべてのプログラムに、暴力レベル、物語の舞台、時代設定、登場人物たちの職業までを指定した100を超えるタグが付けられている。「サブスクリプション・サービスは実に素晴らしい」と語るのは、ネットフリックスのプロダクト担当副社長のトッド・イェリンだ。彼は『ガーディアン』紙にこう語っている。「わが社はもう宣伝とは縁を切りました。視聴率にあまり影響しませんから。純粋な人気だけで成功を測れた時代は終わりました。それでは個人の思いがけない行動や嗜好が読めないのです。われわれはあらゆるデータをロサンゼルスの番組開発チームに渡して、彼らが考えているプログラムと突き合わせることができるようにしました。ユーザーデータは、そのプログラムを買うかどうか、次のシーズンも続けるかどうかを決める上で重要な判断材料になりますからね。伝統的なテレビネットワークもケーブルネットワークも、われわれのような情報は持っていません」[*4]

ネットフリックスにはテストオーディエンスもレーティングカードも必要ない。いまもネットフリックスは、成功も失敗もあるクリエイティブな業界で他社と競っているが、ネットワークテレビが絶対に持っていない〝巨大な脳〟を持っている。**サブスクリプション・サービスにおいては、必要なすべてのインサイトが自社のシステムの中に存在しているの**である。

スターバックスIDが持つパワー

2017年初め、スターバックスがいっぷう変わった問題を引き起こして、多くの記者の注目を集めた。モバイルアプリの人気が高まりすぎたのだ。あまりにも多くの人がコーヒーを事前予約したため、店の前に長い行列ができた。ハワード・シュルツCEOは業績発表の席上、「われわれは現在、この問題を解決するために全力で取り組んでいます。この問題の本質は需要が多すぎるということ、つまりオペレーション上の問題です。であれば、私たちはこれまでもこの種の問題を解決してきました。今回も無事に解決することをお約束します」と述べた[*5]。

この話は、モバイル技術が日々の小売取引を急速に変化させていることを言いたくて取り上げたのではない（少しはそういう面もあるが）。ビジネスメディアとテクノロジーメディアが揃って見逃していたより大きな話は、スターバックスIDが持つパワーである。顧客をメンバーにしてＩＤを設定し、そこに購入活動、支払情報、おそらく若干の属性情報、利用店舗情報などを収められれば、素晴らしいことができる。

現在、１３００万人を超える人がスターバックス・リワードに登録しており、その売上は現在、米国スターバックスの売上の３分の１以上を占めている。米国のスターバックスストアで行われる10回の取引のうち1回はモバイルアプリで処理される。注文の品がいつ受け取れるか、いちばん近い店まで何分で行けるかなどがわかる。スターバックスは店頭での行列を完全になくそうと取り組んでいるが、それはすべてスターバックスＩＤから始まる。

まもなくスターバックスは常連客をこんなふうに歓迎することになりそうだ。出張で別の街に来たけれど、いつも飲んでいるラテが飲みたいと思い、ホテルのそばのスターバックスに立ち寄ったとしよう。さて、どうなるか。「われわれには、お客様がスターバックスを贔屓にしてくれていることも、毎日だいたい同じものをほぼ同じ時間に買ってくれることもわかっています」と語るのは、スターバックスのジェリ・マーティン・フリッキンジャーＣＴＯ〔最高技術責任者〕だ。彼女は最近『ＣＩＯ』にこう語っている。「お客様がオーダー画面の前に立つと、いつも注文されるメニューが表示され、バリスタが名前を呼んでご挨拶します。同時に、お気に入りのフードメニューの写真も表示される。やりすぎだと思いますか？　決してそんなことはありません。今後数カ月、あるいは数年、みなさんはスターバックスがお客様とのつながりを強化するための技術の開発に努める姿をご覧になることでしょう」[*6]

スターバックスは明らかに巨大なＧＡＦＡ《ガーファ》――グーグル、アマゾン、フェイスブック、アップル――の戦略をヒントにしている。中国にはＢＡＴ《バット》――百度（Baidu）〔検索エンジン〕、アリババ（Alibaba）〔阿里巴巴。電子商取引〕、テンセント（Tencent）〔騰訊。ＳＮＳ、ウェブホスティングサービス〕――がある。彼らすべてが持っている共通項が加入者ＩＤである。

彼らはすべてが表示されるダッシュボードを持っていて、顧客が何をしているのかを見ることができるので、どこにリソースを割り振ればよいか、どんな新しいサービスが可能かを賢く判断することができる。スターバックスの場合は、コーヒー1杯にスターを何個付与するのがよいか、どこに新しい店を開くのがよいかなどの判断かもしれない。Ｇメール・チームもダッシュボードを持っている。ネットフリックスも持っている。

さて、最後に興味深い質問をして締めくくろう――こうした情報システムを持っていない企業はどこか？　あなたが日々行う買い物のうち、どれぐらいがＩＤと無関係に行われているだろう。定期的にやりとりがある企業についてはどうか？　あなたはまだコカ・コーラＩＤ、ナイキＩＤ、ロレアルＩＤを持っていないかもしれない。しかし、もしあなたがそれらの企業のファンなら、遠からずそれを持つことになるだろう。

第11章 マーケティング 4つのPが変わった

サブスクリプションは「1対1の関係」を構築する仕組み

「マーケティング」と聞いて、あなたは何を思い浮かべるだろう? スーパーボウルの広告だろうか。「マッド・メン」〔1960年代の広告業界を描いたテレビドラマ〕の主人公ドッド・ドレイパーだろうか。1984年のアップルのコマーシャル、あるいはガイコ(Geico)〔自動車保険会社〕のゲッコ(Gecko)〔トカゲ風の企業マスコット〕かもしれない。2000年からの狂乱のドットコム企業のコマーシャル、ペット・コム(Pets.com)〔短命に終わったペット用品のネット販売会社〕の靴下の人形、ウェブバン〔倒産したインターネット専用の食品スーパー〕の配送トラック軍団という人もいるだろう。

これらの宣伝を行った企業のマーケティング部門は、ベンチャーキャピタルから提供された潤

図表1 現在進行中のビジネスモデルの変化（再掲）

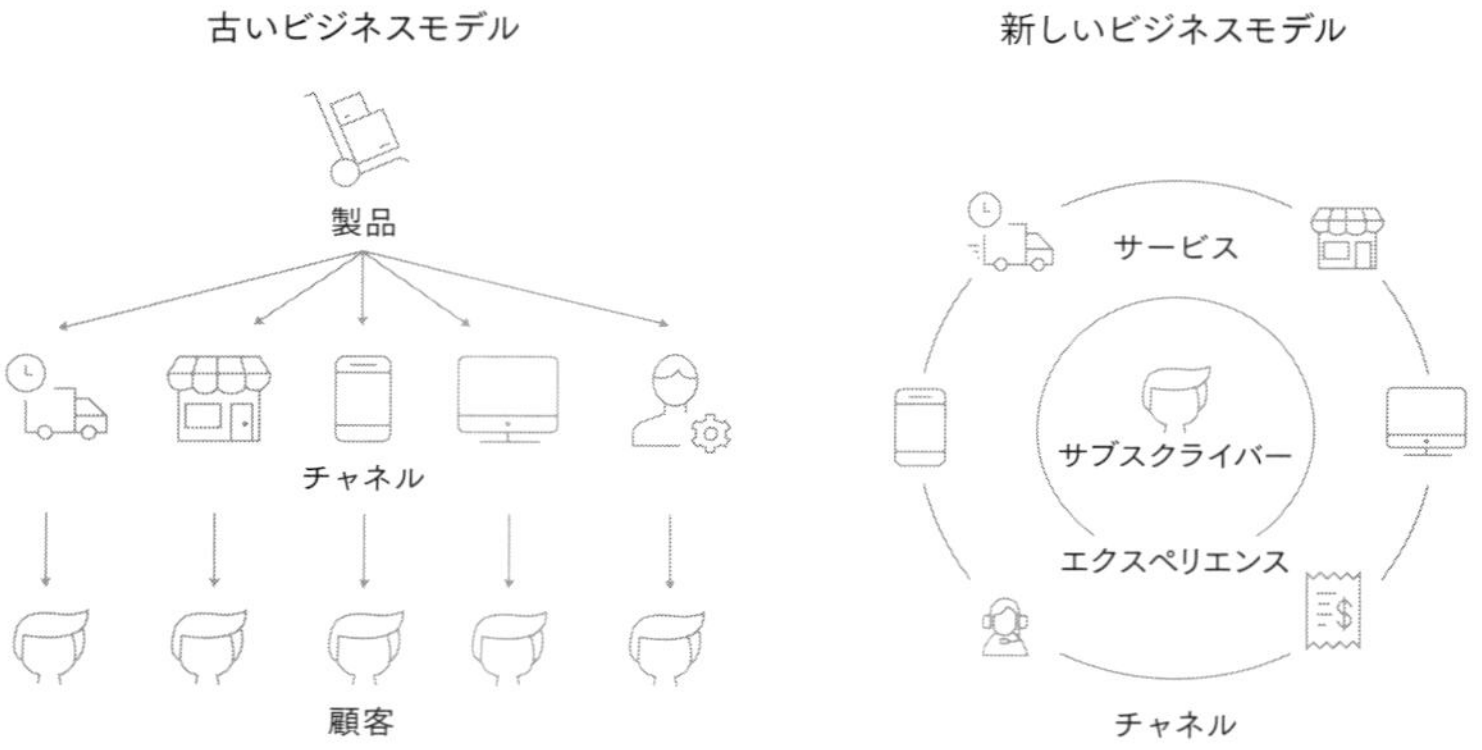

沢な資金を、自分がいちばん得意な分野に投入することを決めた。広告と宣伝である。なんと言ってもマーケティング部門は広告と宣伝が仕事だ。それがなければ始まらない。

古い方法でビジネスが行われていた頃、マーケティング部門がそう考えていたとしても無理はない。再び同じ図を出すが、この左側を見てほしい。

左側の世界では、企業のゴールは製品をできるだけたくさん売ることだった。これは「資産《アセット》移転モデル」と言うことができ、資産は流通チャネルを通じて川上から川下へと運ばれた。ここでのマーケティング部門の仕事は、「プッシュ」と「プル」のテクニックを駆使することだった。「プッシュ」とは、チャネルに製品を流すこと。競合よりたくさん売るために、販売店へのリベート、品揃えや陳列での優遇的扱い、販売員への手数料などのためにお金とリソースを注ぎ込んだ。しかし、同時に「プル」にも注力した。顧客をチャネルに呼び寄せ、自社製品を買ってもらうことである。そのために何をしたか？

宣伝である。これを買えば世界が変わる、とばかりに、心地よいイメージをこれでもかと伝えた。おかげで戦後の広告業界は隆盛を極めた。マルボロマン（タバコの宣伝に使われたカウボーイ姿の男たち）や、世界がコークを飲んでいるというコマーシャルソングが一世を風靡《ふうび》した。マーケターや広告主はクリオ賞（世界最高峰の広告コンクール）、スーパーボウルのスポット枠、ビルボードに大きく記される1行コピーに誇りを持っていた。売られている製品はどれもコモディティであって、ビジネスの醍醐味と創造性はそれを販売する仕事にこそあった。広告が不発に終わり、売れなかったとしても、売る物はほかにいくらでもあった。

しかし今日、ビジネスを取り巻く状況は確実に変わっている。私たちは突然、成功をほしいままにする見知らぬ大企業に囲まれてしまった。伝統的な意味での広告には、ほとんどお金を使っていないような企業ばかりだ。

あなたが新聞広告でネットフリックスの赤い封筒を最後に見たのはいつだっただろう？　誰もがブランドはいまも非常に重要だと思っているが、**今日のブランドは、広告ではなく経験を通して伝えられている**。ネットフリックスの最高のセールストークは、視聴者がネットフリックスの素晴らしい番組に没頭しているときに伝えられる。ワービーパーカー（Warby Parker）の眼鏡を買う場合も同じことだ。グーグル検索を行う場合も、セールスフォースで見込客を探す場合も、同じことが言える。

このような企業には社内に「成長ハッカー」と呼ばれる人々がいる、とよく言われる。表面的なことを言えば、彼らはマーケティング部門のような仕事をしている。売上を伸ばすスマートな方法を考案するのが仕事だ。だが、彼ら自身はそういう言い方で括《くく》られることを嫌う。スティッチフィックス（Stitch Fix）〔ＡＩによるファッションアドバイスを行うＥコマース〕には90人以上のデータサイエンティストがいる。彼らは宣伝コピーを考えたりはしないが、サービス自体の中に成長を最適化する方法を組み込む方法を探っている。マーケティング部門をエンジニアが乗っ取った感もあるが、フリーミアム・モデルを構築したり、アップグレードのインセンティブを設計したり、アプリ内課金の提供方法を考えたりしている。

いったい何が起こっているのだろう？　そこで先ほどの図の右側を見てほしい。この新しい世界では、物事はすべて顧客から始まる。実を言えば、これは個人やパーソナライゼーションを強調するワン・トゥ・ワン（one-to-one）マーケティングそのものであって、この20年の大きなトレンドである。しかし、大切な事実は、**サブスクリプション・サービスほどワン・トゥ・ワン・マーケティングをよりよく実現する方法はない**ということだ。サブスクリプション・サービスはまさに1対1の関係を構築する仕組みなのである。

もしあなたがマーケティングに携わっているなら、これまで顧客に関する情報を収集しようとしてきたはずだ——おそらく記憶をさかのぼれる限り昔から。あなたは、アクシオム（Acxiom）、ブルーカイ（BlueKai）、エクスペリアン（Experian）といった情報サービス企業に高いお金を払って人口統計情報を買ってきたことだろう。２０１７年、米国企業はこうした情報を入手するために100億ドル以上を支払った。しかし、サブスクリプション・エコノミーでは、このような情報は自社のエンジニアと製品開発者がすでに調達している。すべての顧客にサブスクライバーIDが付与され、すべてのトランザクションとプロセスが追跡されているからである。なんという金鉱！　これぞマーケティングの極楽浄土だ。答えを求めてよそをキョロキョロ探さなくても自分の手元にあるのだから。

さて、次に何が起こるか。**マーケティングの4つのPが完全に変わってしまう**のである。4Pとは何か？　マーケティングの入門コースでは、すべてのMBAは4Pについて教えられる。その基本的な考えは、マーケティング戦略においては4つの主要領域に焦点を当てなくてはならないということである。やや単純化するが、基本的な内容は次のとおりだ。

●製品（Product）——人々が望む商品を作り、パッケージングしなくてはならない。

●価格（Price）——競争力があり、自社と顧客の両方にとって合理的な商品価格を設定しなくてはならない。

●プロモーション（Promotion）——魅力的なチャネルによって（たぶん魅力的な人によって）商品を宣伝する必要がある。

●場所（Place）——便利で人を引きつける場所に商品を流通させ、販売する必要がある。

最初のP（製品）がS（サービス）に変わるのがサブスクリプション・エコノミーである。だとすれば、あとの3つのPも、これまでと同じというわけにはいかない。マーケティングのすべてがどのように変わるのか、この章ではそれを見ていくことにしよう。順序を逆転させて場所――すなわち流通経路――の話から始めることにしよう。

場所――ウィン・ウィン・ウィンの関係を築く

サブスクリプション・モデルに移行しようとしている企業から最もよくたずねられる質問の1つがこれだ――流通チャネルはどうすればいいのですか？

チャネルは私たちが住んでいるビジネス世界で大きな部分を占める。GMは自動車ディーラーに頼っている。シスコはソフトウェア・リセラーに依存している。P&Gは小売業者に依存している。雑誌はいまでもニューススタンドに依存している。テイラー・スウィフト（米国のシンガーソングライター・女優）はスポティファイに頼っている（頼っていないときもあるようだが）。

問題は今日、ほとんどのメーカーが顧客との関係を掌握していないということだ。掌握しているのはチャネル――おそらく小売業者であり、卸売業者だ。しかし、製造元であるメーカーがエンドユーザーと直接の関係を確立しようとしてゴソゴソ動き始めると、卸売業者が心穏やかでいられなくなるのも事実だ。メーカーはどうすればよいのだろう？

サブスクリプション・モデルの最大の利点は、顧客とのあいだに真の1対1の関係を構築し、顧客の行動を理解し、カスタマー・ジャーニーを適切に導けるようになるということだ。企業はその利点を自社のチャネルの中でどう活かせばよいだろう。

それを考えるために、移行のプロセスを巧みに管理して成功を収めた企業のケースを見てみよう。建築家、エンジニア、デザイナー向けのソフトウェアを開発しているオートデスク(Autodesk)を例にとることにする。

オートデスクは数年かけてサブスクリプション・モデルへの移行を完了させた。彼らが最初にしたことは、サブスクリプション・モデルにふさわしくソフトウェアの構成を改めることだった。サブスクライバーIDを設定し、定期的に更新をプッシュするようにした。自社が販売するソフトウェアを、伝統的なウォーターフォール型開発〔工程を時系列に分割して行う開発〕から生まれる静的な製品と見ることをやめ、アジャイル開発プロセスから生まれる継続的なサービスと捉えることにした。言い換えれば、ベータモードに切り替えたということである。それは、自社のコアプロダクトであるソフトウェアに、いわばこれまでと違う働き方を教え込んだということだ。

その次は、再販業者を教育する段階だ。サブスクリプション・モデルについての理解を定着させるべく、教育研修に時間とリソースを注いだ[*1]。ワークショップ、詳細説明文書の周知、セミナーなどを行った。オートデスクの再販業者は、業務用ソフトの高額契約の世界になじんだ人々である。オートデスクは賢明にも、大型契約のビジネスをただちに切り捨てることはしないと決めた。代わりに、再販業者が追加サービスとして顧客に販売できる年間メンテナンスプランを提供した。これにより、サービスの継続的提供という発想をチャネルに浸透させ、年間を通じた顧客との関係やリズムを確立するという、2つの効果を上げることができた。

その後、再販業者には、これまでのように1年に1回契約書のほこりをはらって再契約するのではなく、常日頃から時間をかけて関係を保つことを教えた。彼らは実践的な年間スケジュール管理を指導した。大まかに言って、契約直後の3カ月はソフトの導入に注力し、次の6カ月は使用状況に注意し、最後の3カ月は契約更新と想定しうるアップグレードのためのパッケージを準備するという流れだ。ソフトウェアをリエンジニアリング〔業務・組織・戦略の根本的再構築〕した結果、オートデスクにあらゆる種類の新しいユーザーデータが突然流入してきた。彼らはそれを再販業者とシェアしたので、業者はそれまで見たこともなかった顧客についての有益な情報を得ることができた。

オートデスクは再販業者を切らなかった。それどころか、再販業者へのコミットメントを倍増させた。**加入者について得られた新しい知見を利用して、個々の再販業者が単独では行えなかった方法で、チャネルをさらなる成功へと導いたのだ。**

すべての業界でこれと同じようなダイナミックな方法を使うことができる。自動車業界なら、たとえばGMオンスターのようなサービスのおかげで、修理工場には黙っていてもメンテナンスの依頼が舞い込み、はるかに効率的なスケジュールで工場を回すことができる。小売りでは、たとえばフェンダー・プレイでギターを学び、お金と時間をギターに投資した人は、ギターセンター（Guitar Center）〔楽器の大規模小売り〕に足を運ぶことも多いだろう。サブスクリプションは、ウィン・ウィンにとどまらず、ウィン・ウィン・ウィンへと可能性を広げるモデルなのである。

プロモーション――3つの物語を語る

マーケティング活動におけるプロモーションは、これまでプル（大がかりな広告）とプッシュ（手数料、マーケティング開発資金、チャネルリベート）の組み合わせで進められていた。これからはどうなるのだろう？　プロモーションに使っていたお金を製品開発に回せばよいのか？　もちろん、そういうことではない。ブランドは依然として重要だ。

しかし近年、ブランド価値は、広告やプロモーションを通してではなく、経験を通して伝えられるものへと変わってきた。サインアップするときの経験、初めて試してみるときの経験、気に入って使い続けるときの経験など、さまざまな段階での経験があり得る。経験できないというのも経験だ。アマゾン・エコー〔スマートスピーカー〕を買った多くの人が、乱暴ではなく親切なHAL9000〔「2001年宇宙の旅」に登場するコンピュータ〕とおしゃべりできると思っていたが、届いたのは高価な時計付きラジオだった。これも経験である。

では、どうすれば顧客にその経験をしてもらうことができるのか？　30年前、その唯一の方法は広告だった。王道の〝プル〟である。その後、何かを探すときはグーグルで検索するというのが常識になったので、「検索」が人々を経験へと導く主要な手段となった。いまではそれがフェイスブック、ツイッター、ウィーチャット〔「微信」。中国テンセントが開発したメッセンジャーアプリ〕などのソーシャルネットワークへ、そして無数に存在するプライベートネットワークへと移行した。ならば、広告予算をフェイスブックに使えばよいのか？　もちろん、そういうことでもない。

今日、私たちのコマーシャル・トランザクションのほとんどはソーシャルメディアの仲介によって行われている。これまでも常に重要な手段であった「口コミ」は、インターネットによって威力を増し（何百倍？　何千倍？）、いまや私たちが世界を知るための支配的な方法となった。社会はこの変化と格闘中だが（たとえばフェイクニュースの横行など）、マーケティングの世界ではこれが新しい現実となっている。

その結果、ストーリーテリングの重要性が認識されるようになってきた。**ズオラでは、ストーリーテリングを「3つの部屋《スリー・ルームズ》」というメンタルモデルで考えている。**①製品《プロダクト》の物語（それはいかにニーズに応えるのか）、②市場の物語（必要としているのは誰か）、③そして最も重要なサービスとユーザーを広いソーシャルな文脈で結び合わせる物語（それはなぜ求められているのか）――の3つである。

ほとんどの企業（特に、ここシリコンバレーにある企業）は最初の2つの物語についてはよく理解している。彼らは自分が何を売っているか、そして誰がそれを買っているかを知っている。彼らは立派なウェブサイトを持っており、さまざまな製品の機能や顧客のケースをしっかり紹介している。だが、その多くに根本的な主題が欠如している。その会社、その製品が存在すべき根拠という大きな物語が語られていない。「なぜ」が欠けているのだ（「いま、なぜ」となるともっと欠けている）。企業はこの3つ目の物語から話を始める必要がある。

理想的には、これら3つの物語は順序立てて語られるべきである。高い位置から俯瞰的に語られるビジネス・トランスフォーメーションの物語、次いでマーケットの物語、そして最後が製品の物語だ。アートギャラリーの経営者になったつもりで、訪問者を3つの部屋に順番に案内しながらストーリーを語ってみよう。

最初の部屋は、自社については何も語らない。会社が置かれている「状況」に関して語る部屋だからだ。広くビジネスの世界で、あなたの目には何が進行中と映っているのか、そこであなたに何ができるのかを語るのがこの部屋の目的だ。

前提となる状況の説明が終わったら、2番目の部屋では「価値」の説明をする。提供される客観的なベネフィットの提示である。そこでは少し話を掘り下げて、具体的なアドバイス、業界動向、関連するケーススタディなどの話をする。

最後の3番目の部屋は「製品」そのものを語る部屋だ。探検家がついに発見する黄金の像のようなものだ。顧客に提供されるサービスが本当のところ何をするのかという、機能と仕組みについての説明である。

さて、あなたはズオラが最初の部屋で顧客に語る物語――サブスクリプション・エコノミーの話――を聞き、理解した。製品からサービスへの巨大な地殻変動が生じているという物語である。たとえば、ネスト〔サーモスタット・警報探知機・カメラ〕やゴープロ（GoPro）〔探検撮影用ウェアラブルカメラ〕のような驚くべき物理的な製品を作っている企業でさえ、デバイスをクラウドサービスと結びつけて提供しようとしている。消費者が所有より利用を好むようになったということは、自分のことを考えてもわかる。

3段階のストーリーテリングにおいては、そのような方向へと急速に変化する世界の大きな絵を描き、次にそこから導かれるビジネス上の意味を論じることが必要だ。広告には、最初の部屋で果たすべき役割が間違いなく存在する。それはいまでもまだ、幅広いリーチを素早く得るための最良の方法だ。しかし、それはストーリー全体をしっかり支えるものでなければならない。ということで、最初の問いに戻ることになる。サブスクリプション企業はプロモーション活動で何をすればよいのか？ **物語を見つけ、その物語を人々に伝えること**——それが答えである。

あなたの会社の最初の部屋では、どんな物語が語られているだろう？

プライシングとパッケージング——成否を左右する重要な鍵

「プライシング」や「パッケージング」という言葉には、食料品店の棚を連想させる時代がかった響きがあるが、サブスクリプション・ビジネスにおいて、それは**成長をもたらしてくれる最も強力なテコ**の1つだ。そのことはどんなに強調しても強調しすぎることはない。

これらの用語になじみのない方のために説明しておくと、「プライシング」（価格設定）とは、提供されるサービスの価値に付けられた金額のことである。「パッケージング」とは、価格と結びつけられた商品特性の組み合わせのことである。ゴールドプランの顧客に提供されるのはこれ、シルバープランの顧客に提供されるのはこれ、という区別がパッケージングである。

プライシングとパッケージングは、ポッドキャストでも、雑誌でも、ディナーテーブルでも、スライドシェア（SlideShare）でも（挙げればきりがない）、どこでも常に人気のある話題だ。とりわけ、プライシングは4つのPの中で最も重要である。

それはなぜか？　製品のＳＫＵ〔Stock Keeping Unit：受発注・在庫管理の最小単位〕の価格設定はそれほど難しいことではない。価格はコストと望ましい利益の2つで決まる。製品の世界では、これを「コストプラス・プライシング」と呼ぶ。たとえばハンドスピナー〔ストレス解消等が目的の手慰み玩具〕を作ったとして、製造コストと販売コストはわかっているので、それに利益を乗せれば価格が決まる。大量に売りたければ、競合より安く価格設定して、販売量でカバーすればよい。うまくいけばハンドスピナー市場を独占できる。

これに対し、サブスクリプション・ビジネスの価格設定はちょっと複雑だ。もちろん、計算に入れなくてはならないコストはあるが、結局のところ、**価格は物理的な製品に対してつけるのではなく、それを使うことで得られる結果に対してつけなくてはならない**。シート数（ユーザー数）、サービスの利用時間、さまざまな詰め合わせを納めた箱、イベント……その他何であれ、その結果の価値をどう価格に置き換えればよいのだろう。しかも、そこに顧客が認める価値は、企業側の想定と異なるかもしれない。それにはどう対処すればよいのだろう？　サブスクリプション・モデルにはこのあいまいさが内在しており、ビジネスを成功に導きもすれば立ち往生させもする。ビジネスを台無しにしてはならないというプレッシャーが、サブスクリプション・モデルへの移行にはついて回るのである。

どんなときに台無しになるのか？　いくつか典型例を挙げることができる。たとえば、無料のサブスクリプション・サービスを立ち上げたものの、何年経っても有料契約へのコンバージョンがわずかしかなかったような場合。よかれと思って機能を追加したが、サービスと料金の体系が解読できないほど複雑になってしまったような場合。一律の月額料金でシンプルさを強調したら、利用しすぎる顧客に遭遇したような場合（ビュッフェ方式レストランにホーマー・シンプソン〔テレビアニメ「ザ・シンプソンズ」に登場する大食漢〕がやってきたようなケース）。事前に予測と予算化ができない利用量メトリクスに価格を連動させてしまったような場合（おしゃべり好きなティーンエイジャーのいる家族に携帯電話の利用時間を売るようなケース）。失敗しがちなポイントはほかにもあるが、このへんまでにしておこう。

このように間違いを犯す可能性はあるが、正しく進めることができたらどうなるだろう？　顧客獲得ははるかに簡単になり、チャーンは減少する。しかも、**顧客との関係が深まるにつれて、あなたが提供するサービスは彼らの生活の大きな部分を占めるようになる。**そのことが収益を高め、顧客に提供する価値を高めるために再投資できるリソースを増やすという好循環が生まれる。

あてずっぽうの意思決定をする必要がなくなり、競合の料金表に影響されることもなくなり、早い話、状況に振り回される無力な犠牲者ではなくなる。適切なインセンティブやティッピングポイント〔変化の質が大きく変わる臨界点〕を用意することで、常により良いものへと進化する直感的なサブスクライバー・ジャーニーを構築することもできる。料金体系と顧客の長期的利用パターンがマッチすれば、顧客をがっちりロックインすることができ、価値ある関係が形成されることになる。

サービスを成長させる2つの基本的方法

私はサブスクリプション・プライシングの本を書くことができるかもしれない（たぶん、そのうち書くだろう）。しかし、ここでは話を単純にするために、サービスに成長の仕組みを組み込むための２つの基本的方法について書いておこう。

プライシングによる利用増加

サブスクリプション・ビジネスの収益拡大には２つのタイプがある。

まず第１に、利用増加による成長である。これは、利用者の数が増えるか、利用量が増えることによってもたらされる。この増加はプライシングの工夫で実現することができる。例としては、オンラインストレージ・サービスにおけるユーザー数の増加やデータスペースの利用量の増加を挙げることができる。私は無料のアカウントを設定してドロップボックスを使い始めたが、いまでは娘の写真であふれそうだ。フリーミアムの上限以下に抑えるために１枚ずつ確認して削除することなどできないので、結局追加料金を払って容量を拡大することになるだろう。顧客がサービスを使えば使うほど、企業にとってその顧客の価値は増す。

もちろん、これを実現するためには、価値に応じて消費が伸びるように、価格設定ベースとして適切なユニットを選ぶ必要がある。その際さまざまな要素を考慮する必要がある。たとえば、ユーザーから見てシンプルな料金体系であること、基本利用量を適切に定めること、利用量の増加を適切に反映する価格曲線を設定すること、利用量が増えるにつれて収益も増えるよう設計されていることなどだ。

次に、1ユニット当たりの価格のような単純な価格設定にするのか、使用量の階層に応じた段階的な価格設定にするのかも考慮しなくてはならない。

最後に、料金体系上の欠陥がないか確認する必要がある。これは通常、プライスポイント〔想定される価格帯の中で顧客が魅力を感じる価格〕において サービスの利用量が極端に多い（あるいは少ない）利用者がいると表面化することがある。この問題に対処する方法としては、最低料金ないし基本料金を設定し、それを超える利用については階層型に料金を設定して、たくさん利用した場合の利用1単位当たりの料金を軽減するといった方法が考えられる。おわかりだと思うが、プライシングには操作できる多くのテコがある。それは利益算出のための重要な計算式であり、常に微調整することが求められている。プライシングに終わりはない。

パッケージングによる機能追加

収益拡大の2番目のタイプは、機能追加による成長である。ニーズの拡大につれて利用者が新しい機能を追加的に利用することでもたらされるもので、パッケージングの工夫で実現する。一般的には、基本サービスを売り、機能が追加購入されるのを待つという方法が考えられる。たとえば、カスタマーサービス・アプリケーションであれば、ユーザーが事業を海外展開すれば多言語でのサービスをサポートする機能が追加されるだろう。

さまざまなビジネスで、「シルバー」「ゴールド」「プラチナ」という階層に区分されたサービスの体系が存在することはよく知られている。また最近では、スポティファイ、パンドラ（Pandora）、フールー（Hulu）などの正統派SVODとは異なる、バンドルで提供されたり、広告が付く代わりに無料というような〝スキニーVOD〟が無数に存在する。こうした状況は顧客を混乱させかねず、注意が必要だ。今日、製品中心の発想の罠に陥り、さまざまなアドオンを付ける企業が多く見受けられるが、サブスクライバーを混乱させて売上の機会を逃し、成長の可能性を自ら断ってしまっている。

私の同僚であるサイモン・クチャー（Simon-Kucher & Partners）のマドハヴァン・ラマヌジャムは、このトピックに関して興味深いベンチマークを持っている。**全加入者の70％以上が基本パッケージに留まっているようなら、エントリーレベルのサービスとしては立派かもしれないが、早晩立ち行かなくなる**、というものである。[*2] 加入者の大半がそこで満足し、アップグレードしないことが予想されるからだ。ブロンズ―シルバー―ゴールドという3階層のパッケージングを提供している場合、シルバーとゴールドの合計が全加入者の70％に達しているのが理想だ。そのような状態は、機能追加による成長が実現していることや、加入者がサービスをコンスタントに利用している（したがって利用増加による成長の可能性もある）ことを示している。

プライシングとパッケージングの両方のテコを活用できるのが理想的だ。それぞれ採用の増加（利用量増加型成長）とイノベーションの実現（機能追加型成長）を促すからだ。成長するサブスクライバー・ベースが堅実に拡大していくなら、その次に何が起こるだろうか？

マーケティングの黄金時代がやって来た

かつて、マーケティングがこれほどエキサイティングだった時代はなかった。なぜそう言えるのか？　過去20年、誰もが必死に得ようとして得られなかったカスタマー・インサイトを、私たちはついに手にすることができたからだ。私たちはいま、新しい情報の海の中を泳いでいる。マーケティング担当者としてあなたが持っているスキル――ストーリーテリング、データ分析、顧客知識など――は、どれもあなたの会社の成功に不可欠だ。成長のための大きな物語を、エンジニアたちの〝成長ハック〟に委ねてしまっていいのだろうか？　エンジニアたちはマーケターの力を必要としているはずだ！

しかし、いったんサブスクライバーの数がクリティカルマス〔意味のあることが起こり始める十分な量〕に達すれば――彼らが誰であるか、彼らがどのように行動しているかが見え始め――**マーケティングの仕事はアートであるのと同程度にサイエンスになる**。そうなればしめたものだ。データおたくとマーケティングアーティストが協力しあえるようになり、素晴らしいことが起こる。誰もが同じデータを見るようになり、マーケティング部門は巨大な実験室になる。キャンペーンを立ち上げ、うってつけの物語を前面に押し出し、弱点を見つけては補強し、成功に向けて燃料を供給し続けることができるようになる。

サブスクリプション・エコノミーでは、自社の外に答えを求める必要がなくなる。顧客調査の必要はなくなるし、誰かから顧客データリストを買う必要もなくなり、キャンペーン終了までの6カ月を待つ必要もない。必要な情報はすべて、あなたの目の前にある。あなたはただ、それを使って物語を書けばよいのだ。

第12章

営業
8つの新しい成長戦略

顧客とダイナミックで対等な関係を築く

買わなければよかったと思う物を買ってしまった経験は誰にでもあるだろう。あなたにも、しばらくクローゼットの隅に押し込んでいたけれど、そのうち人にあげたか、捨ててしまったような物があるはずだ。広告で見たときにはカッコよく感じられたのに、何回か使ったら目新しさはすぐになくなった。知らないところで計画的陳腐化が進められたのかもしれない。深く考えずに買ってしまったのかもしれない。看板広告やテレビCMで目にしていた物が店で目に飛び込んできて、広告業界の心理操作に乗せられて買ってしまったのかもしれない。

いずれにせよ、あなたにそれを売った会社にとっては、それで〝任務完了〟だ。それを買ったあなたが後悔していても関係ない（だいたい、あなたがどこの誰かを知らないのだから、買ってどう思っているかなど知りようがない)。とにかく売上は立ったのだから。

しかし、サブスクリプション・エコノミーの到来によって事情は一変した。特に企業の直販部隊や再販業者にとっては変化が大きい。商品《アセット》を顧客に移転させてしまえば終わりだったビジネスが、顧客と長期にわたって継続する関係を結ぶことへと変わった。

「関係《リレーションシップ》」という言葉は、ビジネスの文脈では奇妙に響く。そもそも、あなたはネットフリックスと関係を結んだのだろうか? 改めてそう問われれば、結んでいるというのが正しい回答ということになる。提供される映画を観て素晴らしい夜の時間を過ごしたことがあるかもしれないし、こんなのにお金を払い続ける意味があるのだろうかと思ったこともあるだろう。何かと問題続きのウーバーに見切りをつけて縁を切った人もいる。よくも悪くも、すべて関係である。

最近では、誰も〝ブラインドデート〟などしなくなった。誰もがティンダー(Tinder)〔出会い系サービスを提供するデートアプリ〕やフェイスブックで事前に相手をチェックしている。しかし、そこにはサブスクリプション・エコノミーにおける〝営業〟のパラドックスがある。ふんだんに情報があるので、誰もがその会社について多くのことを知っているが、あまりにも多くの情報と選択肢があるせいで、誰もが混乱に陥っている。何を知るところから手をつければよいのかわからず戸惑っているお客様に、営業担当者は必要な情報をどう伝えればよいのだろう。

誰もが、営業担当者からこんな質問で始まるセールストークを聞かされた経験があるだろう。「あなたのニーズを理解できるように、お話を聞かせてください」「お困りのことは何ですか?」そんな質問をするのは、抱えている問題や不満を話させて、「それを解決してくれるこんな素晴らしい製品がありますよ」と話を自分の土俵に持ち込むためだ。その製品には、あらゆる種類のおまけの機能、アドオン、あってもなくてもよいアクセサリーが付いていて、営業担当者が事細かく話すのを聞かされる羽目になる。

利益や競合のことだけを考えて経営していればよかった以前なら、そんな売り方にも何か意味があったのかもしれない。しかし、今日ではそのような売り方に何の合理性もない。テーブルの向こうに座っている潜在顧客は情報を欲しがっている。しかし、少なくとも最初の1回か2回の商談では、こんなサービスが欲しいとか、こんな使い方をするつもりだというようなことは話してくれない。会社側が用意したデモに目を通し、関連資料を請求したりしながら、顧客は2つのことを知りたがる。第1に、この会社と組めば自分の仕事や事業にどんな影響があるか？　第2に、こちらのほうが重要だが、他社はどんなふうにやっているのか？

したがって、営業活動は顧客に教えるという意味合いが大きい。その意味で、「わが社にはあなたと同じようなお客様がたくさんおられます。サービスについて細かいお話をする前に、お客様と同じ業界で他の企業が実行していることから学んだベンチマークとインサイトについてお話しさせてください」と言えるようにしておくことが重要なのである。

それができれば、売る側と買う側にダイナミックで対等な関係が生まれる。売る側も買う側も、相手のことを十分に知った上で関係を築いていくことができる。売る側の営業チームは顧客企業の年次報告書に目を通し、プレスリリースも読み、ＣＥＯの話もユーチューブで聞いた。顧客の前提のいくつかに異を唱えるかもしれないし、顧客が思ってもいなかったような質問をするかもしれない。そんなことをするのは、サービスを提供する側もイノベーションを実現し、会社として成長することによって、顧客にいま以上に大きな価値をもたらすためである。ズオラの営業担当上級副社長のリチャード・テリー‐ロイドが好んで使う表現は、「サブスクリプション・ビジネスは絶対に顧客とのつながりを断たない」というものだ。

誰かと関係を結ぼうとするときは、誰でも相手のことをもっと知りたいと思うものだ。相手はどんな哲学を持っているのか？　私の哲学とかみ合うだろうか？　強いパートナーシップになりそうか？　このサービスを利用すれば、その顧客ベースが持っている集合知からメリットを得られるだろうか？　少なくとも私と同じニーズを抱えている他のクライアントから学ぶことができるだろうか？　今後このサービスが変化し進化していったとき、2年後あるいは5年後のわが社のニーズとマッチしているだろうか？

最終的に、売るのも買うのも成長するための活動だ。あなたは自分の会社が成長するためにサービスを売り、顧客は自分の会社が成長するために買う。売れば終わり、買えば終わりではなく、販売後も企業と顧客の関係が続くのがサブスクリプション・ビジネスだとすれば、成長のメカニズムもこれまでと異なるものになる。古い世界では、成長するのに3つの方法があった。販売数を増やす、値段を上げる、コストを引き下げる、である。今日の世界では、それに代わる3つの重要課題がある。**より多くの顧客を獲得する、顧客価値（顧客単価）を高める、顧客をできるだけ長くつなぎとめる**、である。

営業の世界には、よく知られている言葉がある。「見込客に売るより、いまいる客に売るほうが簡単だ」。私はこの表現が好きではない。1個売ったら同じ相手にもう1個売りつけようという、製品に寄りかかった考え方だと感じるからだ。しかし、正しい考え方で営業を行えば、時間とともに熱心なサブスクライバーからの収益が増え、会社も自然に拡大することは確かだ。

顧客があなたの会社に認める価値が拡大したら、収益拡大がそれに続く。顧客との関係を発展させていく能力は、真にすぐれたサブスクリプション企業だけが持つ能力だ。顧客が成長することによって自分も成長できるというビジネスモデルであれば、契約更新とアップセルは放っておいても実現する。アドオンを押しつけたり、顧客を契約で縛りつけたりするようなことは、ビジネスの障害でしかなく、相手の不興を買う効果しかない。

多くの企業との協力関係の中で、私たちは、**高い成長率を維持する方法は、成長の道筋を複数確保し、複数の成長戦略を採用すること**だと学んだ。そしてそれを8つの重要な方策に落とし込んだ。ズオラの営業会議では常に、これらの成長戦略の少なくとも1つについて議論している。それらがあなたの会社の営業チームにとってどんな意味を持つのかを考えていこう。

1 最初の顧客グループを獲得する

おめでとう！　あなたはサブスクリプション方式で提供できる素晴らしいサービスを考案した。それを世に送り出す準備も整った。新しく営業担当者を雇って売ろうとしているのかもしれないし、以前からいる営業担当者によって売ろうとしているのかもしれない。あるいはリセラー、ディストリビューター、ディーラーなどのチャネルを通じて販売しようと考えているのかもしれない。いずれにせよ、わくわくする。この時点であなたが最初にするべきことは、何をさておいても適切な顧客を見つけることである。

それはなぜか？　将来の顧客が、あなたと長期的パートナーシップを結ぶ価値があるかどうかを判断するために、あなたの最初の顧客を品定めする日がやがて訪れるからだ。ことわざに言うとおり、「あなたの最初の顧客はあなた自身」である。だから最初の顧客集団《コホート》が本当に重要なのだ。どんなに大変でも、適切な価格で良質な顧客に売るよう営業チームを指揮する必要がある。そうしないと、わけのわからないものを玄関先まで引っぱってきてしまうかもしれない。

ズオラを立ち上げた当初、はっきりしていた第1の戦略は、自分たちのようなＳａａＳ企業に販売することだった。しかし、ニッチすぎないように気をつけた。もっと重視していたことは、ズオラのサービスにとって重要な「柔軟性」という特性は、多種多様な顧客を持つことによってのみ身につけられるという考えだった。そのため私たちは、ハードウェア企業、メディア企業、消費者向けサブスクリプション企業など、多様なタイプの顧客を求めて営業に歩いた。

簡単ではなかったが、最初に多様な顧客集団を獲得することができたおかげで、外から見たときのズオラの基本的なトーンを適切に確立することができた。もちろん集めただけではダメで、しっくり噛み合う良いフィット感を確立しなければならない。数を追う営業に走ると、いつかそのツケが回ってくる。サービスが予期せぬ方向へ引きずり込まれてしまうかもしれない。もっと悪いことに、十分支払ってもらうことができず、ビジネスが頓挫してしまうかもしれない。

第2に、大きな営業部隊を立ち上げようという誘惑を退けることが重要だ。強力な営業部門を持つ大企業なら、新しいサービスを販売するためにすべてのリソースを投入したくなるかもしれないが、それは賢い方法ではない。既存の営業チームはおそらく自分が何を売るべきかをわかっていない。ＳａａＳが人気を集め始めた頃、従来の業務用ソフトウェア企業の多くは、伝統的な売り切り型高額ソフトウェアと低価格のサブスクリプション・サービスの両方を売ろうとした。営業担当者がどちらを好んで売ったかは想像できるだろう。これは私たちが見てきた中で、大企業が生まれたてのサブスクリプション・サービスをダメにしてしまう、いちばんありがちな間違いだ。

たとえ営業チームが新しいサービスだけを集中的に売ってくれるとしても（ありがたい話だが）、そのチームは小さい規模でスタートさせたほうがよい。繰り返すが、これは新しい世界なのだ。新しいサービスのローンチは永遠のベータ版の発表であり、早い段階で最初の顧客たちから良質のフィードバックを得る必要がある。そのためには、営業チームには販売報酬を求めてすぐ次の狩りに出かけるのではなく、最初の顧客のそばにとどまってもらう必要がある。

2 チャーン率を引き下げる

あらゆるサブスクリプション・ビジネスは、スタート後まもなく、息の根を止められかねない「チャーン〔解約・離脱〕」という魔物に直面する瞬間がある。セールスフォースも開業まもない頃、サブスクライバーの解約数が新規獲得数を上回った四半期があった。これは辛い。ズオラでも同じ辛さを味わった。ネットフリックスも、DVDを郵送するクイックスター（Qwikster）というサービスを行っていた頃、総加入者数を減らした四半期を体験している。誰もがこの道を通る。サブスクリプション方式への移行の瞬間に聞こえたのが驚きの「なんてことだ!!」だったとすれば、この瞬間に聞こえてくるのは恨みのこもった「なんてことだ……」かもしれない。

自社のサブスクリプション・サービスが成功しているかどうかを判断する簡単な方法は、解約率が抑えられているかどうかを見ることだ。それは立ち上げてまもない若いビジネスを成人させる条件でもある。人気を博するかもしれない斬新なサービスは、解約率が十分低ければ、成熟し成功したビジネスへと変身する。

解約は契約違反を問えることもあるが、最近のサブスクリプション・サービスの多くは、顧客が希望すればいつでも止《や》められる形態を取っている。それもサービスの魅力の一部だからだ。契約期間がどうであれ、日頃から顧客を喜ばせ驚かせるために集中することに勝るものはない。

チャーンの測定方法にはさまざまなものがある。企業によってビジネスの内容が異なるので、解約測定の基準も異なることになる。

最初の顧客グループを獲得した後、どこかの時点で、たいてい顧客数が横ばいに転じる。サービスをローンチしてしばらく経った頃に到達する定常状態である。ある程度顧客ベースが拡がると、顧客の行動に何らかの傾向があることが見えてくる。その時点になると、あなたのビジネスが成長しているか、現状維持の横ばいか、沈みつつあるかが解約率を見ることでわかる。獲得する以上に顧客を失っているなら、素晴らしい営業チームを持っていたところで意味はない。

横ばいか沈みつつあるかのいずれかであれば、総力を結集して改善を図らなくてはならない。しかし、パニックに陥ってはならない。「なんてことだ……」は誰にでも訪れる。

このとき、いくつか自らにしっかり問わなければならないことがある。追いかけるべきではない顧客はいないか（少なくとも現時点では）？　切り捨てるべき顧客はいないか？　顧客はどの機能やどういう使用方法に継続的な価値を見出しているのか？　契約するつもりはないのに、カーディーラーでタイヤを蹴ってクルマの品定めをするように様子を見ているだけではないのか？　ちょっとした一押しが必要なのか？　サービスの設計を変えたり、パッケージを変える必要があるだろうか？

セールスフォース時代、肝心なのは売った後で実際に使ってもらうことだと痛感したことがある。売るのは簡単だったが、実際に使ってもらうのが難しかったのだ（当時はインターネットがまだ目新しい時代で、ホテルの部屋からはダイヤルアップでネットに接続し、家庭に高速アクセスはなかった）。私たちは顧客企業の社員に製品の使用方法を教えなければならないことを認識した。その問題を解決できたら、再び成長軌道に戻ることができた。

3 営業チームを拡大する

さて、サービスのローンチが成功したとしよう。最初の顧客グループを大きく上回る顧客ベースも確保でき、チャーンを抑えることもできた。こうなればアクセルを踏む準備ができたと言える。あなたのサブスクリプション・ビジネスが健全——平均的な顧客の生涯価値が、顧客獲得コストとサービス提供コストを十分に上回っている状態——であることが確認でき、市場にはまだ獲得できる多くの機会が残っているとすれば、そのときこそ本格的な成長追求に舵を切るときだ。営業チームを拡大しよう。具体的には、人をもっと雇ったり、既存の人員の生産性を上げたり、リセラーやディストリビューターとの契約を増やすといった方法がある。

その際、営業チームを賢く拡大したければ2つのことをする必要がある。**ハイブリッド型販売モデルの設定と、自動化への投資の2つだ。**

ハイブリッド型販売モデルというのは、セルフサービスでの販売と営業担当者による販売（一般に「サポート付き販売」と呼ばれる）の両方を組み合わせることである。多くの企業が、この2つをまったく異なるものと見なし、小額の契約はセルフサービスで行い、高額の契約は営業担当者が行うものと考えている。そして、2つを混在させてはならないと考えている。私に言わせればナンセンスな考えだ。

ドキュサイン（DocuSign）という社名を聞いたことがあるだろう。あらゆる文書——ビジネス文書、銀行取引証明書、不動産契約など——に電子署名できるようにしてくれる素晴らしい会社だ。ドキュサインはセルフサービス販売でこの市場のローエンドの顧客を獲得している。プランのほとんど（「パーソナル」「スタンダード」「ビジネスプロ」）はウェブサイトから直接サインアップすることができる。「アドバンスト・ソリューション」の客だけが営業担当者のサポートを要請できる。ドロップボックスに似て、「パーソナル」プランは見込客を呼び込む役割を担っている。このプランのユーザーは1カ月に5通まで文書を送ることができるが、それにはすべて「Powered by DocuSign」の文字が入っていて、ドキュサインのブランド認知を高めるのに一役買っている。これは口コミで自然に広がるのに役立つ。ドキュサインには現在、世界１８８カ国に８５００万人を超えるユーザーがいるが、全員がマーケティングと販売に貢献してくれるゲリラチームに他ならない。

消費者と企業の両方に販売するドキュサインのような企業は、登録した個人ユーザーの中に同じドメイン名（たとえば joe@abc.com と jill@abc.com）がないか、追跡することが多い。特定のドメインからの牽引力《トラクション》に気づいたら、その顧客をビジネスプランにアップセル（次節参照）するターゲットにすることができる。つまり、セルフサービス・チャネルがアップセルの経路になるのだ。

セルフサービス方式は、販売段階だけでなく、販売後のアカウント管理にも利用できる。ドキュサインの顧客は、自分の手で契約を更新し、利用するプランを変更することができる。顧客が自分で自分のアカウントを簡単に変更できるようにすることは、コンバージョン〔購入や契約など、サイトで獲得できる最終的な成果〕とアップグレードの大きな武器になる。これを正しく行うと、販売コストを引き下げることができ、営業に歩ける人員の数を劇的に増やすことができる。

行うべきことのもう1つは、自動化のための投資である。ビジネスが拡大するにつれて直面する大きな課題は、大量のペーパーワークと気苦労の増大だ。事務処理のミスも増える。そして、誰もが顧客の立場で体験したことがあると思うが、せっかく利用範囲を広げてもっとお金を払おうとしているのに、住所やクレジットカード情報などを何度も入力させられて、この会社はお金を払ってほしくないのだろうかとイライラさせられることがある。

顧客にそんな思いをさせないためには、リアルタイムで正確な情報を一元管理する能力が必要だ。その顧客のサブスクリプション情報、請求、支払い、払い戻しといったことだけでなく、アップグレード、利用休止、シート数（ユーザー数）追加、その他もろもろの変更にともなう利用料を自動計算できる能力である。

この面では、セールスプロセスを半自動化したサポート付き販売モデルが非常に重要になる。すなわち、セルフサービス販売とサポート付き販売の両方で、見積から請求を経て入金処理に至るまでの全プロセスをサポートできる単一のアーキテクチャを構築する必要がある。このあたりのことはＩＴについて論じる第14章で詳しく説明しよう。

4 アップセルとクロスセルで顧客価値を高める

あなたは市場でしっかりと存在感を示すことができた。さらなる資金調達も終わって、さらに前進する態勢も整った。ここでやるべきことは何か？　あらゆる企業にとって、成長を維持するための最良の方法は、煎じ詰めれば、顧客から得られる価値を高めることだ。その方法がアップセル〔より高額な上位の製品やサービスに乗り換えてもらうこと〕とクロスセル〔別の製品やサービスもあわせて購入してもらうこと〕である。そのためには顧客としっかりした関係を築き、顧客のニーズに合わせたサービスを提供しなければならない。

アップセルとクロスセルはしばしば折り重なって実現するが、実際には2つの異なる成長戦略だ。アップセルは、機能がより豊富な（したがって高価な）サービスを販売するというもので、クロスセルは、追加的サービスを販売して包括的なソリューションを提供するというものだ。マッキンゼーの最近の報告によれば、チャーン率が最も低いサブスクリプション企業（調査対象は売上高2500万～7500万ドルの企業）は、顧客の約3分の1に複数のサービスをクロスセリングしていた。[*1] 覚えておくべきポイントははっきりしている。提供するソリューションの幅を広げ、顧客が抱えている問題を幅広く解決する能力を持つことが、リテンション〔顧客維持〕につながるということだ。

ここで注意が必要なのは、新規顧客の獲得のために動くチームと、既存顧客とのリレーションの維持・拡大に専念するチームという、2つの異なる営業チームが必要だということだ。当然、報酬体系についても考慮しなくてはならない。単純に契約数だけを基準にして報酬を設計するのか、顧客価値の継続的な成長も計算に入れるのか。年間1000万ドルの顧客を引き継いだ担当者と100万ドルの顧客を引き継いだ担当者がいる場合、2人をどう評価するのが適切かという問題である。

セールスフォースは、創業まもない時点で、既存顧客の管理だけに専念するチームを設けることを決めた。唯一の問題は、そのチームを何と呼ぶべきかということだった。彼らの仕事は「カスタマーサポート」ではないし、「アカウント管理」でもなかった。彼らはセールスフォースのサービスを使ってくれる顧客に成功してもらうために存在するチームだった。マーク・ベニオフCEOは、「カスタマー・サクセス・マネジャー」と呼ぼうと提案した。残念なことにその名称を気に入った者は1人もいなかったが、ベニオフは譲らなかった。その甲斐あって、いまでは「カスタマー・サクセス」はプロフェッショナルな業務として世間一般に定着している。

クロスセリングは革新の原動力ともなる。クロスセリングを充実させたければ、継続的に新しいサービス、特徴、機能を追加し、顧客にとっての価値を高めていく必要がある。サブスクリプション・サービスは継続的な経験の提供であり、それは数字では表せない価値を企業にもたらす。サービスを充実させればさせるほど収益が増える。このサブスクリプション・ビジネスの本当の仕事は、契約締結後に始まる。だからこそ、アマゾンやネットフリックスは、クールで新しいサービスを次々と繰り出して私たちを驚かせ続けるのだ。顧客に期待を持たせるだけで、新しい機会を提供できていないとすれば、そのビジネスは正しい道を進んでいるとは言えない。

定期的な収益を生むというサブスクリプション・モデルの性質を考えると、既存顧客からの収入を伸ばす企業が成功するのは当然のことだ。アップセルは、売上を増やすだけでなく、顧客リテンションの点からも重要だ。サービスから高い価値を得る顧客ほど満足度が高くなるからだ。アップセルを実現する秘訣はもちろん、顧客を理解し、顧客がサービスをどう使っているかについて正確なインサイトを持ち、どこにアップセルの機会が潜んでいるかを見つけ、それを契約に結びつけるための戦略的な道筋を用意することだ。

効果的なアップセルおよびクロスセル戦略は、短期的には顧客価値を高め、間接的にはビジネスの長期的な成長を促す。それはどういう意味か。成熟したサブスクリプション・サービスでは、アップセルとクロスセルによる収入が収益全体の平均20％を占めている。しかも、チャーン率の低下という好ましい効果も付随するので、顧客獲得に要するコストも低下する。

それを実現させるには、いくつかの取り組みが必要だ。たとえば、顧客が納得してくれる合理的なバンドルを考える必要がある。顧客にとって適切なタイミングで新しいオプションを提供する必要もある。それは現在の契約での利用量が上限に近づいたときの一押しかもしれない。財務チームも、アップセルとクロスセルにともなう経理処理の準備をしておく必要がある。一連の施策が成功しているかどうかを測定できるようにしておく必要もある。

有力なデジタルインテリジェンス企業であるニューレリック（New Relic）は、クロスセル戦略で迅速に成長した企業の好例だ。すぐれたサービスで定評のある同社は、大勢の熱心な開発者から成る顧客ベースを持っている。同社はこのファンベースを活用し、ボトムアップ方式でサービスの採用《アドプション》と維持《リテンション》を推し進めている。言い換えると、顧客のトップ（決定権限者）に売り込むのではなく、実際にそれを使っている顧客企業の開発者と直接につながり、簡単に使い始められるサービスや現実の切実な問題を解決できる追加機能を提供するという戦略である。

しかも同社は、すべてのサービスを1カ月単位で提供するという方法でこれを行った。開発者は重大な覚悟をしなくても、わずかな費用でアドオンサービスを試すことができる。これはクロスセルを大幅に促進する方法だ。ニューレリックはサービスの品揃えを多様化させ、熱心な顧客ベースにクロスセリングすることにより、顧客1人当たりの利益を増やして全体的収益を拡大するだけでなく、グローバルなITマネジメントツールの市場でのシェアを拡大しようとしている。

5 新しいセグメントに参入する

適切に設計されていれば、サブスクリプション・サービスはどんなビジネスにも適用でき、社会の津々浦々に浸透する可能性がある。たとえばクリア（CLEAR）は空港でのセキュリティサービスを迅速化するというサービスを提供しているが、まずビジネスで出張する個人客の開拓から始め、家族にも販売対象を広げ、さらに大企業向け法人契約への展開を図った。SaaS企業の多くも、SMB（中小・中堅企業）への販売から始めて大企業に食い込んでいった。営業チームの組織編成という面でも、SMBチームと大企業チームに分けるという方法は検討に値する。
ボックス（Box）は対象とする市場セグメントを上方にシフトさせて成功した企業の好例だ。クラウドストレージとファイル共有のサービスとしてスタートしたとき、営業チームからもたらされる売上は1％にも満たなかった。言い換えれば、ほぼすべてセルフサービスでサインアップされる純粋なフリーミアム・サービスだった。いまもボックスには多くの個人ユーザーがいるが、収益のほとんどは企業からのものであり、その圧倒的大部分は営業チームの活動によって実現している。

ボックスのアーロン・レヴィCEOが同社の考えを簡潔に語ってくれた。「とにかくサービスはできるだけ簡単に採用できるようにしておくこと。同時に、大企業が全社で採用しても耐えられるものにしておくことだ。わが社のサービスを個人的に使っている社員が1人もいない企業に採用してもらったことは、たぶん1社もないはずだ[*2]」

組織の中に十分な数の個人ユーザーがいるなら、組織全体で使うようになるというのが論理的な流れだ。セルフサービスのルートとは違い、企業レベルでの採用は、代理店やバイヤーが加わり、提案書、デューデリジェンス（価値やリスクの評価）、そして交渉（〝値引交渉《ハグリング》〟ともいう！）という長いプロセスをたどる。しかし、すでに組織の中に利用者がいる状態からこのプロセスを始められるなら、それは大きなアドバンテージとなるはずだ（その点ではスラックの名前を思い浮かべる読者もいるだろう）。

もちろん、まったく新しい業界でサブスクリプション・ビジネスを立ち上げることもできる。

すでに述べたように、ズオラは他のＳａａＳ企業への販売というところからスタートしたが、いまでは自動車、ストリーミングメディア、ＩｏＴなど（挙げればもっと続くが）、各業界に特化した営業担当者がいる。いずれにせよ重要な点は、**営業部隊はセグメントしなければならない**ということだ。セグメントの基準は、顧客の事業規模でも、対象とする業界でも、顧客の地理的分布でもかまわない。こうでなくてはならないというものはないが、分けられる状態にしておく必要はある。

それはなぜか？　心理学者を気取っているように聞こえるかもしれないが、今日、営業というものは長期的な関係を構築し、維持し、深めることに他ならないからである。そのためには顧客を知り、理解しなければならない。ボックスサービスのスタートアップ企業は、ボックスサービスの世界の言葉で担当者と話をしたいと思っている。電気通信事業者は、電気通信事業の話が通じる担当者と相談したいと思っている。つまり、サブスクリプション・ビジネスの営業担当者は相手の言葉で話す必要があるということだ。それができるのは、何らかの基準でセグメントされた営業担当者だけである。

6　海外展開を図る

ほとんどの企業は海外展開に踏み切るのに時間をかけすぎている。地理的境界線や政治的境界線に縛られた古い考え方が影響しているのだろう。しかし、世界はとっくに様変わりしている。世界を分けているのは言語という境界線だ。理由は単純。ビジネスは、インターネットを何語の環境で使っているかということとソーシャルグラフ〔ネットユーザー間の関係を示す相関図や情報〕によって結果が決まるからである。欧州のＩＰアドレスを訪問するとしても、通関チェックなどというものはない。

英国のセレブリティ関連の専門紙『デイリーメール』は、読者の40％が米国に住んでいるが、そこに何の不思議もない。同様に、米国でバスケットボールのＮＢＡ関連のグッズを販売している会社なら、英連邦諸国でもビジネスを展開しているはずだ。していなければおかしい。フランスのストリーミングビデオサービスなら、フランス語が公用語の北西アフリカの国々にも視聴者がいるはずだ。

たしかに海外展開は容易ではない。しかし解決すべき事柄はそう多くない。国境を越えてトランザクションを実施する能力、現地通貨で決済できるようにすること、現地の環境に合ったさまざまな支払方法を設けること、価格裁定取引を扱えるようにすることなどだ。どれも乗り越えられない障壁ではない。一般的アドバイスとしては、慎重を期して遅れて出て行くのではなく、さっさと出て行くことをお勧めする。

グローバル化がサブスクリプション企業に成長の機会をもたらすことははっきりしているが、そこにはいくつかオペレーション面での課題がある。どれも克服できないものではないが、国際化をめざすためには3つの問題を考慮する必要がある。第1は法令や規制に関する事項〔事業認可、税金、データレジデンシー要件（データを格納するサーバーをどこに置くか）など）。第2は支払いに関する事柄（現地に合わせた複数のゲートウェイ、現地通貨での決済、クレジットカードの受付など）。中国人はeウォレット、インド人はデビットカード、韓国人は携帯電話の利用料に含めて支払うことを好む可能性が高い。第3はショップ自体に関することである（人材マネジメントや人員配置など）。

とはいえ、たとえば英国でのプレゼンスがなくても英国で販売できるということも覚えておくべきだ。何人か社員を英国に派遣して、顧客に米国の法律に基づく取引を求め、ポンドではなくドルで支払ってほしいと丁寧に頼めばよいのだ。さまざまな表現で断られるだろうが、それでかまわないと言ってくれる企業があるかもしれない。そうなれば、少なくともスタートを切ることができ、その地域での需要を肌で感じることができる。最初からゼロか100かと決めるのではなく、とりあえずの一歩を踏み出す方法もあるということだ。要は、英語（英語に限らないが）を話す国で商品やサービスを売るのなら、英語を話すすべての国で売ることを考えるべきである。

7　買収によって最大限の成長機会をつかむ

サブスクリプション企業は成熟していくにつれ、やがてかなりのレベルの市場シェアに到達する（高ければ70％）。その結果、もう新規顧客が存在しないという状況にも立ち至る。そうなると、顧客1件当たりの価値を高めることが成長の手段になる。そこでは買収戦略がきわめて重要となる。十分なキャッシュがある企業にとって、企業買収は将来の成長のための賢い投資になる可能性がある。ただし、戦略的買収を行う際に必要なのは資本だけではない。

買収を行う際には、買収資金に加え、ビジネスモデルと日常のオペレーションに適合する戦略計画が必要だ。1つのシステムで買収後のすべてのサービスラインをサポートできるITインフラも必要だ。それがあれば、複数のサービスにまたがるアップセルとクロスセルが可能になり、シームレスなカスタマー・エクスペリエンスを提供することができる。買収が成功すれば、サービスが強化されて包括的ソリューションを提供できるようになり、それによって市場でのプレゼンスが高まり、市場シェアも拡大する。要するに、買収を成功させるために必要なのは、買収したサービスを統合するためのしっかりとした計画なのである。

サーベイモンキー（SurveyMonkey）という名前はたぶん聞いたことがあるだろう。同社は戦略的買収を巧みに利用して、世界をリードするオンライン調査プラットフォームに成長した。2010年から15年までに6社を買収し、市場での認知度と市場シェアを拡大した（そして競争状態を解消した）。現在、サーベイモンキーは買収を通じて獲得した多数のサービスをクロスセリングしている。

最初に行った買収は2010年のプレシジョン・ポーリング（Precision Polling）だ。IT系ニュースサイトのテッククランチがこの会社を「電話の世界のサーベイモンキー」と評したことがヒントとなり、記事発表のわずか数カ月後に、サーベイモンキーはプレシジョン・ポーリングを買収し、それまでオンラインだけで行っていた調査を電話調査にも広げた。２０１１年にはウーフー（Wufoo）を３５００万ドルで買収し、オンラインフォーム〔記入・送信欄〕を簡単に作れるソリューションを獲得してサービスラインを拡大した。さらに、未公開株式投資会社《プライベート・エクイティ・ファーム》との提携を通じて、ライバルであるマーケットツールズ（MarketTools）を買収した。この買収により、サーベイモンキーは３つの新しいサービス、１７０万のサーベイユーザー、２５０万のパネル回答者、そして有名大企業の数社を顧客として獲得した。

サーベイモンキーは２０１４年、企業にとって魅力のある高度なサービスを持っていたカナダのライバル企業フルイドウェア（Fluidware）を買収し、エンタープライズ市場への参入をさらに推し進めた。２０１５年には、レンツ（Renzu）を買収してアプリに対するインサイトを深め、さらにソリューションを拡張するために、自動化されたコンテンツ生成プラットフォームであるテックバリデート（TechValidate）を買収した。

サーベイモンキーのビル・ベクティＣＥＯによると、一連の買収の目的は、「すべての顧客が調査結果からより多くのことが得られるようにする」ことにあった。成長を続ける過程で、サーベイモンキーはさらに賢い買収を行うことだろう。彼らは、買収した企業の顧客データを１つのプラットフォームに統合し、バックオフィスシステムの精度と効率を向上させる能力を確実に身につけている。

8 プライシングとパッケージングを最適化する

サブスクリプション・サービスのライフサイクル全体を通して、平均的な経営陣がプライシングのために使う時間はどれくらいか、考えたことがあるだろうか。ビジネスインテリジェンスのプラットフォームであるプロフィットウェル（ProfitWell）によると、1社当たり10時間以下だという。これはひどい。価格設定が最終損益に与える巨大な影響を考えると、これでは話にならない。同じ労力をかけるなら、新規顧客の獲得や既存顧客の維持のための活動より、プライシングを正しく行うために時間を割くほうが影響力は大きいのである。

サブスクリプション・ビジネスは、プライシングを通じて常に収益を最適化する必要がある。われわれのこれまでの経験から、この考えに立つ企業は一般的に、少なくとも年に一度は価格を更新していることがわかっている（つまり年間を通じて常にプライシングを検討しているということだ）。なぜそこまでするのか？ **プライシングが成長のためのテコであり、ここまで議論してきた他の7つの戦略すべての背後にあるからだ。**もしかしたらあなたのサービスは、新しい価格戦略での市場テストを行っていないために、本来なら得られたはずの膨大な価値を実現し損ねているかもしれない。このことはどんなに強調しても強調しすぎることはない。プライシングは推測に基づいて検討するものではなく、テストに基づいて決めるものである。

コールマーケティングの分野でソリューションを提供するインボカ（Invoca）は、先進的なプライシングを実践している。ビジネスの性質上、同社は利用時間、通話件数、電話番号設定数、音声プロンプターなどをはじめ、複数の次元でプライシングを管理している。これらの利用状況と月額料金が組み合わさることで価格体系は複雑になるが、インボカの成功の鍵は、こうした価格トリガーのすべてが**顧客が求める要件に合致し、価値を発揮しているところ**にある。会社の中央で価格を変更すれば、すべてのシステムと販売チャネル（オンライン、再販業者、見積作成ツールなど）で必要な更新が行われる。サブスクリプション・ビジネスにおいては、価格はポイント・アンド・クリックだけで変更できる（コードから書き直さなくてもよい）状態にして、価格変更が全社に及ぼす影響を管理し、財務、営業、オペレーションなどの各チームが戸惑うことのないようにする必要がある。

以上8つがサブスクリプション・ビジネスの主要な成長戦略である。私たちは数十の業界で、数千のサブスクリプション企業と仕事をする中で、彼らの成長戦略をこの8つに集約した。あなたの事業も、これらの戦略を同時に少なくとも2つか3つ組み合わせながら、成長を追求することになるだろう。

今日、常に成長し続けることはサブスクリプション企業が生き残るための絶対条件だ。特にソフトウェアやデジタルサービスの場合はそのことが言える。マッキンゼーによると、ソフトウェア会社の成長率が年間20％を切ると、失敗する確率は92％になる。[*3] 成長か、死か、いずれかの道しかないのである。

第13章

ファイナンス 新しいビジネスモデルの構造

財務部門こそ、すべてを顧客から始めよ

数年前、私は数十億ドル規模の情報サービス企業が毎年開いている社外会議に招待されたことがある。

現在のほとんどの「情報サービス企業」がそうであるように、この会社も元をたどれば出版社として事業を始めている。創業は100年以上前にさかのぼる。主要な出版物は各種の産業年鑑で、ほとんどすべてがそれぞれの業界で「産業界のバイブル」とみなされ、何十年にもわたってその分野を席巻した。作れば売れたのだから、基本的にお金を印刷していたようなものだ。だが、この種のビジネスが現在どんな状況になっているか、いまでは誰でも知っている。

インターネットがすべてを変え、産業年鑑のたぐいは出版された瞬間に賞味期限が切れるとい

う状況になった。そこで、この会社は賢明にもデジタルに舵を切り、その方向で事業の買収を開始した。

私も居合わせた社外会議で、ＣＥＯは大胆なビジョンを語った。彼は、「私たちは自分を本や雑誌を売る会社と考えるのをやめる必要がある。コンテンツ・プロバイダという認識さえやめる必要がある」と述べた。

彼の話はさらに続いた。「私たちは顧客の立場からすべてを始める必要がある。お客様は何に対してお金を払ってくれているのか？　私たちは彼らにどのような価値を提供しているのか？　人々にとって私たちの存在にどんな意味があるのか？　私たちはコンテンツに焦点を合わせるのではなく、ユーザー・エクスペリエンスに焦点を合わせなくてはならない。そのためには、顧客のニーズを満たすワンストップ・ショップになり、顧客がめんどうな手順を踏まなくてもいいようにワークフローを自動化する必要がある。私たちはアジャイルな開発体制への移行を果たし、カスタマー・ジャーニーを中心としてわが社のビジネスモデル全体を再構築していく」。この力強い宣言の効果は絶大で、聴いていた全員が高揚感を覚えたようだった。

その後、眼鏡をかけたＣＦＯ〔最高財務責任者〕が前に出て、同社の年次業績を発表した。素っ気ない口調で、３つの主要製品ラインの売上は5年連続で減少したが、利益は改善していると指摘した。そしてそれを証拠づけるたくさんの退屈なチャートを披露した。おかげで、せっかく盛り上がった空気に水が差されてしまった。

ＣＦＯの話を聞きながら、彼の話には大切なものが欠けている、と思わずにはいられなかった。

もちろん顧客である。この会社はどのように顧客を増やしているのか、どの顧客が会社にとって最も価値があるのか、顧客が会社をどのように利用しているのかなどについて、一切話がなかったのだ。それは不快ともいえるコントラストだった。成長のための大胆なビジョンの提示と、低調でつまらない数字の報告。重大な認知のずれが会議の場を覆っていた。

実に残念だ。このCFOのような発想によって、どれほど大きな機会が失われたことだろう。サブスクリプション・エコノミーが新しいビジネスモデルを採用することだとすれば、財務部門ほど、会社の先頭に立ってそのシフトを推進できる部門はないのだが。

私とCFOがクビになりかけた日

しかし、私はこのCFOに同情の念も抱いた。私も同じような経験をしたことがあるからだ。私はその出来事を「私とCFOがクビになりかけた日」と呼んでいる。この場合のCFOは、現在のズオラのCFOであるタイラー・スロートである。

ズオラを立ち上げて間もない頃、タイラーと私は、翌年の事業計画を取締役会に提示した。2人とも自分たちの事業計画に興奮していた。ズオラ立ち上げ後、事業は順調に推移していたし、ベンチャー投資家が喜びそうな積極的な成長計画も完成していた。私たちは取締役会で前に歩み出て、核心を突くプレゼンテーションを行い、役員たちを見渡して反応を待った。

反応は……ほぼ沈黙だった。実際には不快感の表明もあった。気詰まりな沈黙の後、取締役の一人が口を開いた。「わかりやすく言い換えると、成長を抑えるために、もっと多くの金を使いたいということかね？　いったい、何を考えているんだ？」

痛ましい詳細報告は控えるが、その後、私たちが掘り下げて説明すればするほど、事態は悪化した。そんな説明はどこかよそでやってくれ、と言われるまで5分とかからなかったのではないだろうか。敗軍の将の常として、私はそそくさと退散するしかなかった。私たちは〝マリガン〟〔最初のティーショットでだけ打ち直しが許されるゴルフのローカルルール〕を要求した。取締役会は私たちに60日の猶予を与え、再度プレゼンを行う機会を与えてくれた。私たちは言葉を交わすこともなく部屋の外に出た。

なんとか呼吸を整えたところで、タイラーと私は、自分たちは考えを正しく説明できていなかったことに気づいた。私たちは、伝統的な財務モデルに立脚した見積損益計算書を使って事業計画を説明したのだが、これは後ろを振り返って見るたぐいの会計モデルであり、成長のためにこれだけ投資したら、これだけ収益が改善するという先を見通したリターンを示すものではなかった。相手はベンチャーキャピタリストなのだから、そんなことをわざわざ翻訳しなくても理解してくれるだろうと高をくくっていたのだ。私たちはそれが間違いだったと気づいた。また、もっとよいベンチマークが必要だということも認識した。ベンチマーキングを正しく行うためには、公開企業の入手可能な財務諸表を使う必要があった。

さて、いま私はこんな本を書いているぐらいだから、そのままクビになったわけではないことははっきりしている。どうやってクビを免れたのか？　タイラーと私は、**サブスクリプション・エコノミーにおける完全な損益計算書を発明した**のだ。突拍子もなく聞こえるかもしれないが、もう少し私の話に付き合ってほしい。そのためには、少し回り道になるが時間旅行をしなければならない。行き先はおよそ500年前のヴェネツィアである。

ルカ・パチョーリと複式簿記の世界

今日の会計体系の全体――そこには財務諸表の構造、監査可能な記帳方法、会社間の比較方法など諸々が含まれる――は複式簿記というコンセプトに基づいている。その根本にある前提は、貸方と借方は常に一致していなければならないという考えだ。食料雑貨店の店長は、1日の売上額とレジの中の現金を突き合わせるが、それはまさに複式簿記のルールに従えばこその作業である。

このシステムを初めて学術的に説明し、「会計学の父」と呼ばれているのが、ルカ・パチョーリという名のフランシスコ会修道士である（公認会計士協会は現在もパチョーリの出身地で総会を開催している）。彼は1447年にフィレンツェ近郊の町で生まれ、充実した人生を送った。聡明なパチョーリはヴェネツィア、ボローニャ、ミラノと移り住み、学生に教え著述にも勤しんだ。

彼が著したマジックに関する論文は、カード手品、ジャグリング、火を呑み込むことなどについての最初の教則本であった。ユークリッド幾何学についての講義も行った。代数、チェスの戦略、幾何学的形態と遠近法などについての本も書いた。後者〔『神聖比例論』〕には、彼の協力者でありルームメイトでもあったレオナルド・ダ・ビンチによる挿画が収められている。

パチョーリは比較的質素な家庭で生まれ、地元で商人になるための教育を受けた〔裕福な家庭の子弟はラテン語と古典文学を学んだ〕。この賢くて如才ない若者は、ある豪商の子どもたちの家庭教師としてヴェネツィアに移った。

当時は香辛料貿易が盛んで、都市国家ヴェネツィアの商人は中東やアジアに出て行き、希少価値のある香料、ハーブ、アヘンなどをはるばる持ち帰った。交易は長い時間を要し、長い距離を隔てて行われたので、常に貸方と借方の問題を扱う中でしばしば間違いが起こり、誰が誰にいくら支払うべきかということの記録さえ混乱しがちだった。その状況を改善したのがパチョーリであった。複式簿記の初期の形態は1300年代までさかのぼるが、それを体系化したのが『算術・幾何・比及び比例についての要約』という控えめなタイトルが付けられたパチョーリの著作だったのである[*1]〔日本では『算術・幾何・比及び比例全書』あるいは『――比例総覧』と訳されている〕。

パチョーリは偉大な格言を残している――「借方と貸方が一致するまで眠りについてはならない」。金勘定がからむあらゆる取引は、その都度、両方の列に書き込まれる金額が一致していなければならないということだ。お金の出入りを正確かつ時間通りに記帳すれば、監査証跡《かんさしょうせき》〔監査人が追跡するために時系列に沿って保存された記録〕となり、これによって正しい金銭の授受が可能

図表7　典型的な損益計算書

（単位：100万ドル）

売上高	100
売上原価	（40）
売上総利益	60
営業およびマーケティング費	（20）
研究開発費	（20）
一般管理費	（10）
営業利益	10

になる。また、これによって資産総額がわかる。資産総額は負債と株主資本の合計に等しい。これはシンプルだが強力な等式で、この構造から損益計算書、貸借対照表、キャッシュフロー計算書のいわゆる財務3表を書くことができる。実際、大学のビジネス入門のコースで教えられている典型的な損益計算書は図表7のような構造をしている。

まぎらわしい点はない。この損益計算書は、この会社が製品（1個または複数）を売って1億ドルの売上があったということを示している。損益計算書は、その製品に含まれる基本的なコストを切り分けて示すものだ。コストには4種類ある。

①売上原価＝製品を生み出すのにかかった費用（原材料、製造費など）
②営業およびマーケティング費＝販売するのにかかった費用（販売手数料、チャネル開発費など）
③研究開発費＝製品を作るための研究開発にかかった費用
④一般管理費＝会社経営に必要な間接費（財務コスト、人件費、役員報酬など）

おわかりだと思うが、費用の一部は固定費である。たとえば研究開発費は固定費なので、製品が売れれば売れるほど製品1個当たりのコストは小さくなる。この計算をする人々が自分たちのことを「会計士《アカウンタント》」と呼ぶ理由はそこにある。1個作って売るのにかかるコストを洗いざらい説明《アカウント》するのが彼らの仕事というわけだ。おめでとう、これであなたはMBAに払う授業料を10万ドル節約できた！

ここで、再び私が解雇されかかった日に戻ってみよう。失敗に終わった事業計画発表の直後、タイラーと私は、このモデルは過去500年間はうまくいっていたが、サブスクリプション・ビジネスではまったくの間違いであるということに気づいた。理由は3つある。

第1に、伝統的な損益計算書は、継続《リカーリング》的に出たり入ったりする金額と、そうではない1回ごとに出入りする金額を区別していない。それは、いまここにある1ドルと、今後10年にわたって毎年入り続ける1ドルのあいだに違いはない、と言っているのに等しい。定期収益はサブスクリプション・ビジネスの土台だが、従来の会計はこの事実を考慮に入れて設計されてはいない。

第2に、営業およびマーケティング費は、過去の販売に際しての支出額に等しい。それは本質的に埋没費用《サンク・コスト》である。これについては後で説明するが、サブスクリプション・ビジネスにおける営業およびマーケティング費は、将来のビジネスを推進するために行使される、将来に向けた戦略的な支出と考える必要がある（269ページ「定期利益と成長コストの関係」参照）。

そして最後に、**これまでの損益計算書は過去を映し出す写真である。**すでに獲得したお金、すでに支払った経費、すでに取った行動を記述しているものだ。**サブスクリプション・ビジネスの損益計算書は、将来に何が見えるかを記述するものだ。**今後12カ月でいくらお金が入ってくるかがわかるので、それを見越して《アカウント》計画を立て、お金の使い方を考えようとするものである。

私たちは新しい考え方を採用することにした。

サブスクリプション・エコノミーの損益計算書

私が知っているスマートなサブスクリプション企業は、すべて「ARR」（年間定期収益：Annual Recurring Revenue）に焦点を絞って活動している。ARRとは何か？　簡単に言えば、顧客が毎年払い続けてくれると期待できる金額だ。これは、売れたときに1回だけ書き込まれる売上ではなく、その後何年も繰り返し発生する売上である。サブスクリプション・ビジネスにおいては、左の公式を使えば、四半期ごとにARRがどれだけ伸びているかを把握することができる（図表8）。

この公式に基づいて、タイラーと私は、サブスクリプション・エコノミーのための損益計算書を作った。自分たちがやりたいビジネスをより適切に反映する計算書を作ろうとしたのだ。それを私たちは60日後の取締役会で提示した。それ以来、私たちはこのモデルを、数え切れないほど

図表8 年間定期収益（ARR）の成長を把握する公式

$$ARR_n - Churn + ACV = ARR_{n+1}$$

- n年度開始時の年間定期収益（ARR）
- 企業はARRの一定割合を、それを支えるための活動に支出（売上原価、一般管理費）したり、研究開発のために投資する
- 解約（Churn）。企業はこれを抑制してARRの減少を防ぐための活動を行う
- 年間契約金額（ACV：Annual Contract Value）。企業はこれを増やしてARRを増大させるために、新規顧客と既存顧客の両方に向けた活動を行う
- n+1年度開始時の年間定期収益（ARR）

図表9 サブスクリプション・エコノミーの損益計算書

（単位：100万ドル）

年間定期収益（ARR）	100
解約（Churn）	(10)
純年間定期収益（Net ARR）	90
定期コスト（Recurring Costs）：	
売上原価	(20)
一般管理費	(10)
研究開発費	(20)
定期利益（Recurring Profit Margin）	40
営業およびマーケティング費	(30)
純営業利益	10
新規年間定期収益（New ARR or ACV）	30
期末年間定期収益（Ending ARR）	120

多数の企業やサブスクリプション・ビジネスをカバーする金融アナリストと共有している。

この公式に基づけば、サブスクリプション・エコノミーの損益計算書は図表9のようになる。

それぞれについて、少し詳しく見ていこう。

年間定期収益（ARR：Annual Recurring Revenue）

各期が、収益で始まり収益で終わるのではなく、ARRで始まりARRで終わることに注意していただきたい。この損益計算書は過去志向ではなく未来志向なのだ。伝統的な損益計算書は「この四半期にこれこれの収益が上がった」ということを示すが、新しい損益計算書は「次の四半期はこれこれのARRで始まる」ということを示す。これは金額的にも大きな違いを意味する。ARRは、定期的な利子収入をもたらしてくれる、頼れる銀行預金のようなものである。

チャーン（Churn）

悲しいことに、すべての定期収益が次期においても約束されているわけではない。最高のサービスを提供しても、去って行く顧客はいる。顧客が個人の場合は、サービスに飽きたり、値引き攻勢をかけてきた競合に乗り換える可能性もある。去って行くのが個人ではなく企業なら、あなたの会社はアドボカシー〔支援・擁護〕を失うかもしれないし、買収されるかもしれないし、行き詰まってしまうかもしれない。

チャーンが起こる理由はさまざまだが、自社に原因があるものを挙げると、サービスの導入がスムーズでない、利用が低調である、製品やサービスに効果や魅力が乏しい、マーケティング活動の失敗、リソースや専門的能力の欠如などだ。理由は何であれ解約は解約であって、ARRが減少する。この例では、銀行預金は1億ドルではなく、予想されるチャーン1000万ドルを差し引いたあとの9000万ドル（純ARR）である。次は、そのお金がどう使われるかである。

定期コスト（Recurring Costs）

お金をどう使うかに関して、最初に問うべきことは、ARRを確保するためにどこにお金をかける必要があるかということだ。結局、既存顧客は提供されるサービスに期待している。そこで私たちは、いくつかのコスト（つまりお金のかけ方）について従来の計算書とは違う考え方をすることにした。すなわち、ARRを確保するために費やすコストであるという意味で、売上原価、研究開発費、一般管理費を「ボトムラインの上」に置いた。これらのコストについて、一定割合だけをARRを確保するのに必要な経費として仕分けようとする企業やアナリストもいるが、われわれは単純に、すべて定期収益のためのコストと考えることにした。したがって、これを定期コストと呼ぶことにした。こうすることの利点は、財務データを公表している他の公開企業とのベンチマークが容易になることだ。

定期利益（Recurring Profit Margin）

定期利益というのは、単純に、定期収益と定期コストの差である。その額には、定期収益とそれを得るために定期的に支出するコスト（定期コスト）の両方が織り込まれているので、当該ビジネスに備わっている収益性を表していると考えてよい。例示した損益計算書では4000万ドルだが、申し分のない金額である。サブスクリプション・ビジネスがどれぐらい儲かっているのかについてはさまざまな議論があるが、サブスクリプション企業の財務データを見るとき、タイラーと私は常に、まず定期利益を見ることにしている。そのビジネスが本当のところどれほど強いのかが、ここに表れていると考えているからである。

成長コスト（Growth Costs）

営業およびマーケティング費については、どう考えればよいだろう。従来型ビジネスとサブスクリプション・ビジネスの最大の違いの1つが、ここで顔を出す。

従来型ビジネスの損益計算書では、売上原価は1ドルの収入を得るのにかかった金額である。だがサブスクリプション・ビジネスの損益計算書では、営業およびマーケティング費は将来の収益と一致する。なぜか？　今四半期に支出した営業およびマーケティング費はARRの成長をもたらすが、それは次期以降の将来の四半期において継続的に実現する。つまり、サブスクリプション・ビジネスにおける営業およびマーケティング費は、伝統的な会計用語で表現すれば、〝資本支出〟のような位置づけになるということだ。

基本的に、営業およびマーケティング費というのは、既存顧客や新規獲得顧客からの支払いを増やしてビジネスを成長させるために費やすコストだ。だから私たちはこれを成長コストと呼んでいる。定期コストの場合と同様、ベンチマークの簡素化と容易さのために、営業およびマーケティング費の100%を成長コストと見なすことにしている。

定期利益と成長コストの関係

以上の構造を踏まえると、定期利益と企業の成長の関係を見ることができる。定期利益が高ければ高いほど、成長コスト（営業およびマーケティング費）も増やさなくてはならない。図表9の例では、この会社は定期利益（4000万ドル）のほぼすべてを成長コスト（3000万ドル）として支出し、期末のARRを期初に比べて20%増加させている。

この時点で、定期利益のすべてを成長維持のための活動に使えばいいではないかと疑問を持つ読者がいるかもしれない。たしかに、そうしても悪いことはなさそうだ。大きな潜在的市場があり、チャーンをコントロールできるのであれば、その方法を繰り返すことによって毎年30%の成長を維持することができる。そして、ついに利益を刈り取る時期がきたら、はるかに拡大した定期収益の流れの上で改めて事業に取り組むことができるだろう。

これが、多くのサブスクリプション企業が儲かっていないように見えることがある理由だが、実際には驚くべき収益性を秘めたビジネスなのである。セールスフォースやボックスほどの企業について、収益性に難があるというアナリストの不満を耳にするたびに驚かされるが、そんな認識不足がはびこっているのもこれが理由だ。サブスクリプション・エコノミーがいくつもの数十億ドル産業に広がっている現在でも、投資家も、アナリストも、投資関連メディアも、まったく異なる財務測定方法で活動する製品企業とサブスクリプション企業の根本的な違いが理解できていない。

セールスフォースに在職中、サブスクリプション型ソフトウェア企業と従来型ソフトウェア企業の著しい業績の違いについて、投資家やアナリストの理解を得るために私たちは多くの時間とエネルギーを費やした。彼らの発想は株価収益率の発想から一歩も出ておらず、何年も先の利益を見越して活動している企業に投資することなど思いもよらないようだった。だが私たちは、営業利益になど、サブスクリプション企業の価値を測る上でなんら本質的な意味がないことを知っていた。

率直に言って、投資家的視点に立てば、営業利益をボトムラインと考えているサブスクリプション企業は、新規顧客を効率的に獲得できないために営業およびマーケティング費を切り詰めざるをえない状態にあると言うことができる。ここで忘れてはならない重要なことは、サブスクリプション・ビジネスにおいては、**バケツから水が漏れていない限り、利益のすべてを将来の成長のために使うことは完全に理にかなっている**ということだ。

ARRの増加が定期コストの増加を上回ってさえいれば、アクセルを踏むことができる。『ストラテチェリー』のベン・トンプソンが「製品を売るというより、掛け金を上回る生涯受取額が約束されている年金に掛け金を払っているようなものだ」と言っている通りだ。

図表10　タイラーのスライド

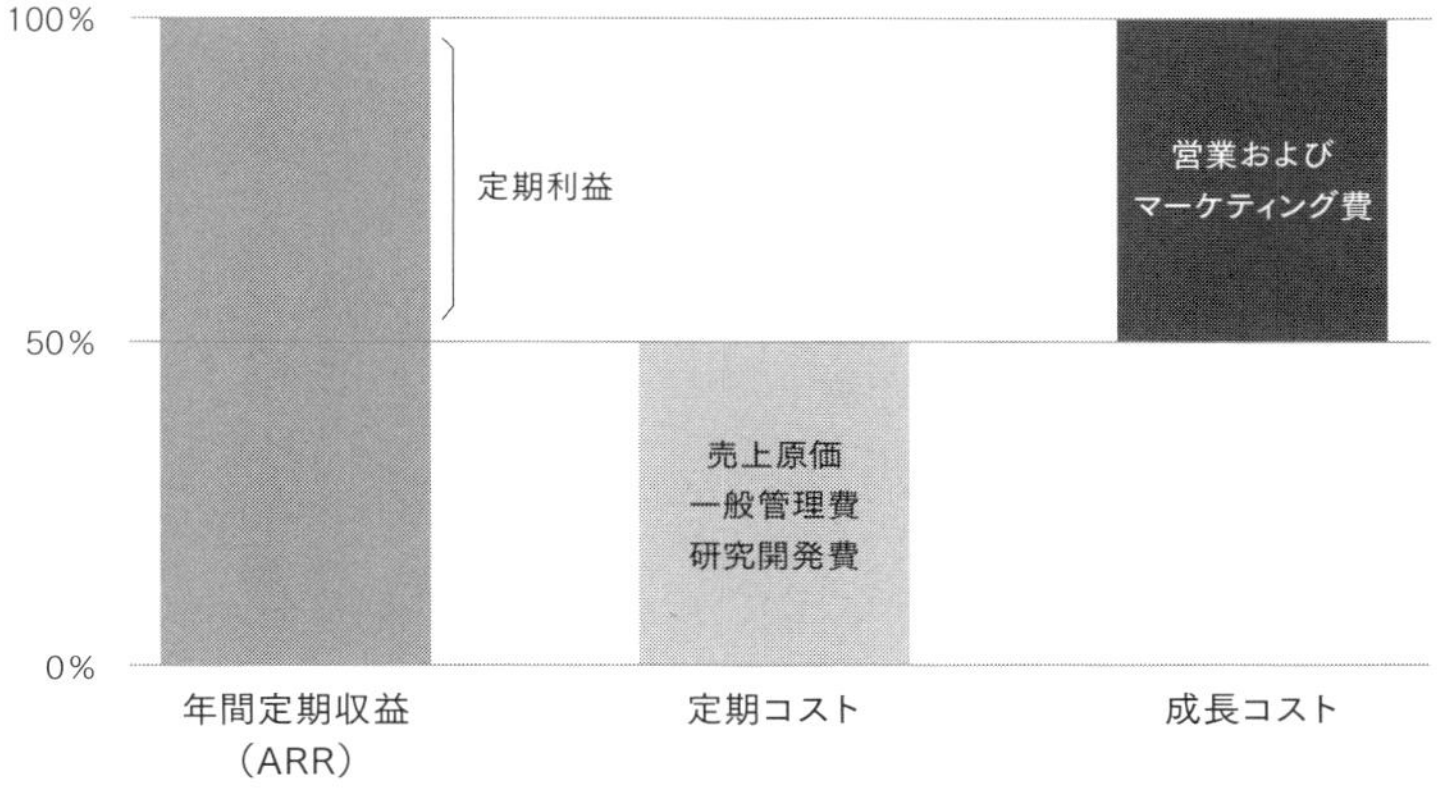

会社を成長させる「タイラーのスライド」

上の図は、CFOのタイラー・スロートが、ズオラで3カ月ごとに開いている全員参加のミーティングのたびに社員に見せているスライドだ。彼は外で行う講演でも常にこのスライドを使い、銀行家、アナリスト、メディアに持論を展開している。この図の説明なら寝ていてもできるのではないだろうか。ハードワーカーなので、時々はそうなってしまっているに違いない。ズオラでは全社員がこの考えを叩きこまれている。われわれはこれを「タイラーのスライド」と呼んでいる。[*2]

このチャートがなぜ重要なのか？　会社を偉大な存在に成長させる方法を示しているからだ。この章では、サブスクリプション・ビジネスの背後にある財務モデルがいかに強力であるかを見てきた。株式公開を行ったボックスが、アナリストたちによる収益力低下の懸念をよそに、株式公開後100%を上回る増収を達成したのも、この図に示されている考えがあったからだ。社外会議で座を白けさせた出版社のCFOが持ち合わせていなかった発想も、この図に表現されている。この図を理解できれば、彼の会社も強力で、競争力のある、持続可能なビジネスに変身することができるだろう。

会社を成長させる方法について、タイラーはこのチャートを使ってどう説明しているのか？このチャートには、サブスクリプション・エコノミーの損益計算書のすべての要素――ARR、定期コスト、成長コスト、定期利益――が含まれており、すべてがARRとの関係において示されていることに注目してほしい。だから単純な1枚の絵ですべてを把握することができるのだ。このチャートから、サブスクリプション・ビジネスを成長させる方法が3つあることがわかる。

第1の方法は、**定期コストをコントロールする方法**だ。言い換えれば、この図を予算計画に使うということだ。毎年、われわれはARRの何パーセントを売上原価、一般管理費、研究開発費に使うかを決めている。かつての予算計画は、さまざまな政治的かけひきや主張のぶつけ合いで悪夢のような作業だった。だが、いまではずいぶんシンプルになった。各部門のトップは、自分の部門に配分される予算を増やす最良の方法は、ARRの拡大に貢献することだと認識しているからだ。この唯一のゴールに向かって、いかにリソースを効果的に使うかだけに集中することができる。ARRが増えれば、使える予算も増える。

第2の方法は、**定期コストと成長コストのあいだのトレードオフを管理する方法**だ。これら2

つの原価（チャートの右2本の柱）は次の3つの方法で管理することができる。①50%ずつに2等分する。これでもかなりの割合で成長することができる（265ページの架空の損益計算書がこの2等分方式で20%の成長を達成していた）。②定期コストに厚く配分し、成長コストを抑える（たとえば70%対30%）。これはボトムライン（営業利益）の改善に寄与するだろう。③反対に、定期コストを抑え、成長コストに重点的に配分することもできる（たとえば30%対70%）。これは会社をより速く成長させることに寄与することになる。

私たちはしばしば、ARRが成長している場合でも、定期コストは一定に保ち、成長コストに重点的に予算を配分するという決定をした。それはなぜか？　成長維持のための支出に対する正確なリターンを実証することができれば、今年新しいエンジニアを5人雇うのを我慢して、来年20人雇うことにしようとCTO（最高技術責任者）に言うことができる。私たちはしばしば部門のリーダーにその種の提案をした。たとえば3四半期にわたって効率的《リーン》な活動を行うことができれば、私たちのビジネスモデルから生まれるプラスの効果は、その努力に十分見合うものになる。これもまた定期利益が成長をもたらす重要な要素であることの理由である。

第3の方法は、**このチャートを使って成長コスト（営業およびマーケティング費）を管理すること**だ。その際の指標となるのが成長効率指標（GEI：Growth Efficiency Index）である。新規ARRを獲得するのに要したコストを、獲得した新規ARRで割ることでGEIが得られる。1ドルの定期収益を追加する（新規に1ドルの契約を獲得する）のに営業とマーケティングに何ドル使っているかを示す数字だ。GEIが1より大きければ、入ってくるお金より多く新規ビジネスのために使っていることになる。1より小さければ、使ったお金より入ってくるお金のほうが大きいということで、その調子でどんどん進めたいと思える状態だといえる。ただし、成長を追求する企業の多くは、将来の利益を重視してGEIが1・0〜2・0の範囲で活動していることが多い。

実際、お金を失い始めるレベルまでは、成長コストを増やすことができる。これは書き間違いではない。キャッシュがあり、資本調達ができ、定期収入が健全で、チャーンもGEIも健全なら、アクセルを踏むべきだ。そこで頭を悩ませる必要はない。ビジネスにとって、それは良いことであり、行うべきことだ。それは定期収益の獲得につながる支出であって、毎年ゼロから始まる収益を獲得するために使うお金とは訳が違う。ウォール街にまだそのことがわかっていない人々がいることには驚かされる。

新しい会計発想が成長を牽引する

数年前から、タイラーはハーフムーンベイ〔サンフランシスコに近いリゾート地〕で、各社のCFOを集めて年次集会を開いている。当初、私はその意義を疑問視していた。集まって何をするのだろう？　最新の財務会計基準についてオタクっぽい議論で盛り上がるのだろうか。ファンタジー・ベースボール〔シミュレーション野球ゲーム〕でもするのか？

そうではなく、彼らは集まって熱心に意見を交換していることがわかった。わが社はこの数字をトラッキングしている、これが重要だと考えている、この点は騒ぎすぎだと思う等々。集まる人の数は毎年増えている。今日、タイラーはサンフランシスコで開く「Subscribed」のカンファレンスに100人以上のCFO、ファイナンス担当エグゼクティブ、バンカー、アナリストを集めている。彼らもまたマーケットについて語り、調査結果について意見を交換し、ベストプラクティスの吸収に余念がない。

私が「Subscribed」のカンファレンスに毎年参加して学んだことが1つあるとすれば、それはファイナンスチームの仕事が劇的に変わったということだ。100年前から、財務部門の任務は、会社のあらゆる支出を追跡し、それらを商品の売上に紐付《ひもづ》けることだった。その製品を作るための限界費用はいくらか? その製品のためのオリジナル・アイデアを思いつくためにいくらかかったか? それを売るために販売チャネルにいくら支出したか? 間接費はどの程度にするのが適切か? 従来、CFOの仕事の80%は、何が起こったかを伝えることだった。スコアを付け、予算を追跡する。残りの20%は、リソースの戦略的配分を促し、予測を作成し、戦略を管理し、将来を構想するために数字を解釈することだった。今日その比率は逆転した。

もちろん、コンプライアンスと会計報告が重要なことに変わりはない。そこは誤解しないでほしい。それはビジネスを行うための参加料で、それができなければ事業を営む資格がない。しかし、特に2008年の景気後退からこの方、市場の新たな課題や急速に進む規制的環境に対応するために、CFOの責任は劇的に拡大している。ダイナミックなビジネスモデルに基づく新しい世界において、財務チームは企業の牽引車の役割を果たさなくてはならない。

結局のところ、ビジネスモデルと予算は違う。予算は、想定される収入に対して人員と経費を割り当てることだ。それに対し、ビジネスモデルとは、数量的ではあるが流動的なフレームワークとして示される、戦略とインサイトとアイデアのミックスである。それは自ら変化を起こすためのものであり、起こった変化に対応するためのものでもある。

このビジネスモデルの成否は、ますます財務チームの肩に、そして新しいサブスクリプションの構造にかかっている。

第14章

ＩＴ
製品ではなくサブスクライバーを中心に置く

ＩＴには答えられない重要な質問

誰もが自分の会社のＩＴ部門に対する不満を口にする。融通が利かないとか、ボトルネックになっているとか、好き勝手なことを言う。すべてナンセンスだ。素直に考えれば、この20年のＩＴの進歩は驚異的と言ってよい。ＩＴ部門の全体的な目標が、ビジネスシステムを標準化することによって企業の効率を向上させることだとすれば、ほとんどのＩＴ部門は努力に見合う顕著な成功を収めている。

１９９０年代、企業のＩＴ部門はこぞって大規模なＥＲＰ〔企業資源計画〕システムを導入した。システムを供給したのはオラクル（Oracle）、ＳＡＰ、ＪＤＥ、ピープルソフト（PeopleSoft）などで、企業の活動を記録する正規のシステムとしての地位を確立した。誰もがその状況に満足していた（ほぼ全員と言うべきかもしれないが）。こうしてＩＴは先進的な存在になった。

その後、「クラウド」と呼ばれるものが到来し、突如、ビジネスの世界のすみずみに、ＳａａＳ企業が提供するプラグ・アンド・プレイのアプリケーションが爆発的に拡がった。当初、ＩＴ部門はその状況を用心深く眺めていた。業務用アプリケーションを店の棚から買うようなやり方に釈然としないものを感じたからだ。だが、セキュリティの問題が解決されると、企業のＩＴ部門はＳａａＳアプリケーションのほうが速くて使い勝手がよいことに気づいた。使いやすい経費精算アプリが必要ならコンカー（Concur）を使えばよい。マーケティング自動化ツールならマルケト（Marketo）が面倒を見てくれる。ファイルの共有とセキュリティ管理を簡単にしたければボックスが助けてくれるだろう。こんな便利な世界を信じられるだろうか。ＩＴはそれまで以上に先進的な存在になったのだ。

しかし最近、報告するのが辛いが、ＩＴ成長の途上にいくつかの障害があることがわかってきた。ＩＴは再び融通の利かないお荷物という批判の対象になりつつある。それは、企業がＩＴには答えられない質問をし始めたからだ。ＩＴシステムにおいては、基本的にＳＫＵ（Stock Keeping Unit）、すなわち製品に付与されたＩＤコードですべてが管理されている。それはサブスクライバーを管理するようにはできていない。だから、たとえば次のような質問や要請に現在のＩＴは答えることができない。

わが社のサブスクライバーは誰か？

ＳＡＰやオラクルに、いまあなたの会社が獲得しているアクティブなサブスクライバーが何人いるか、たずねてみるとよい。彼らは途方に暮れるはずだ。そもそも、そのような概念が彼らの世界には存在しないからである。彼らのシステムは、注文、アカウント、商品なら記録している。当然だ。しかし、アップセルの売上高や昨年1年間の顧客リニューアル数といったことをＥＲＰにたずねても、満足のいく答えを得ることはできない。ＥＲＰは顧客を中心に置いてトランザクションを記録するようにはできていないからだ。しかし、カスタマー・リレーションをお金に換えることができなければ、企業は暗礁に乗り上げる。

サービスの価格を柔軟に変更できるか？

数年前、高く評価されている大手新聞でデジタル化を推進しているリーダーと話をした。ペイウォールを導入して成功した最初の新聞の1つである。

彼女によると、その新聞は過去10年、たった2種類しか価格プランを用意していなかった。スタンダードとプレミアム、そしていずれも年間契約だけである。彼らはもっとうまくやれるはずだと考えた。たまに読んでくれる読者に向けたワンデイパスはどうだろう。必要な記事を何本か読めれば十分という読者はいるはずだ。よいアイデアだと思えた。

そこでＩＴチームが6カ月努力して、その機能を鳴り物入りでローンチした。その結果は？　うまくいかなかった。理論上は新しい試みに何の問題もなかった。だが6カ月もかかったのでは話は違う。彼らは、日頃から新しいアイデアを試していなければ正しいプライシングは難しいということを学んだ。アイデアを試すのに6カ月もかかるというのは許容範囲を超えている。

これほど手間もお金もかかるとなると、新しいことを実験するのは難しい。サブスクリプション・サービスには、単純な月額固定料金もあれば、従量課金もあれば、1回限りの料金もあれば、「それらすべて」を含むものもあり、ありとあらゆる設定の料金が存在する。一方、ERPシステムで価格を変更しようとすると、1回の変更だけで何カ月もかかる。古い世界では、月額10ドルを11ドルにするだけでも、それが良いアイデアかどうかを知るのに長時間待たされる。ありえない話だ。サブスクリプション・ビジネスにおいては、何か新しいものを提供するときには、利用者の価格感度を測定するABテスト〔少数の選択肢を提示して、どれが好ましいかを検証する方法〕を機敏に行う能力が不可欠だ。

「更新」ボタンはどこにあるのか？

煎じ詰めれば、ERPシステムに実装されているのは「購入」ボタンだけだ。それしかトランザクションを追跡する手段がない。しかし、サブスクリプション・ビジネスの顧客は購入だけではなく、サインアップ、アップグレード、アドオン、契約更新などさまざまなことを行う。

残念なことだが、ERPシステムはそれに対応するために、まやかしの回避策を使うことを現場に強いる。計算を正しく走らせるために、異なる価格に対して異なるSKUを毎月発行させる（製品カタログに登録させる）のである。そうすることで毎月の更新処理が可能になる。要は、

ＥＲＰには時間の経過とともに変化するサブスクリプション・ライフサイクルを処理するための機能が存在しないのである。たとえば、語学学習アプリを販売している会社が、頻繁に海外に出張するビジネスパーソン向けにサブスクリプション・サービスを導入したいと考えたとしよう。ＥＲＰはこの新しいサービスを何と呼ぶだろう？　「型番：語学学習サービス2月分」とでもするのだろうか。痛ましい話だ（ＥＲＰは個々の型番をすべて登録する必要がある）。

なぜ企業と個人の両方に売れないのか？

あるメーカーが大企業向けＩｏＴ分析サービスを成功裏に立ち上げたとしよう。これまでのところ申し分のない実績を上げている。そして、デジタルサービスを販売するようになったのだから、大企業だけでなく、中小企業や個人消費者にも販売できるはずだと考えたとしよう。実に筋の通った考え方だが、請求書を発送するたびにＥＲＰシステムから４００ドル請求されるとしたら、それはできない相談ということになる。

セールスフォースやボックスのようなサブスクリプション企業は、個人ユーザーから大企業まですべての人にサービスを販売することで成功を収めた。Ｂ２Ｃの分野では大量の件数の定期支払いを管理するツールが必要であり、Ｂ２Ｂの分野では複雑な請求や契約を管理するためのツールが必要だ。いずれの場合でも、ウェブセルフサービス、モバイルデバイス、自社直販やチャネル販売、フェイスブックなど、さまざまなチャネルを経由して来る顧客を管理できなくてはならない。典型的な企業のテクノロジーは、Ｂ２ＢかＢ２Ｃのいずれかを選択せよと迫るが、本当に必要なのはBもCも含んだB2A（B2Any）なのである。

わが社の財務状況はどうなっているのか？

次に紹介するのは本当にあった話だ。私の友人があるSaaS企業のCEOに就任した。少し試したいことがあったので、財務部門と営業部門の両方に、最新の定期収益の月次データを求めた。すると提出された2つの数字が大きくかけ離れていたというのだ（営業部門の数字のほうが正確であることが判明した）。

サブスクリプション・ビジネスは、受注、請求、キャッシュフロー、および収益が、相互にどう関連しているかを読み解く能力によって成功もすれば失敗もする。だが残念ながら、これらのデータはさまざまなソフトウェアの格納庫にバラバラに保管されている。受注はCRM（顧客関係管理）システムに、請求やキャッシュフローは総勘定元帳システムやERPシステムに、そして収益はしばしば複雑なスプレッドシートの上で計算されている。データ間の相関など神のみぞ知るである。

従来のＩＴシステムはどのように機能しているか？

置き去りにされたニーズを挙げていけばきりがない。要するに、ＩＴは突然、再び時代遅れに

図表11　レガシーITアーキテクチャ

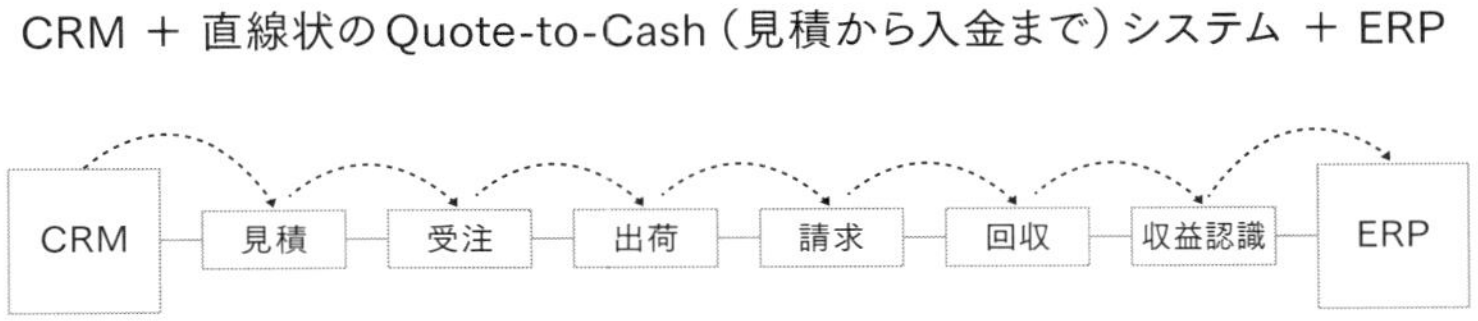

なってしまったのである。

なぜこんなことになったのか？　原因の一端はＥＲＰシステムの性質にある。それは、パレットに載せられた製品を追跡するために作られたものであり、時間の経過の中で消費されていくサブスクリプション・サービスを維持するために作られたものではない。「黒であれば何色でも」という話をしたが、要するに、それがＥＲＰなのである。ＩＴは何十年もかけて標準化の仕組みに磨きをかけ、企業が製品中心のビジネスを拡大するのを支援してきた。しかし、サブスクライバーを中心として移り変わるビジネス環境においては、そのＩＴが逆に足枷になりつつある。今日の典型的なＩＴアーキテクチャは図表11のようなことになっている。

財務会計システムはさらにこの右にある。これがほとんどの企業が15～25年前に設置したシステムだ（現在、このシステムはほとんどオラクルに支配されている）。ＥＲＰシステムを導入した直後、ほとんどの企業はセールスフォースやマイクロソフトのようなＣＲＭの導入も行った。これによりＣＲＭとＥＲＰが企業のＩＴインフラの２つの大きな柱になった。しかし、その中間には見積システム、受注システム、出荷システムなど、あらゆる種類のものがある。そしてそれらはすべて厳密にデイジーチェーン〔コンピュータに複数の周辺機器を直列式に接続する方式〕で接続されている。それらすべてを一直線につないでいたのが、どんな理由があっても誰にも変えられないシステムの〝秩序〟だった。

このシステムがどのように機能しているかを理解するために、このシステムと一体化している古い会社での仕事の流れをのぞいてみよう。仕事は、この会社の製品を50個買いたいと顧客が言ってきたところから始まる。

営業部門は「50個なら請求額は1万ドル」ということを伝える見積書を発行する。顧客が見積額に同意したら、見積書のカーボンコピー（ちょっと古い世代ならカーボンコピーがどんなものか知っているだろう）を受注部門に回す。几帳面な受注担当者は「受注の際はすべてのルールを守ること。この顧客はクレジット審査をパスしたので注文処理を進めて大丈夫」ということを確認すると、カーボンコピー1枚を手元に保管し、残りを出荷部門に回す（これがどこに行くのかはおわかりだろう）。

倉庫には気のいい出荷担当者がいて、製品50個を箱に詰めて出荷する。その後、さらにカーボンコピーが請求部門の担当者の受信箱に放り込まれる。そこで商品の価格、税、送料、適用すべき割引条件などが計算されて請求書が発送される。それを受けて回収部門にフラグが立てられ、そこから発注書が発送され、クレジットカードから引き落とされる。最後に、出荷部門の経理担当者が1万ドルの入金を記録する。もしかしたらカーボンコピーはその都度、空気圧チューブを通って次の場所に飛んでいくのかもしれないが、それはここでの話と関係ない。

もちろん現実はもっと複雑だ。それなりの規模の組織なら、このようなシステムが1つではなく何十と存在する。買収の結果であれ、新事業立ち上げの結果であれ、受注から入金までを管理するフルフィルメントシステムは何本にも増殖しているのが普通だ。

増殖の理由は、新しい製品ラインのためにQTCシステム〔Quote-to-Cash：見積から入金までを管理するシステム〕を導入したからかもしれないし、買収した企業が持っていたシステムを継承したからかもしれない。個別のシステムを必要とする新しい流通チャネル（再販業者のチャネルやEコマースなど）を追加したからかもしれない。あるいは、新たに外国市場に進出したために、現地の法規制や支払いプロトコルに合わせるためのシステムが必要だったからかもしれない。

私は最近、同時に44もの別々のQTCシステムを走らせている50億ドル規模の会社と話をした。こう書いただけで頭が痛くなってきた。また、70年代後半にシステムを構築した別の会社の人とも話をしたが、そのシステムはそれを設計した人にしか管理できないとのことだった（会社は開発者を、ジムの無料会員権を提供することでつなぎとめている）。

なぜそんなことになるのか、だいたい想像がつく。製品を効率よく出荷して販売したいので、大きなERPを導入した。時間が経つにつれて、営業チームが小回りのきく見積作成システムを導入した。企業を買収したら、その会社が独自に開発したサブシステムがついてきた。改造してシステム統合を図るより、名刺やレターヘッドや電子メールの署名だけ変えて、システムはそのまま使い続けるほうが簡単だということがわかる。そうこうするうちに、ある朝目を覚ますと、何がどこにあるのか誰もわからなくなっていて、何かしようと思えば6カ月かかるという状態になっているのである。

古い世界では、このシステムもそれなりに働いてくれた。カーボンコピーがすべての部門のドアを通過して仕事が完了した。しかし、いま私たちが住んでいる世界は、もはやそのような静的な取引の世界ではない。物事ははるかにダイナミックだ。そこではサブスクライバーは始終サービスをアップグレードしたりダウングレードしたり、一時休止したり調整したりしている。海外で長期休暇をとることもあれば（一時休止が必要）、携帯電話でサービスを使いたいと思うかもしれない（アドオンが必要）。彼らは常に新しい要求と変更をひっさげて、直線的構造で融通の利かないシステムにゆさぶりをかけてくる。企業は1日に何千ものイベントに機敏に対応しなくてはならず、じっとしていることができない。しかも、無数の脅威と機会を感じている企業は、市場参入戦略、プライシングモデル、そして新しいサービスを試さなくてはならない。

従来のＩＴシステムが対応できない3つの問題

リニアなＯＴＣシステム〔Order-to-Cash：受注から入金までを管理するシステム〕がこの新しいダイナミックなサービスの世界と出会ったときに何が起こるか。動きを止められない力が動こうとしない物と出会うとどうなるか。混乱が目に見えるようだ。

このシステムには3つの大きな問題がある。できないことが3つあると言ったほうがわかりや

図表12　レガシーITアーキテクチャがもたらすカオス

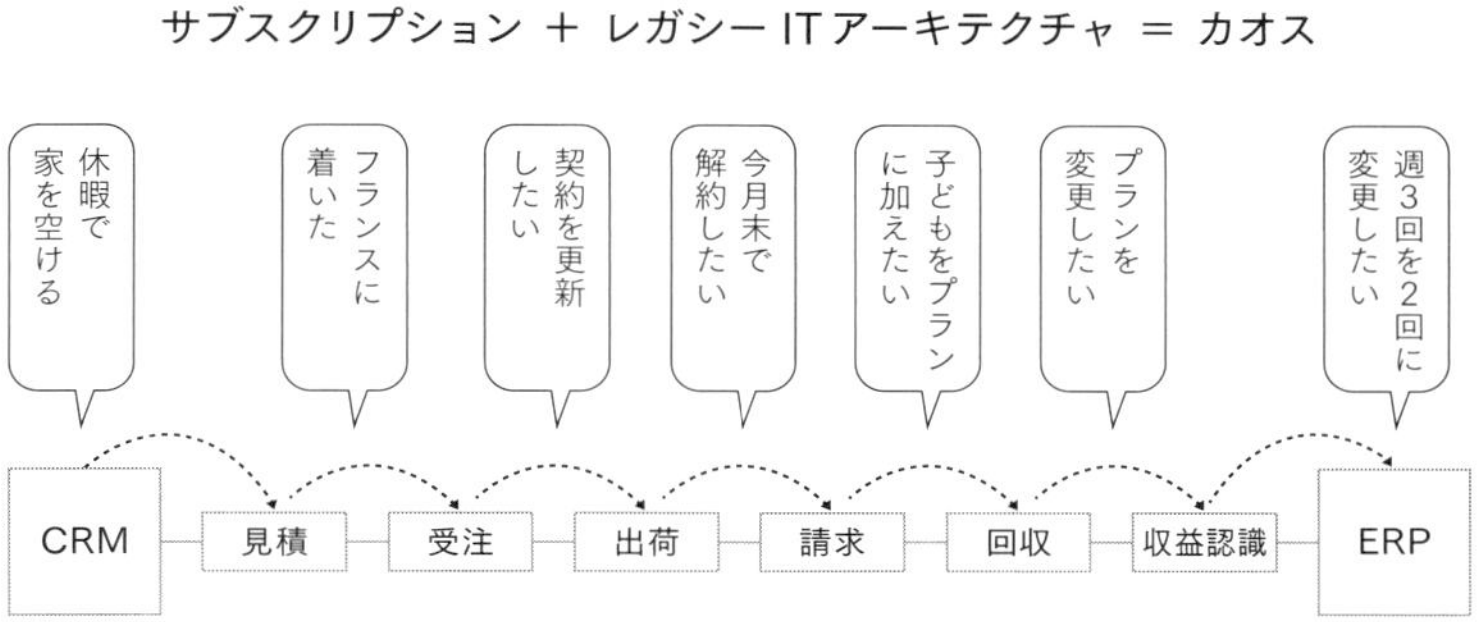

すいだろう。

第1に、サブスクライバーの経験《エクスペリエンス》を反映させることができない。古いシステムの上でサブスクリプション・ビジネスを行おうとすると、顧客が何らかの行動をするたびに、各システムに書き込む必要がある。それが延々と続く。たとえば、サービスのプライシングとパッケージングを変更するとしよう。1ドルを1・5ドルにするぐらい簡単なようだが、そうではない。週極めから月極めに切り替えるとか、シート数（ユーザー数）から従量制に切り替えるといった変更も、長年愛用してきたリニアなモデルには対応できない。1カ所を変えると、至るところに不適切な干渉が生じる。すべてがデイジーチェーンでつながっているので、最初の見積システムをいじると、すべてに予期せぬ影響が波及するのだ。数年もすれば、奇妙なデータ処理の仕掛け、内緒で開発されたツール、秘密の袋小路ができていることだろう。

第2に、価格を素早く変更することができない。

3億ドルのソフトウェア会社のCFO〔最高財務責任者〕が私にこう打ち明けた。「私たちには素晴らしいお客様がいて、こうして欲しいという要求を寄せてくれます。ところが、私たちの最大の課題はいつもプライシングとパッケージングです。新しい機能を付加すればうんと儲かることはわかっているのですが、既存の製品に付けて無料で提供しています。値段をいくらにすればいいかがわからないからです。適正価格を知るのに時間がかかりすぎるのです」

第3に、カスタマー・インサイトを得ることができない。1人あるいは1社の顧客について、そのライフサイクル全体を単一の表示画面で見ることができない。今日、誰もが〝ビッグデータ〟を扱える会社になりたいと思っている。自分のビジネスを360度どこからでも見られるようにするために、サブスクライバーとその財務情報をかき集めて「データレイク」〔構造化されていない多種多様なデータ形式を貯めておける広大な領域〕に放り込もうとする会社も多い。すべてを湖に投げ込めば、すべてが勝手に動き出して必要なインサイトを得ることができるだろう、というわけだ。湖の女神が答えを教えてくれるとでも言わんばかりだ。しかし、それは、数十にも上るシステムから情報を取り出し、未分化の混沌の中に投げ入れているにすぎない。ジグソーパズルのピースに対して、自分で完成図に収まるように要求しているようなものだ。それらは協調的に動くようには設計されていない、まったく異なる種類のシステムなのだ。

新しいＩＴアーキテクチャの構造とは？

このようなリニアなＯＴＣシステムで、サブスクライバーに関するデータと定期収益に関連するメトリクスを入手しようとしたらどうなるだろうか。きっと悲劇が襲う。ＩＴ部門はこれまで、すべての時間を費やしてバックエンド業務の効率化に邁進してきたが、その過程で、彼らは実際には物事をより脆弱にした。カスタマー・エクスペリエンスを毀損し、間接費を膨れ上がらせ、コンプライアンス上のリスクを高め、イノベーションの足を引っ張り、成長を阻んできた。そのようなＩＴ部門には、サブスクリプション・ビジネスに必要なメトリクスを把握することはできない。

どうすればこの問題を解決できるだろう。ＩＴ企業は、組織の新しいニーズを満たすためにアーキテクチャを進化させる必要があることを認識している。新しいアーキテクチャはどうあるべきなのか。

それは、中心にサブスクライバーＩＤを置くものになるだろう。この本に何度か載せた私のお気に入りの図を覚えているだろうか（ぜひ忘れないでいただきたい）。新しいＩＴアーキテクチャは、それに似たものになるはずだ。それは線形ではなく円形の構造を持つものになる（次ページの図表13）。

サブスクリプションは、契約更新、休止、アップグレード、ダウングレードといったアクションが継続する動的なサイクルだ。したがって、**サブスクライバーが内側の円で行うアクションは、**

図表13 サブスクリプションに対応する新しいITアーキテクチャ

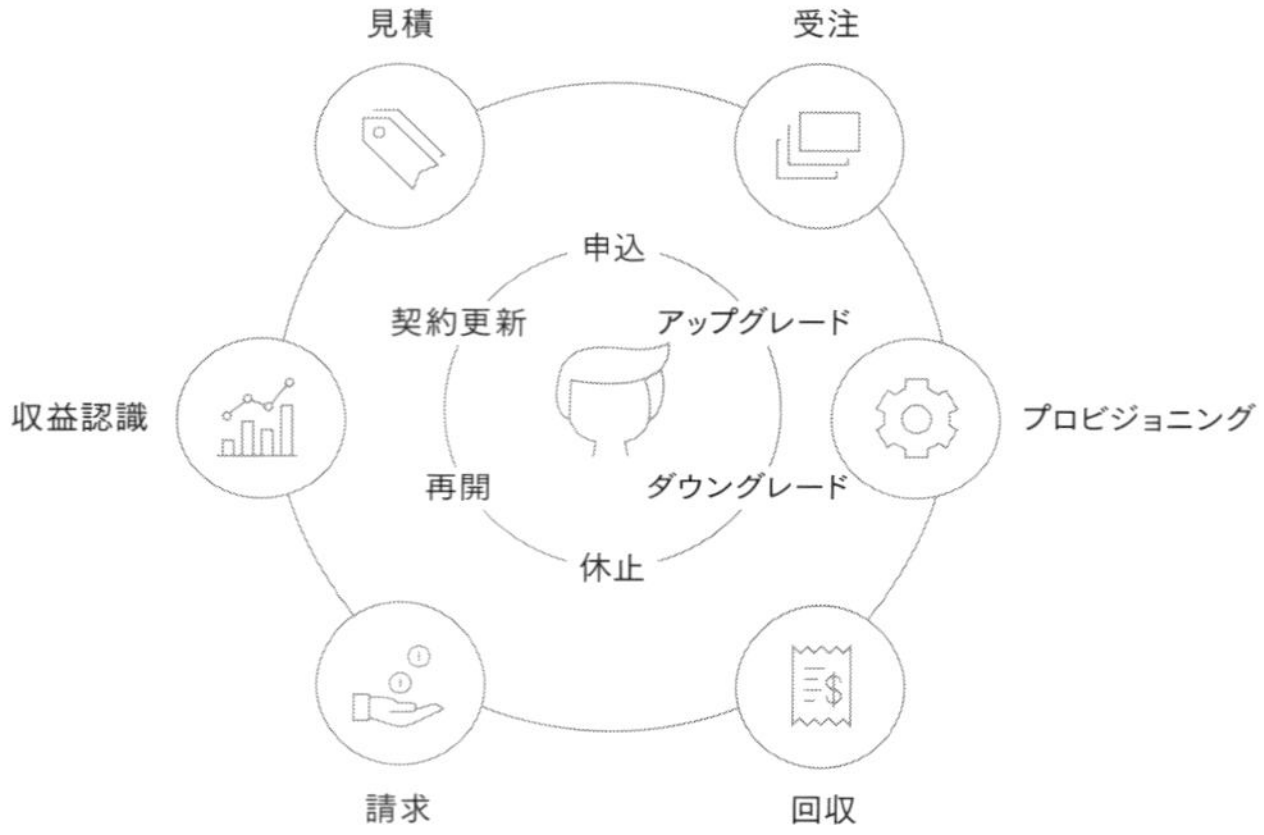

外の円にあるシステムにリアルタイムで知らされる必要がある。常に起点はサブスクライバーの行動である。

たとえば利用量が契約区分の上限に近づいたら、何らかのプロンプト〔コンピュータからユーザーに送られる促し〕が実行されたり、クレジット・チェックや次の利用量区分への移行などが行われる。あるいは、利用者が外国に行ったらローミングサービスと利用資格確認が起動する。新しいシステムは、そうしたことすべてについて、どこか1カ所で条件を変更すればすべてのシナリオが連動して動き出すようになっていなくてはならない。

プライシングとパッケージングはどうだろう? **新しいシステムは、ものの数分で新しいサービスと価格モデルを反映できるものでなければならない**〔『フィナンシャル・タイムズ』紙がブレグジットへの関心が高まった週末を利用して有料購読者を増やしたケースを想起されたい)。数週間など、とんでもない話だ。

ズオラが関係する企業の約80%は何らかの従量課金を行っている。したがって、新しいシステムはありとあらゆる数量ベースのメトリクス――シート数(ユーザー数)、利用時間、ボックス数、イベント数、ギガバイト、ロケーション数、テキスト数、家族メンバー数など――を、さまざまな価格で試せることが必要だ。そして新しいサービスを開始すると、外の円にあるシステムの多くが、中の円にあるサブスクライバーのアクションを知らせる接点として機能する。それによって、あなたは利用者が何を語っているのか――「アップグレードするよ」「ダウングレードしようかな」「もう契約解除だ」――がわかる。それを踏まえて次の改善を繰り返せばよいのだ。

最後に、ビジネスのインサイトという面から、新しいシステムには何が求められるだろう。

ネットフリックスは、オリジナルのコンテンツに80億ドル使えるということをどうやって認識しているのだろう? 同社は重要なメトリクスを使って自らのビジネスの現状を掌握している。定期コストはこれこれ、定期利益はいくら、なのでここまでは好きなようにお金を使える、と確信を持って言うことができるのだ。

スラックはなぜ、ゆくゆくアクティブでなくなるかもしれないユーザーに信用を付与できるのか? 同社にはサブスクライバー・ベースの動きを直接見ることができるシステムがあり、顧客と密接に結びついたサービスを提供できるので、たとえば使われていないシート(ユーザー)に料金を請求するようなことがなくなり、長期的には成功を収めることができるとわかっているのだ。

古いデイジーチェーン・システムはもう意味をなさない。ボックスのアーロン・レヴィCEOが言ったように、かつては競合よりSAPをうまく使うだけで成功を収めることができた。だが、もはやそんな時代ではない。

今日、**ITはビジネスの主戦場となった**。新しいサービスがそこで生まれ、新しい経験がそこで提供されている。それはビジネスの試験台であり、実験室でもある。そこでは物事が繰り返され、拡大され、縮小されている。それは企業も顧客も自由に成長することのできる場所だ。新しいシステムは、ＳＫＵではなくサブスクライバーを中心に据えることで、その自由を大きく広げてくれる。

第15章

組織にサブスクリプション文化を根づかせる

ビジネスモデルに適した企業文化に変える

おめでとう、あなたの会社はついに新しいサブスクリプション・サービスを開始した。エンジニアたちはベータ版の検証とアップデートを続けている。マーケティングチームはサブスクライバーの立場に立って、4つのPの改造に余念がない。営業チームは成長への明確な道を見出している。財務チームはバックオフィスから出てきて、ビジネスモデル転換の旗振り役を買って出ている。ITチームは新しいサービスを開始し、実験と検証による学習を繰り返している。システムを通じて顧客の行動データも入り始めた。定期収益も発生している。すべて順調だ。

そうなるはずだった……しかし、そうなっていない。全然そうなっていない。営業チームは新機能の構築を要請してエンジニアたちを困らせている。エンジニアたちは営業は黙って売って歩いていろと突き放している。財務チームは新規顧客の多くにチャーンのリスクがあると言って水を差している。営業チームは例によってマーケティングチームに責任をなすりつけている。そして全員が、ありとあらゆる理由でIT部門にケチをつけている。警鐘を鳴らしたり問題の火消しに動く以外のことでは、どうやら部門間の協力は進んでいないようだ。

なぜこんなことになるのだろう？　ビジネスモデルを変えても、これまでの仕事の進め方が変わっていないから、こういうことが起こるのである。

「顧客重視」というのは単純なコンセプトだが、実現するのは難しい。そのためには企業文化を変えなくてはならない。製品ファーストの文化は、工場の組み立てラインのように組織の考え方にがっちり根を下ろしている。自分の持ち場を離れるな、自分の仕事をしろ、すんだら次の担当者に回せ——このような文化はもはや機能しない。

サブスクリプション文化とは、自社のサービスを使ってくれている顧客に確実に成功してもらうことであり、それを自社の収益に変換することに他ならない。このようなサブスクリプション文化がなかなか根づかないのはなぜなのだろう。これまで機能してきた古い組織構造が残っているからだ。前進を阻む最大の存在は自社の組織にある。問題が中にあるという点では、恐ろしい電話が家族の誰かからかかってくるホラー映画と同じだ。

私たちの頭の中には、機能別に組織された会社の姿がたたき込まれている。そこには製造部門があり、マーケティング部門があり、営業部門があり、IT部門がある。戦後の米国で急速な成長をめざした企業にとって、この構造は非常に意味があった。厳密な部門別組織のほうが速く成長できたのである。しかし、今日の顧客は企業に異なる方法を迫っている。顧客は企業の組織のことなど気にかけてはいない。

ズオラの初期の頃、私たちもこの問題に直面した。ビジネスは順調に拡大していたが、多くの企業のように、誰もが部門の仕切りの中に閉じこもり始めていた。部門間では、顧客にとって何がよいことかではなく、誰が何をすべきかという、責任を押しつけ合うような議論ばかりが目立ち始め、顧客が置き去りにされた。この縦割り思考を打破しなければならないことは明らかだった。しかし、どうすればそれができるのか見当もつかなかった。

最初に思いついたのは、組織を顧客別に編成するという方法だった。本当に顧客中心の会社になりたければ、それぞれの顧客に特化した対応を行い、補完的なスキルを提供できるような体制を整える必要があると考えたのだ。あなたはこの顧客のマーケティング担当、あなたはこの顧客の営業担当、あなたはこの顧客の製品担当、という具合だ。しかし、この方法は柔軟性に欠けることが判明した。実際、この方法でビジネスを拡大させることはできなかった。

それに、顧客別の編成などせず、専門知識を共有する人材を同じグループに置いておくこと自体に利点がある。開発担当者は切磋琢磨してスキルを高めることができるし、営業担当者も重要事項を知らせ合ったり、一般的な経験や知識を共有することができる。顧客別組織では専門的スキルが育たないというわけではないが、自分の部門の責任だけを考えるようになる危険性がある。

私たちは各部門に対し、自分が果たすべき機能を明確に認識すると同時に、組織図を超越した次元で会社の全体を見て、その真ん中に顧客を置いてほしかった。そして社員一人ひとりに、会社全体に対するオーナー意識を持ってほしいと思った。

そのことを考え抜いた結果、私たちは「PADRE」というフレームワークをつくった。

ズオラの8つのサブシステム「PADRE」

PADREとは何か？　それは、ズオラという会社の全体を可視化するための8つのサブシステムである。その中心にはすべて顧客が置かれている。

①パイプライン（Pipeline）

最初は「パイプライン」を管理するためのシステムである。消費者向けのサブスクリプション企業は「ポジション」とも呼ぶ。自社と市場をつなぐパイプラインの管理ということもできる。このサブシステムの重要なゴールは、市場での認知を高め、それを需要につなげることだ。そのためには市場に自社の物語を理解してもらうことが必要になる――ズオラとは何者か、ズオラが存在する理由は何か、ズオラは何をするのか、ズオラが提供するメリットは何か。

もちろん、潜在顧客に対してだけでなく、影響力のあるジャーナリスト、アナリスト、顧客がやりとりする機会のあるベンダーなどへの働きかけも必要だ。その狙いは、多数の潜在的サブスクライバーに関心を持ってもらい（できれば十分な情報も）、ウェブサイトにアクセスしたり、アプリをダウンロードしたり、営業担当者や販売業者に問い合わせてもらうことである。

②獲得（Acquire）

次は顧客の「獲得」をゴールとするサブシステムである。カスタマー・ジャーニーの管理もこのシステムの仕事だ。このサブシステムを通して知りたいのは、たとえば次のようなことだ。潜在的なサブスクライバーはどのように意思決定を行っているか？　彼らの成功の基準は何か？　彼らが選ぶかもしれない別のソリューションは何か？　浮上するかもしれない異論は何か？　誰か一緒にチェックインしなくてはならない人（配偶者、家族、上司、ＣＦＯ、チームメンバーなど）がいるか？　どうすればサービスを適切に調整できるか？　どうすれば顧客の成功がわが社の成功をもたらすという関係を確立できるか？

潜在顧客と契約を交わし、契約に基づいてサブスクリプション提供の関係が始まったときから、実際の価値の創造が始まる。顧客が増えるにつれて、さまざまな業界でサブスクリプション・モデルがどう機能するかを知ることができ、ベストプラクティスとベンチマークを顧客と共有することができる。どうすればそれが実現できるか、このシステムを通して考えることができる。

③導入（Deploy）

顧客の事業をいかに迅速かつ効率的にズオラのプラットフォームに統合するか、つまり「導入」に関わる事柄を管理するのがこのサブシステムである。ここで、最初の摺《す》り合わせを正しく行わなければ成功はおぼつかない。

たとえば、フィットビット（Fitbit）〔ウェアラブル活動量計〕が届いたとき、数回は腕に着けて運動したけれど、その後忘れてしまっていたりしないだろうか？　オンラインゲームの「クラッシュ・オブ・クラン」では自分の村をつくるところまで進んだか？　営業チームはこの新しいコンテンツ有効化システムを使っているか？　ブルーエプロン（Blue Apron）やサンバスケット（Sun Basket）から宅配された食材を使った最初の料理体験は楽しめたか？　顧客のビジネスが実際に動き始めれば、サービスの利用度も高まる。

④利用（Run）

サブスクリプション企業の成否は、顧客がその企業のサービスの利点を長期にわたってしっかり「利用」してくれるかどうかにかかっている。顧客が利用してくれないものを提供しても、それはビジネスの成長を妨げ、価値を損なうだけだ。このサブシステムの問題意識はそこにある。

顧客は毎日、あるいは毎週ログインしてくれているだろうか？　どうすれば顧客が日々成功を収めていることを確認できるだろう？　使われていない機能はどれだろう？　顧客はサービスのパフォーマンスに満足しているだろうか？　ダウンタイムの問題はないか？　顧客はあなたに合格点を付けているか？　トラブルや失敗から何を学んだか？

⑤拡大（Expand）

サブスクリプション企業は顧客に3つのことを期待する――契約継続、成長、アドボカシー〔支援〕の3つだ。そのためには、企業は顧客に価値を提供し、他社よりもよいサービスを提供することで「拡大」していかなくてはならない。その領域をカバーするのがこのサブシステムだ。

どうすればそれができるだろう？　どうすれば顧客との関係を深めることができるだろう？　使ってもらいたい別の機能はないか？　ウーバーが好きな顧客なら、ウーバープール（UberPool）を試してくれるのではないだろうか？　職場のノートパソコンでスポティファイを聴いている人なら、ソノス（Sonos）のスピーカーでストリーミングしてもらえるのではないだろうか？　カスタマー・サクセスの追求は、たんなる割り振られた業務ではなく会社の指針であることを、どうすれば全社員に徹底することができるだろうか？

⑥人材（People）・⑦製品（Product）・⑧資金（Money）

PADREには、以上の他にあと3つ、見えないところで会社を管理する重要なサブシステムがある。「人材」「製品」「資金」の3つだ。

企業はすぐれた人材を雇い、彼らの進歩と成長を助ける必要がある。人員計画と事業目標の足並みを揃えて進めていくにはどうすればよいだろう？　また、製品やサービスは、顧客の非効率解消にとどまるのではなく、新たな機会の創造に寄与するものでなくてはならない。どうすれば素晴らしいアイデアを生み続ける研究開発ができるだろう？　そして最後に、企業はリソースを

図表14　8つのサブシステム「PADRE」の概要

効果的に管理する必要がある。自分たちはどれぐらい速く、どれぐらい大きく成長したいのか、そしてそれにふさわしいお金の使い方はどのようなものだろう？　こうした問いに向き合うのが、これら3つのシステムである。

というわけで、8つのサブシステムを示す名前は本当ならPADRE／PPMだが、私たちは後ろの3つを省いてPADREと呼んでいる。図表14はその概要である。

ここで、「ちょっと待ってほしい」という声が聞こえてきそうだ。「これは業務の内容をただ並べているだけじゃないか」「名前が違うだけで、これまでの厳密な組織構造と同じなのでは？」「〝パイプライン〟というのは要

するにマーケティングだし、〝獲得〟は営業でしょう?」(その他のサブシステムについても同じ疑問が続くが省略する)

その疑問にお答えしよう——全然違う。

これは、通常の部門、役割、組織図を超越する考え方を示した図だ。サブスクライバーを中心に置く会社の揺るぎない自己認識の絵だ。当然ながら、企業は常に変化する。優先順位からして変わる。来る人がいれば去る人もいる。こちらでワーキンググループが生まれたかと思えば、あちらでプロジェクトが完了する。会社が大きくなるにつれて専門化が進み、当然ながら物事は複雑になる。組織は成長し始め、あらゆる種類の思いがけない枝分かれが起こることもある。だが**何が起こっても、これら8つのサブシステムの精神は変わらない**。

そして、ここがいちばん重要なのだが、これらのサブシステムが成功するための唯一の方法は、**組織の壁を越えてクロスファンクショナルな連携が取れていることである**。

例を挙げよう。あるとき、私たちは導入(サービスを使い始めてもらう段階)の問題を抱えていた。ズオラは高度な金融エンタープライズ向けプラットフォームを提供しているので、お客様にパスワードを知らせてログインしてもらえば終わり、というわけにはいかない。すぐ思いつく方法は、導入を扱うチームに処理を任せるというものだ(業界ではこれを〝プロフェッショナルサービス〟と呼ぶ)。しかし、私たちはその方法を採らなかった。社員全員にこの問題についてたずねることにしたのだ。

私たちは社外で会議を開き、導入のプロセスを改善する方法について各部門でブレーンストーミングを行った。その結果、この問題は、営業グループが顧客に適切ではない期待を抱かせてしまっていることが原因だとわかった。

それがわかったとき彼らはこう言った。「これからは契約書にサインしてもらう前に、サービスの利用開始までにどれぐらい時間がかかるとか、顧客側でこれこれこういうリソースが必要になるとか、そういうことすべてが透明になるような説明書を渡すというのはどうだろう」。エンジニアリング・チームは、やめても差し支えない顧客先での導入前研修がないか見直してみると言った。カスタマーサポート・チームからも提案があった。「導入直後の企業からのフィードバックを、ポジティブなものもネガティブなものも全部拾ってチェックリストを作成してみようか。問題になりそうなポイントがわかっていれば、あらかじめ潰しておけるだろうから」

ズオラの全部門で、これに類した話がある。1つの部門で問題が生じた場合、解決策はその部門の中だけにとどまることはなく、常に組織の壁を越えて全組織に拡がるからである。

PADREを活用したオペレーション

PADREは私たちが行うすべての活動に行き渡っている。私たちはPADREから生成されるあらゆるメトリクスを全社で共有している。その中には、パイプライン・カバレッジ、販売数、導入まで進んだ顧客企業数、リテンション関連の統計、事業拡大の進捗度などが含まれている。

私たちは、採用後の研修の中で新入社員全員にこれを教えている。

私たちのオペレーションに、週ごと、四半期ごと、年度ごとのリズムを与えてくれるのもPADREだ。ズオラの全マネジャーには毎週、自分たちがいまどの地点にいるかを示す8枚のスライド（各サブシステムにつき1枚）が示される。それには赤・緑・黄色のフラグが立てられていて、注意が必要なポイントが一目でわかるようになっている。会社が成長して顧客をセグメントするようになってからは、地理別バージョンと顧客サイズ別バージョンのPADREレポートも作成している。

マネジメント・チームは、四半期に1度のペースで、各サブシステムの健康状態を掘り下げて確認することにしている。四半期13週という時間は、8つのサブシステムが順調に動いていることを確認するのに十分だ。必要と判断すれば、1つのサブシステムを四半期に2度確認することもある。

その過程で、システムの抜本的改革に踏み切ることもある。ビジネスが大きく変化してシステムが追いつけていないような場合にその必要が生じる（ほとんどは事業規模の拡大による）。そのような改革は、私が起点となり、各機能のリーダーたちを介して当該部門のマネジャーを巻き込んでいく、真にクロスファンクショナルな取り組みとなる。たとえば、ズオラが単一の製品だけを売る会社から複数の製品ラインを持つ会社に変わったときには、プロダクト・サブシステムを一新する作業を行ったが、すべての部門が関わる全社挙げての取り組みとなった。

PADREはオペレーションのためのフレームワークだが、サブスクリプションの文化を組織に根づかせる構造でもある。そして、おそらく後者のほうが重要である。直観的なカスタマー・インサイト――ズオラが小さな会社だったときには苦もなく得ることができ、ビジネスに活かすことができた感覚――を持ち続ける文化。会社が大きくなるにつれて鈍っていく、顧客のニーズに対する鋭い感覚を保持する文化。そのような文化を組織に根づかせてくれているのがＰＡＤＲＥだ。

そのような文化が根づいていることで、われわれが組織として獲得した知識は断片化と散逸を免れ、一握りの個人に専有されることもない。結局のところ、会社全体が獲得したカスタマー・インサイトこそ、その会社が何者になれるのかを決め、競争優位をもたらすのだ。そのインサイトを失う者は、自分を失う。

古き良き、新しいビジネスの世界

かつて私たちは知っている人から物を買った。肉も、パンも、道具も、野菜も、どこの誰か知っている人から買った。売る側も買ってくれた相手のことを知っていた。たいていは同じ村に住む隣人だったからだ。そのようなビジネスのあり方は、はるか昔、産業革命がもたらした製品重視の時代に姿を消した。しかしそれが、大きく姿を変えてサブスクリプション・エコノミーとなって舞い戻ってきた。しかも、そもそも必要ではなかった余計なもの――計画的陳腐化、大量の売れ残り廃棄物、モノを所有するという概念そのもの――をこそぎ落として。

これまで私たちは、動きが鈍く腰が重い事業や組織に携わってきた。しかし、サブスクリプション・モデルにスイッチが入ると景色が変わり、成長が見え始める。成長には課題が伴うが、本当の意味で成長しているときは苦にならない。新しいアイデアを試すことができる。思考は内に向かわず外に向かう。失敗からではなく成功から学ぶ（失敗からも学ぶことはあるだろうが）。しかし、何より重要なことは、このビジネスでは**相手がわかっている**ということだ。すべてが流動的だが粘り強さもあり、情報《インフォメーション》もあれば創造的刺激《インスピレーション》もある。そこでは、誰もが〝デジタル・トランスフォーメーション〟の経験について語っている。

それは幸せなビジネスだ。なぜなら、サブスクリプション・ビジネスは、**顧客の幸せの上に成り立っている唯一のビジネスモデル**だからだ。考えてもみてほしい。あなたの顧客が幸せになれば、彼らはあなたのサービスをもっと使ってくれ、友だちに勧めてくれ、あなたは成長することができるのだ。四半期が始まる時点で、収益もわかっている。顧客行動に関するデータに基づいてスマートな意思決定を行うこともできる。自社の顧客ベースから、計り知れない競争優位につながるカスタマー・インサイトを得ることもできる。これが〝幸せなビジネス〟でなければ何なのか。幸せな顧客がいて、サービスを提供する幸せな企業がいる。両者は互いに強め合い、努力を続ける。その関係には始まりも終わりもない。

謝辞

まず最初の感謝を、ともにズオラを立ち上げ、サブスクリプション・エコノミーを創造する旅に導いてくれたK・V・ラオとチェン・ゾウに捧げたい。マーク・ベニオフには、セールスフォース・ドットコムで働く機会を与えてくれただけでなく、無謀とも思える私の賭けを励ましてくれたことに感謝したい。フランク・エルンスト、ミン・リ、モニカ・サハ、レオ・リウ、トラヴィス・フッチ、シー・ヤン、リチャード・テリー＝ロイド、ジェフ・ヨシムラ、ミーガン・ゴールデン、マドゥ・ラオをはじめ、すべての名前は挙げられないほど多くの人がズオラ成功の基礎を築いてくれた。ビジネスについての私の考え方を変えてくれたタイラー・スロートと彼の素晴らしい財務チームに感謝する。

本書の制作進行を手際よく管理してくれたマーク・ヘラー、労を惜しまぬ献身と忍耐を示してくれたアシスタントのニニ・ソンバーグ、調査や確認のために時間を提供してくれたジン・ジン・シァ、アン・リ、トッド・ピアソン、アルヴィナ・アンター、ネイサン・ヘラー、スティーブ・イーガー、ケビン・スアー、ロバート・ヒルデンブランドに感謝する。

エリカ・モッバーグとアーシ・ラヤプラには編集面での支援と貢献に対し、カール・ゴールドにはデータ面での貴重な指摘に対し、ショーン・ミドルブッシャー、ローレン・グリシュ、ペイシャン・リにはデザイン面での専門能力とディレクションに対し、ジェニファー・ピレッギとアンディ・ハックバートにはその卓越した法的思考に対し、Eコマース・チームにはその素晴らしい働きに対し、そして友であり同志であるマーク・デュアンにはその変わらぬ友情に対し、心からの感謝を捧げたい。

「Subscribed」のカンファレンスやマガジン、ポッドキャストからは、いつも創造的刺激と洞察をもらっている。ゲストとして参加してくれたデイビッド・ワドワーニ（アップ・ダイナミクス）、マット・アンダーソン（アロー・エレクトロニクス）、ジェフ・ポッターとマック・カーン（サーフエア）、アンディ・メイン（デロイト・デジタル）、ガイティス・バルデュカス（GEデジタル）、アンソニー・フレッチャー（グレイズ）、ジェイミー・アリソン（フォード）、J・B・ウッド（テクノロジー・サービス・インダストリー・アソシエイション）、レイド・デラマス（クランチロール）、アンディ・ムーニーとイーサン・カプラン（フェンダー）、そしてサム・ジェニングス、ピーター・クライスキー、ジュディ・レーア、アン・ジャンザー、ロビー・ケルマン・バクスターに感謝したい。

本書は私の初めての著書であり、着想から完成までの体験は私にとってかけがえのない貴重なものとなった。著者エージェントのジム・レビン（レビン・グリーンバーグ）、編集者のカウシク・ヴィスワナス（ペンギン・ランダムハウス）、価値ある助言と激励を与えてくれたカーライル・アドラー、本書の主張を適切に伝えるために倦《う》むことなく努力してくれたジェイン・スカンシオ、そして不退転の決意で本書に取り組んでくれたゲイブ・ワイザートに心からの感謝を申し述べたい。

監訳者あとがき

本書は２０１８年６月にペンギンランダムハウス・グループのポートフォリオ社より刊行された*Subscribed: Why the Subscription Model Will Be Your Company's Future - and What to Do About It*の全訳である。米国では刊行後に『ＵＳＡトゥデイ』『ロサンゼルス・タイムズ』のベストセラーリストに名を連ね、『ウォール・ストリート・ジャーナル』に好意的な書評記事が掲載されるなど、注目を集めているビジネス書だ。

著者のティエン・ツォ氏は、セールスフォース・ドットコムの創業期に11番目の社員として入社し、ＣＭＯ（最高マーケティング責任者）やＣＳＯ（最高戦略責任者）を歴任。当時の経験から「サブスクリプション・エコノミー」の到来をいち早く予見し、２００７年にズオラ（Zuora）を創業しＣＥＯに就任した。その後、ズオラは２０１８年４月にニューヨーク証券取引所への上場を果たし、現在では世界に１０００社以上の顧客を持つ企業へと急成長を遂げている。それらの実績によりティエンは米国における思想的リーダー（Thought Leader）の1人に数えられており、日本でのイベントの際には彼にサインを求める来場者も少なくない。また、ズオラは「The World Subscribed」というビジョンを掲げており、彼自身が世界各国でサブスクリプション・ビジネスのエバンジェリストとして活動を行っている。

日本におけるサブスクリプションの認知度向上

私がティエンに初めて会ったのは2014年の夏であった。その頃、彼は社長のマーク・デュアンとともに日本市場での展開に備えて来日し、ある方の紹介で私は2人に会うことになった。率直にいえば、当時の私はズオラをよく知らなかったので、あまり興味はなかった。しかし、事前にティエンのプレゼンテーションをユーチューブで視聴し、強烈なパッション（情熱）に圧倒された。彼が、社会変革のための大きなチャレンジをしているということに感動し、私自身も彼らと一緒に社会を変えるようなチャレンジがしたい。そうした思いで会合に臨み、私はすぐにズオラで働くことを決意したのだ。その年の秋にはズオラとコンサルタント契約を結び、翌2015年2月には社員2人を採用、そこからは3人で日本法人の立ち上げに邁進し、同年9月にズオラ・ジャパン（Zuora Japan）株式会社を設立する運びとなった。

当初はサブスクリプションを日本語でどう表現すれば国内企業に伝わるのかと試行錯誤したものだが、設立から3年が経ち、日本でも「サブスクリプション」という言葉の認知度はかなり高まったという印象を受ける。

折しも、私たちが日本法人を設立した2015年は「サブスクリプション元年」と呼ぶべき年で、いくつもの追い風が吹き始めていた。まず、定額制の音楽・動画配信が相次いで日本に入ってきて、B2Cを中心にサブスクリプションという言葉が広がった。また、IoTやデジタル・トランスフォーメーションが日本でもキーワードとなり、その収益モデルが主にサブスクリプションであることから、製造業を中心に認知度が高まった。

そしてもう1つ、強力な追い風となったのがディスラプター（創造的破壊者）の出現である。テクノロジーを武器に既存のビジネスを破壊していくディスラプションが日本でもB2Bの分野で起こり始め、プロダクト販売モデルからサブスクリプション・モデルへの移行を促したのだ。

たとえば、既存のソフトウェア市場に対してクラウドベースでサービスを提供するディスラプターが出現し、危機感を持った競合企業が慌ててサブスクリプションに移行するという動きがみられるようになった。あるいは、プロダクト販売モデルで成長し続けることが難しくなってきた製造大手が、従来の自社製品でカバーできる枠を超えて、顧客の上流から下流までのすべてのニーズに対してサービスを提供するという動きも出てきた。2011年にGEのジェフ・イメルトCEO（当時）は「今後、製造業はすべてソフトウェアの会社に変わらなければならない」と言ったが、それを肌で感じる出来事が日本でも起こり始めたのだ。

これは言い換えれば、日本で戦前から100年以上も続いてきた「モノを売って収益化する」というビジネスモデルが大きな転換点に来ているということだ。「計画的陳腐化」は、まさにそれを象徴するものだった。うまく陳腐化していく仕組みを作り、頻繁に新製品を送り出し、顔も見えない消費者に購入を促していた。そういう時代が終わろうとしている。

それを後押ししたのがテクノロジーの進化・普及であり、「所有」から「利用」へという消費者ニーズの変化であり、若い世代の新しい価値観である。

サブスクリプションは「ビジネスモデル変革」

日本でサブスクリプションという言葉が浸透してきたのは喜ばしいが、一方で、いまだに多くの方々が誤解していることがある。すなわち「サブスクリプション＝月額課金」という考え方だ。

以前から日本では、サブスクリプションは月額課金とほぼ同様の意味で使われてきた。月額課金は料金プランが固定的で、一旦ベーシックプランで加入するとそのベーシックプランを続けるか、もしくは解約をするだけで、それ以外の選択肢がない。しかし、私たちの言うサブスクリプションは、常に変化する顧客ニーズに対応するためにアップグレードやサービスの追加で顧客価値を高め、顧客の利用状況などによっては解約を防ぐためにダウングレードを提案する。また、顧客の都合でいつでもサービスを休止・再開できるような選択肢を提供しながら、一日でも長く利用し続けてもらうための施策を打つことにより収益化するモデルである。これは単なる月額課金とは異なる。

もう少し大きな枠組みでみると、日本企業の多くはサブスクリプションを単なる「課金形態の変更」と捉えている。一方、欧米企業は「ビジネスモデル変革」と捉えている。課金形態の変更というのは、たとえば今まで1000万円で販売していたものを12で割って月額払いに変えただけという考え方だ。サブスクリプションはそれとは明らかに異なる。顧客（サブスクライバー）とダイレクトにつながり、個々の顧客のウォンツとニーズの変化を常にきめ細かく把握し、永遠のベータ版としてサービスを進化させ続けながら、その価値に見合った価格やプライシングモデルで提供する。それにより長期にわたる顧客リレーションシップを構築し、その上で収益化を実現するという新しいビジネスモデルである。

5年後の成長企業になるために

いま私たちは、2つの視点で大きな変化に直面している。1つは消費者視点で、人々のニーズが「所有」から「利用」へと大きくシフトしていること。もう1つが企業視点で、モノが売れない時代を迎え、戦前から続いてきたプロダクト販売モデルでは成長が見込めなくなっているということだ。

これらの変化を日本企業はどう捉えるか？ あくまでも既存のビジネスモデルの延長線上に成長を求めるのか。それとも、新たな成長の機会と捉えて、新しいビジネスモデルをもとに成長戦略を描くのか。どちらを選択するかによって、5年後、10年後に生死を分けるほどの大きな違いが出てくるであろう。

ビジネスの特性上、私たちは大企業のみならずスタートアップ企業との付き合いも多い。両者を比べると、大企業の多くは動きが遅く、変わる気概が感じられないのに対して、スタートアップ企業はものすごいスピード感で新たな取り組みを次々に実施している。ディスラプターの彼らからは「大企業が眠っているうちに勝負をつけるから、彼らを起こさないでくれ！」と言われるが、大企業には彼らが敵だという認識すら持っていないケースも少なくない。

5年後、10年後に成長企業であるためにはいま何が必要か。本書をお読みいただいた読者諸賢には、ぜひそれを考えて実行につなげていただきたい。現に、米国で原書が発売されてからわずか数カ月のあいだに、グローバル企業の経営層が原書を参考にしてサブスクリプションで新たなサービスを始める例が出てきている。その中には、グローバルに先駆けて日本国内でビジネスを展開しようとしている企業もある。ビジネスの大きな転換点を迎えたいま、変わる気概を持って行動に移せるかどうかが成功をつかむ鍵となるのではないか。

最後になるが、ズオラ・ジャパン株式会社の設立に際してご支援を頂いた株式会社セールスフォース・ドットコム元代表取締役社長の宇陀栄次氏に、この場を借りて心から感謝を申し上げたい。また、多忙な業務の中で訳稿チェックに協力して頂いたズオラ・ジャパンの西山誠一氏、竹内尚志氏にも、改めて感謝を申し上げたい。両氏と私は日本法人を一緒に立ち上げた初期メンバーであり、本書を通して再び共同作業ができたことは貴重な経験となった。さらに、ズオラ・ジャパンの社員一同には、この3年余りで急成長を遂げられたことに対して御礼を申し上げる。

２０１８年10月

桑野順一郎

使用して行われる。

ここで扱われる成長率は、コンピュータが計算する加重平均なので、ズオラの顧客ベース全体の成長率を示すものではなく、顧客企業の典型的な成長率を示すものである。各サブインデックスは、SEI全体と同じデータ基準を満たす最低25社以上で構成されている。

資料

S&P Dow Jones Indices
S&Pダウ・ジョーンズ指数
http://us.spindices.com/indices/equity/sp-500

US Census Bureau, "Monthly Retail Trade and Food Services"
米国国勢調査局「月間小売取引と食品サービス」
www.census.gov/econ/currentdata/dbsearch?program=MRTS&startYear=1992&endYear=2016&categories=44000&dataType=SM&geoLevel=US&adjusted=1&notAdjusted=1&submit=GET+DATA&releaseScheduleId=

McKinsey, "Grow Fast or Die Slow"
マッキンゼー「速い成長か、緩慢な死か」
www.mckinsey.com/industries/high-tech/our-insights/grow-fast-or-die-slow

US GDP Growth
米国のGDP成長率
www.bea.gov/newsreleases/national/gdp/gdpnewsrelease.htm

ズオラについて詳しく知りたい方はwww.zuora.com（英語）もしくはjp.zuora.com（日本語）をご覧いただきたい。

るのに最も費用がかかる部分でもある。しかし、はっきりとした価値を提供していないものに対して料金を請求する企業は、顧客のエンゲージではなく怒り《エンレイジ》を買う可能性があることを忘れてはならない。

結論

定期収益をめざすサブスクリプション・ビジネスは、100％の成功を保証するものではないが、ARPA を高め、契約アカウント数を増やし、チャーン率を最小限に抑え、従量課金の利点を活かして顧客の生涯価値を高めることに努めるなら、この研究が報告しているのと同等もしくはそれ以上の速さで成長することができるだろう。

サブスクリプション・エコノミー・インデックスの方法論

サブスクリプション・エコノミー・インデックス（SEI）は、ズオラが顧客企業に提供しているサブスクリプション・マネジメントサービスのプラットフォーム上で生成、集約、匿名化されたデータを使い、サブスクリプション・ビジネスの有機的成長を追跡したもので、対象期間は2012年1月1日から2017年9月30日までである。

ズオラはこの調査を隔年ベースで実施している。調査は、定期収益の有機的成長率の平均レベルを測定するために、ズオラのプラットフォーム上で少なくとも2年間活動した365社以上について、システム上での活動にともなうさまざまな数値の加重平均を

グラフ13 業界別の従量課金の採用状況

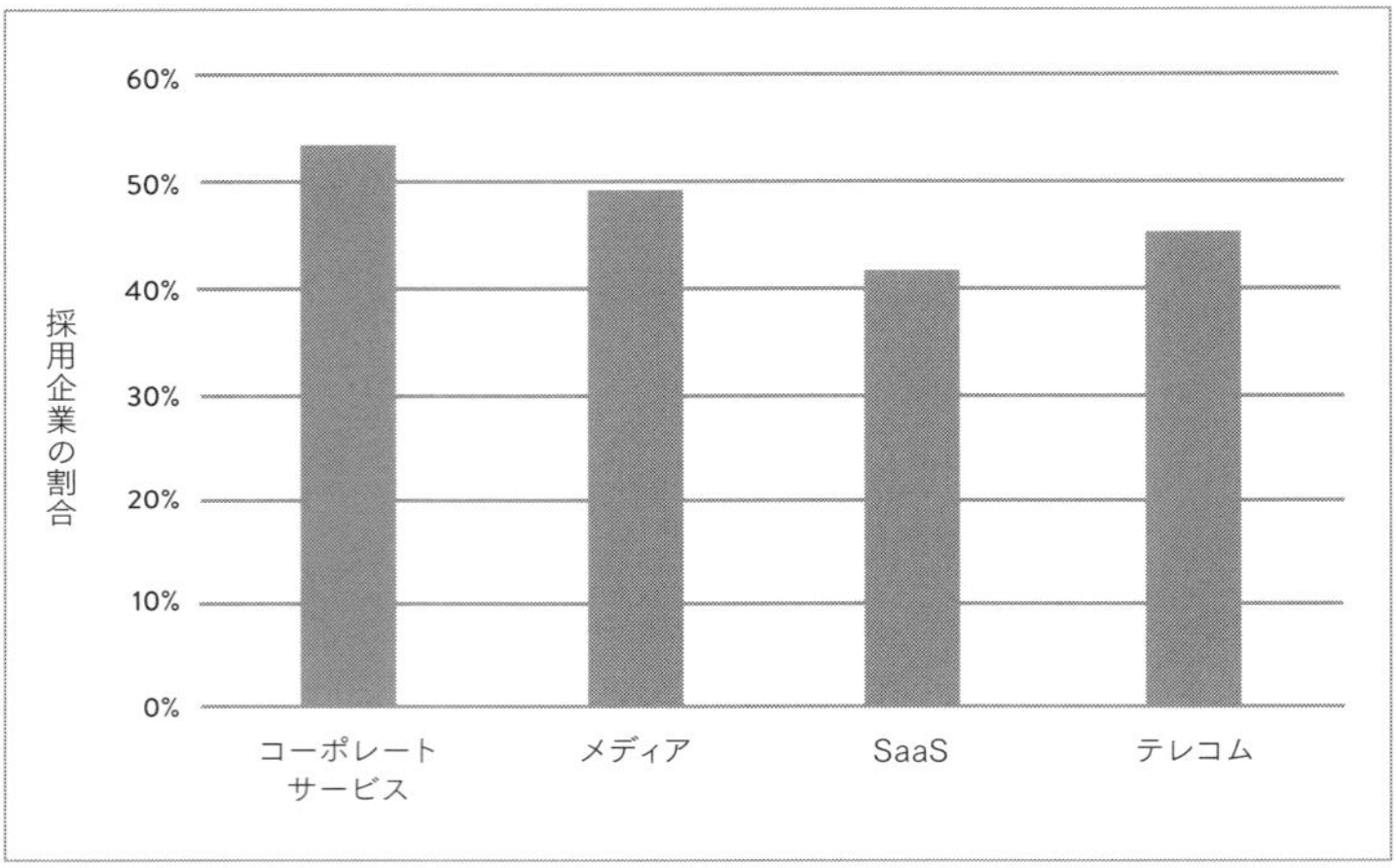

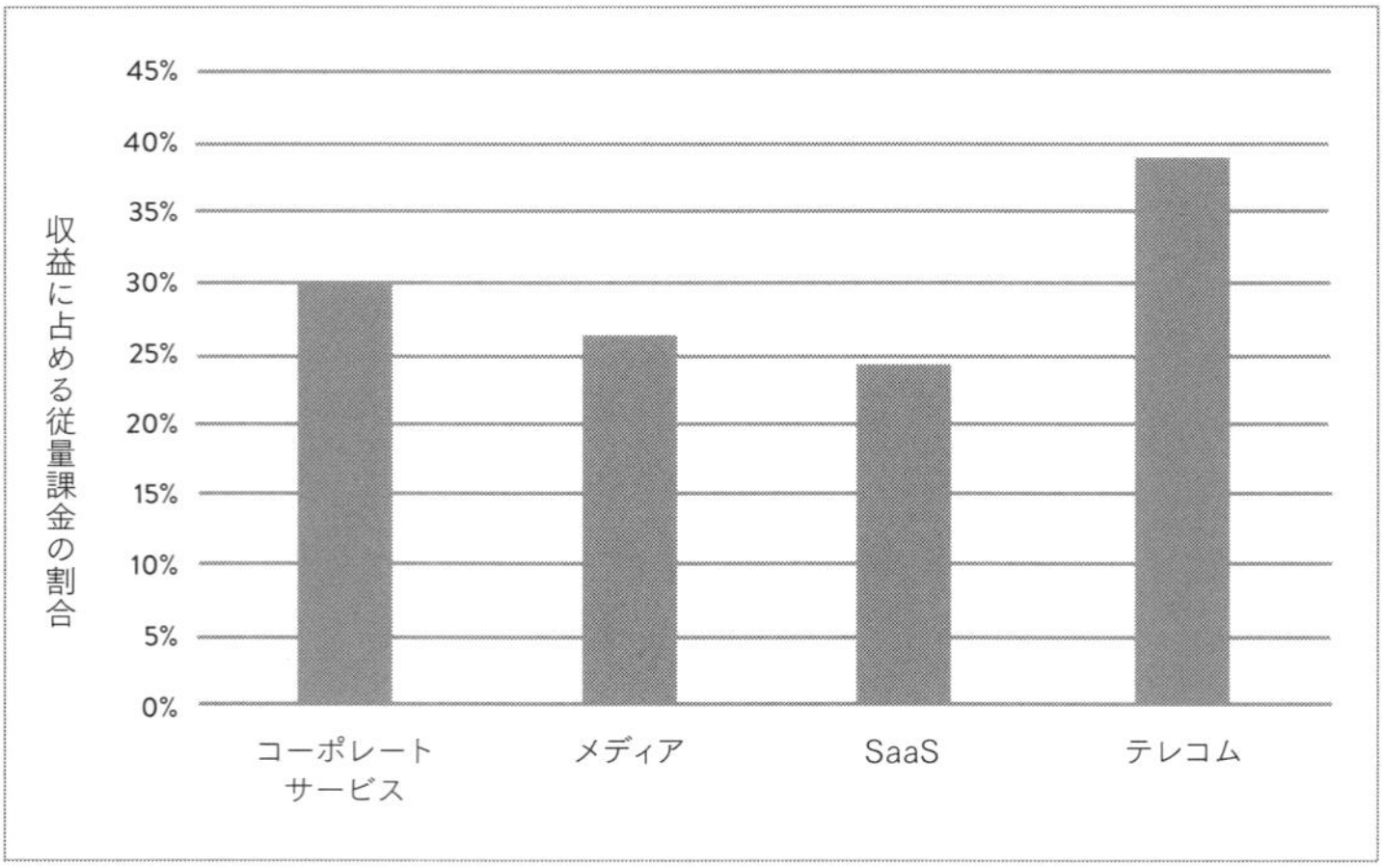

注：下グラフは従量課金の採用企業のみを対象とした数字。

かわらず、採用していない企業よりも顕著に低いことがわかった。従量課金を採用していない企業のチャーン率37%に対し、採用している企業は26%（収益に占める従量課金の割合10%以下の企業の場合）で、約10ポイントも下回っている。このチャーン率の低さは、サブスクリプション・エコノミーの根幹にある約束を果たす企業は高い顧客満足度とエンゲージメントを達成できることを示している。根幹にある約束とは、得たものに相当するだけのお金を払う、という考えである。

どの顧客区分が従量課金方式の契約を多く採用しているのかを把握するために、ビジネスモデル別（グラフ12）ならびに業界別（グラフ13）に採用状況を調べた。従量課金方式の契約はB2B企業で最も多く、個人消費者に直接販売するB2C企業で最も少なかった。B2Bの約50%が従量課金を取り入れており、その場合の収益全体に占める従量課金からの収益は平均で25%を超えていた。B2C企業の場合、採用は30%未満にとどまり、収益に占める割合も16%と低かった。業界別に見ると、導入状況に大きな差は認められなかったが、驚いたことにSaaS企業が最も低かった（41%）。

サブスクリプション・エコノミーの中で活動するあらゆる企業にとって、従量課金は確実に成長を約束してくれるテコだろうか？　トップ企業の実績の記録からは、この方式を採用しなくても成長できる大きな可能性があることがわかるが、われわれとしては、すべての企業に漸進的な従量課金を採用することを推奨したい。従量課金でサービスを提供できるという機能は、通常はサブスクリプション・サービスの中核的なバリュー・メトリックだからである。それは最も活用する価値の高い機能であり、実施す

グラフ 12　ビジネスモデル別の従量課金の採用状況

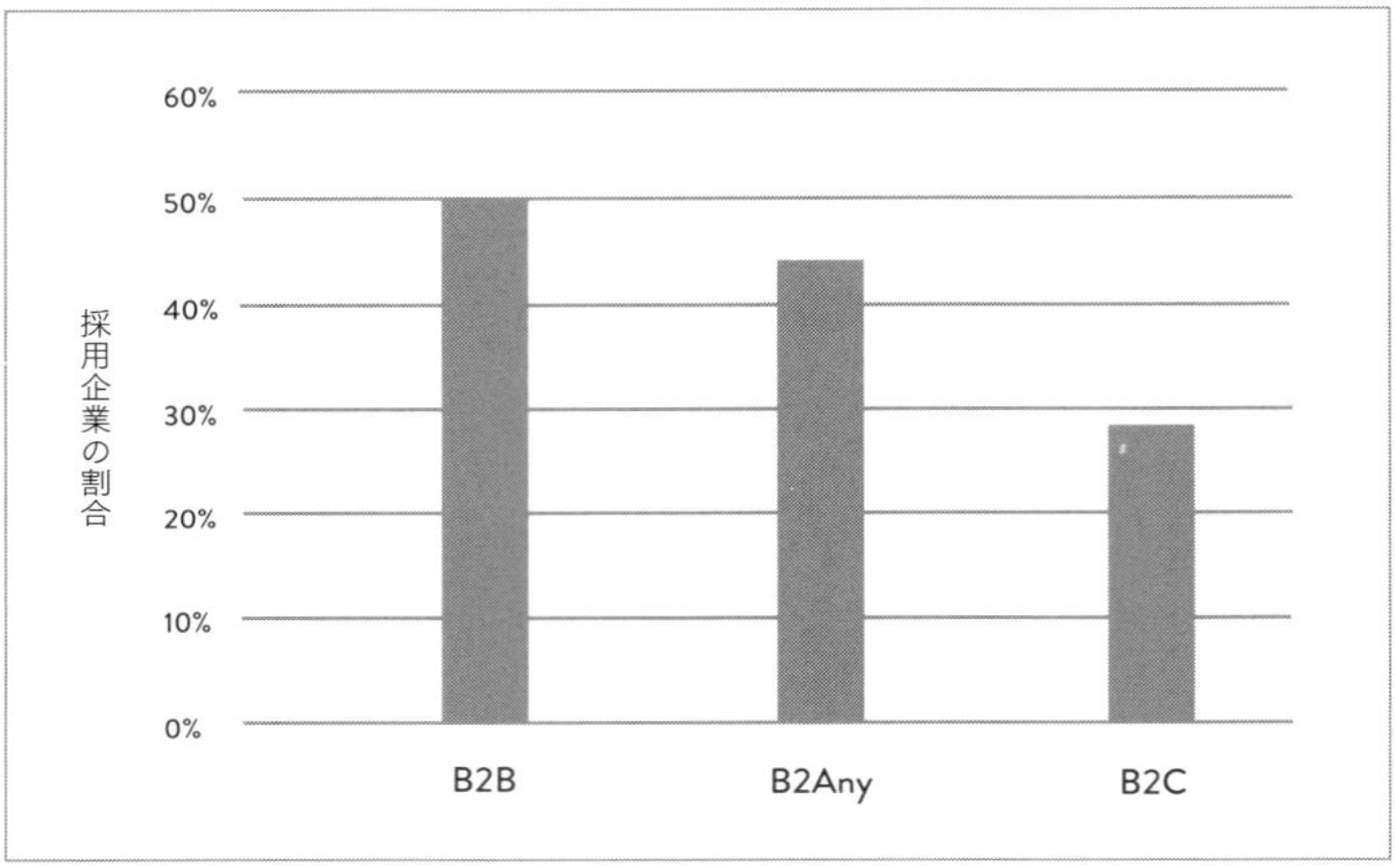

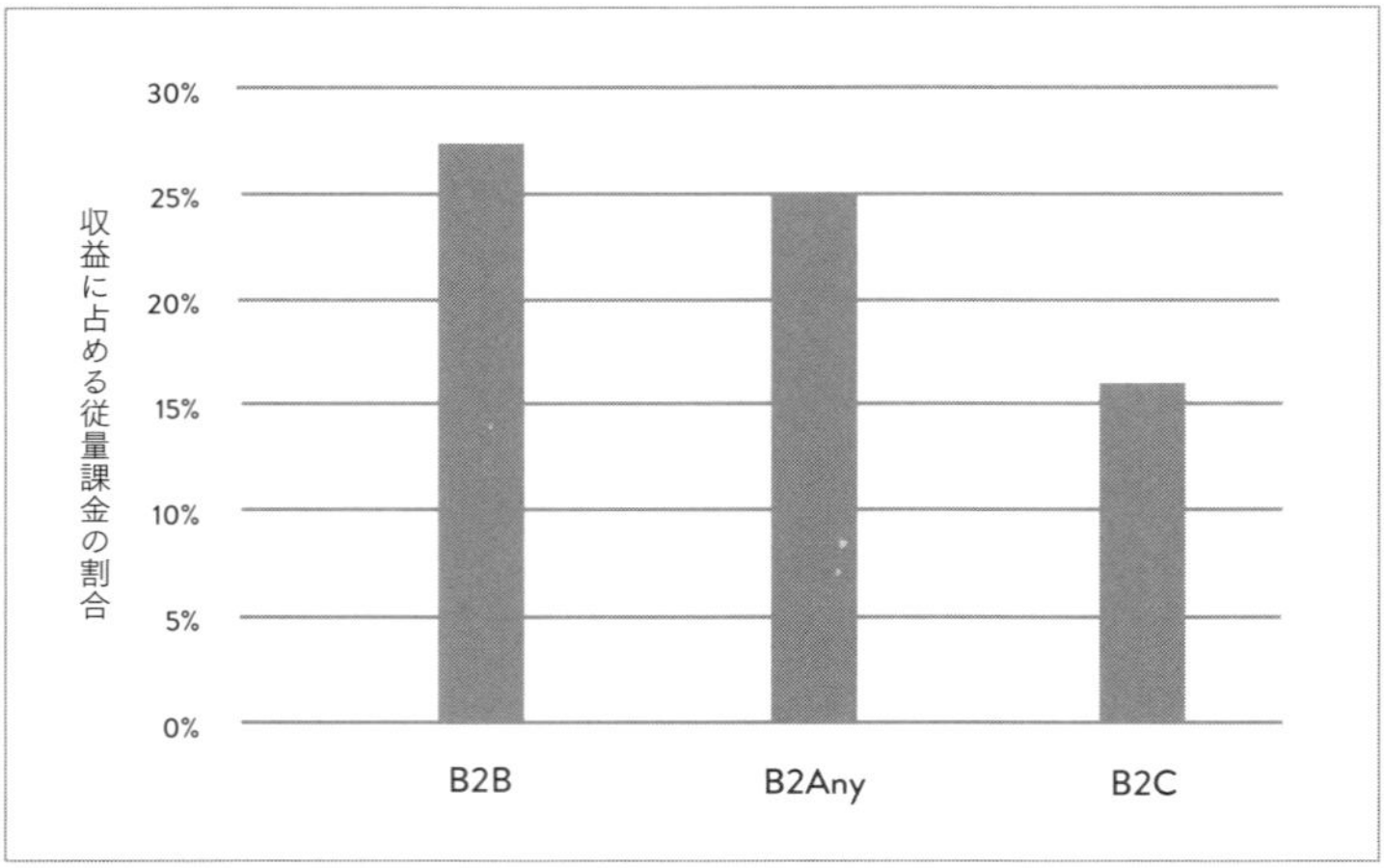

注：下グラフは従量課金の採用企業のみを対象とした数字。

グラフ11 **従量課金とチャーン率の関係**

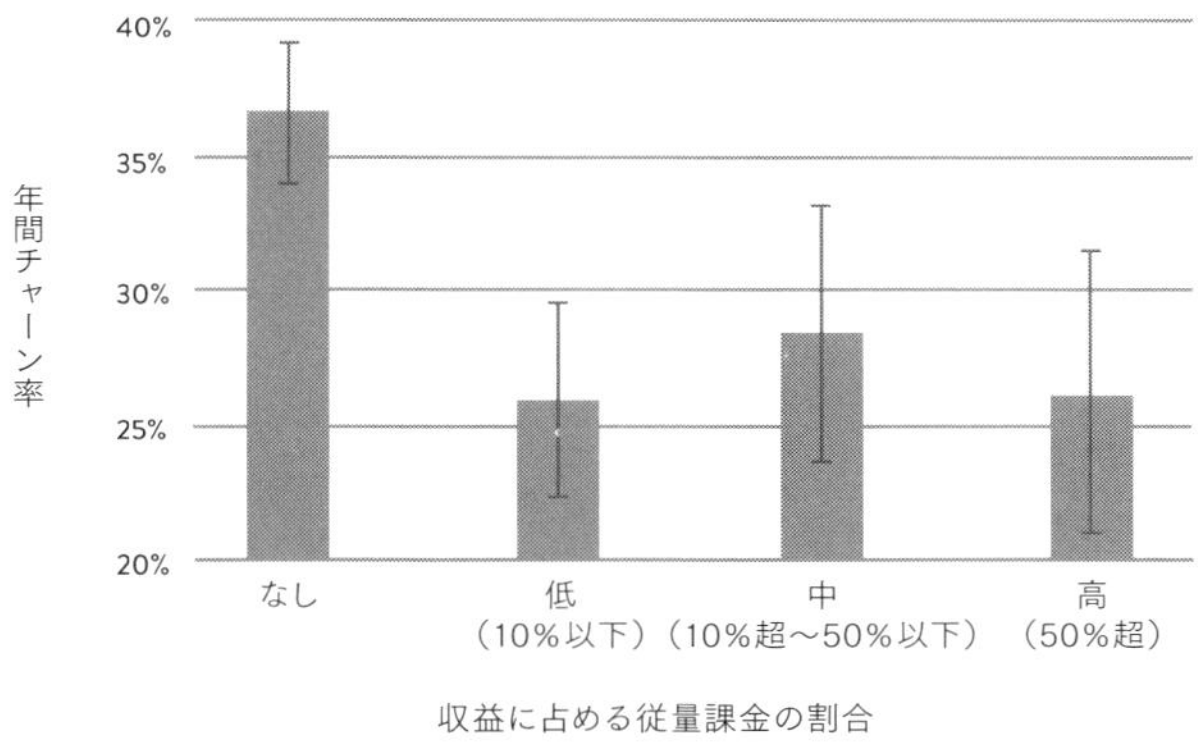

収益に占める従量課金の割合別に、平均チャーン率を表したグラフ。棒線で95%信頼区間を表示している。

状況を比較したところ、ビジネスモデルや業界の別にかかわらず、従量課金を導入している企業のアップセル率（12～13%）は、導入していない企業のアップセル率（4%にとどまる）より高いことがわかった。その理由は、たいていの従量課金が階層別に料金設定されることによって定期収益構造に組み込まれており、当該サービスの利用で成功している顧客は契約をアップグレードさせることが多いからである。

われわれは定期収益の第2の柱であるアカウント数の純増についても調べた（より具体的に言えばチャーンによるアカウントの消失状況を調べた）（グラフ11）。すると、従量課金を採用している企業の年間チャーン率は、従量課金が収益に占める割合にか

グラフ10 従量課金とアップセル率の関係

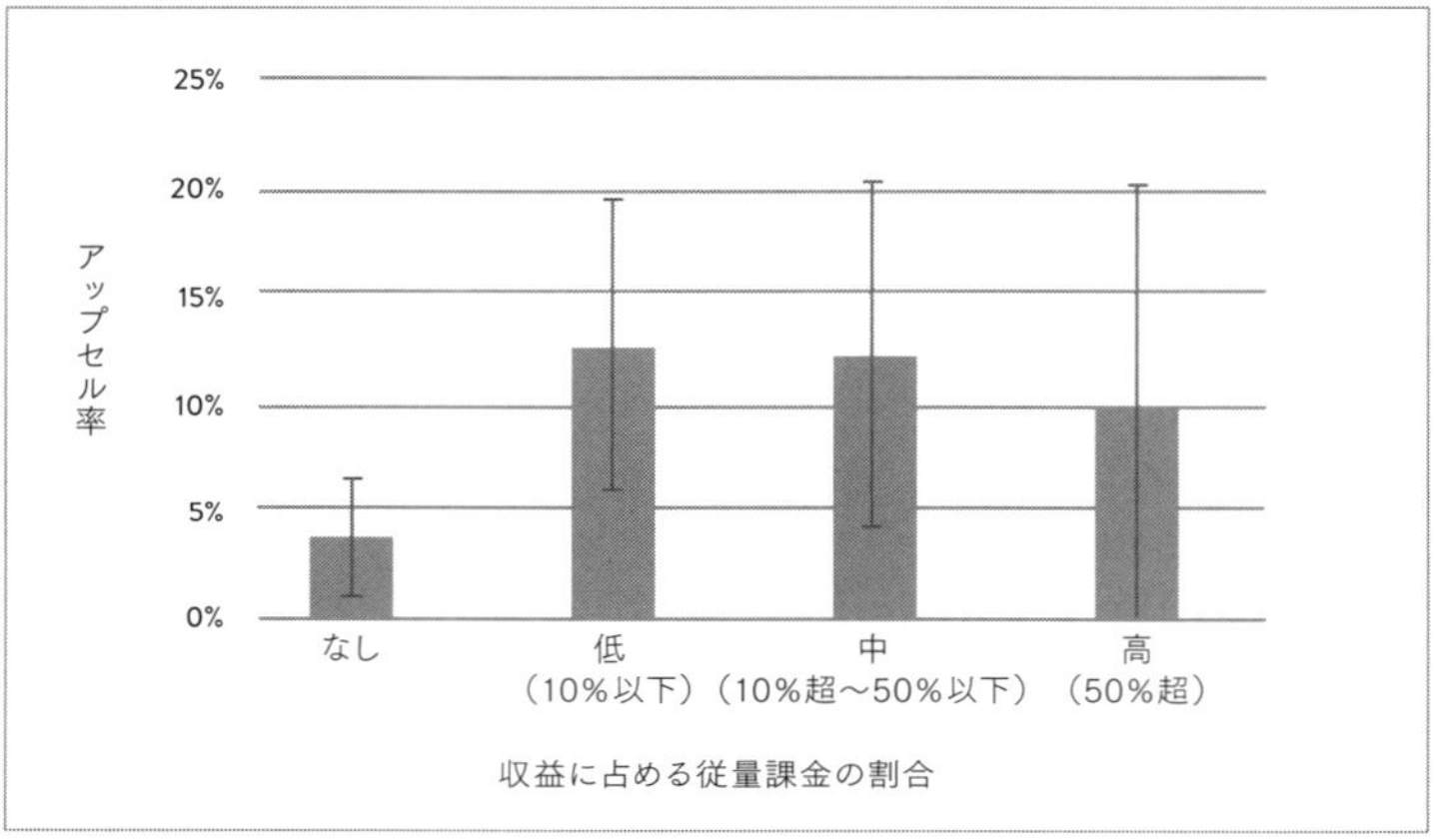

収益に占める従量課金の割合別に、平均アップセル率を表したグラフ。棒線で95%信頼区間を示している。従量課金を採用している企業のアップセル率は約13%で、採用していない企業の4%に比べると3倍以上高い。

しも当てはまらない。収益の50%超を従量課金で得ている企業は数が少ないため、結論的に論じるにはサンプル数が足りないからである。とはいえ、そのような企業の成長率が平均を下回っていることは観察できた。中程度の従量課金(収益の10〜50%)という区分は、従量課金をまったく採用していない企業よりは成長率が高いが、少しだけ従量課金を取り入れている企業には及ばなかった。

従量課金を採用している企業の成長が速い理由を解明するため、われわれは定期収益を増大させる要因を調べるべく、まずARPA(1アカウント当たりの平均収益)の分析から始めた(グラフ10)。契約更新時における同一アカウントでのアップセルの

グラフ9 **従量課金と収益成長率の関係**

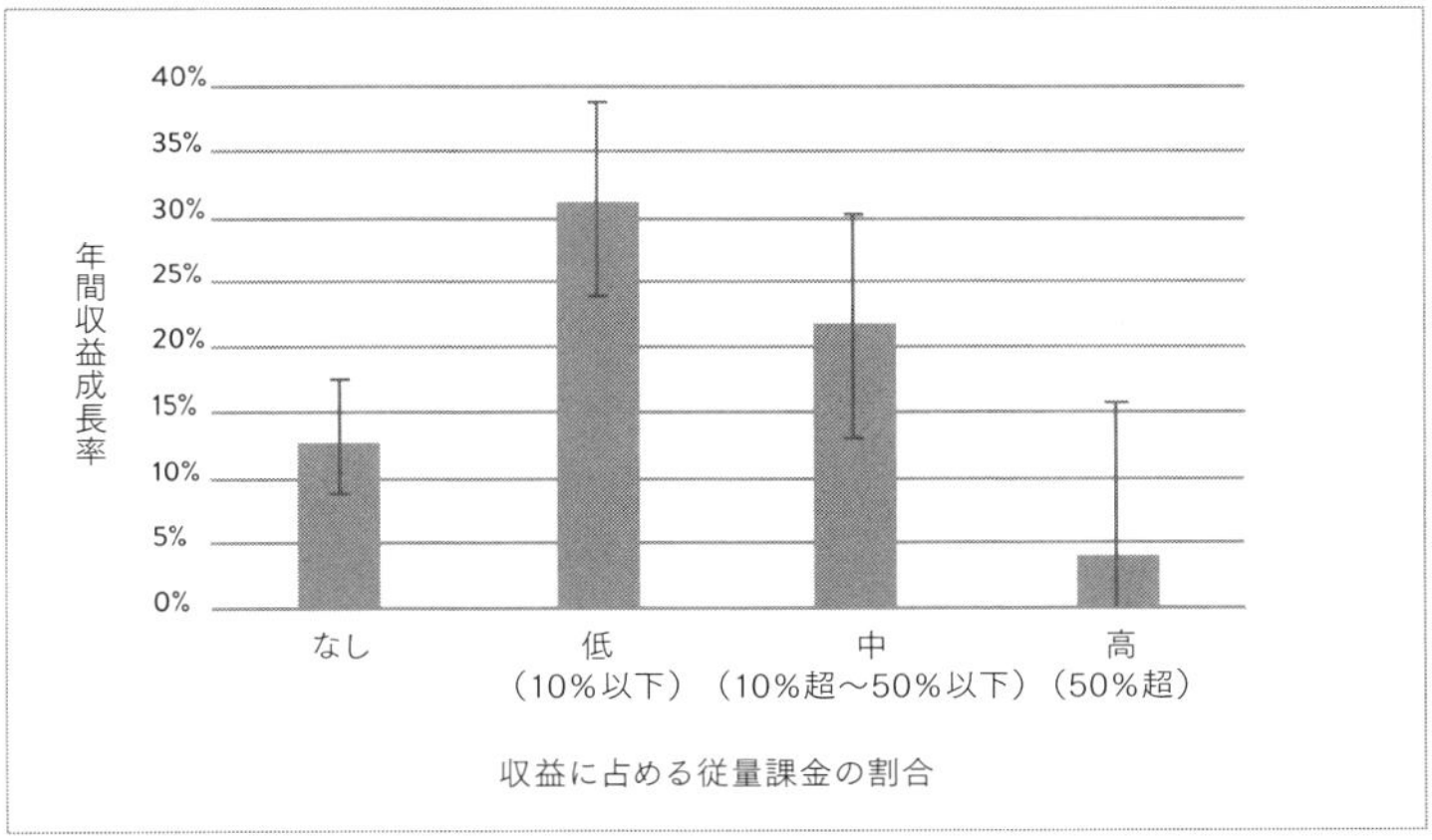

収益に占める従量課金の割合別に、年間収益成長率を表したグラフ。棒線で95%信頼区間を示している。従量課金を低い割合（収益の10%以下）であっても採用している企業は、まったく採用していない企業の2倍以上の速さで成長した（前者の31%に対して後者は13%）。中程度の割合（10%超〜50%以下）で採用している企業の成長率は中間的な22%だったが、高い割合（50%超）で採用している企業は4%にとどまった。ただし、高い割合での採用企業は数が少ないため、統計的有意性に乏しい。

従量制プライシングをどの程度採用しているかを調べることにした（グラフ9）。そのため、われわれは、SEIを構成する企業の年間成長率を複数年にわたって比較し、従量課金と成長メトリクスの導入状況をのべ550年分観察した。その結果、収益に占める従量課金の割合がわずか（10%以下）であっても、従量課金を採用している企業は、まったく採用していない企業に比べ、平均で2倍以上も速く成長しているという驚くべき事実が判明した。

ただし、わずかな従量課金でも速い成長をもたらすという相関関係は、請求額の過半以上が従量課金であるような企業には必ず

従量課金で成長を実現する方法

利用量に応じて料金を決める従量課金は、その中心に、提供したサービスの価値を定量化するという考えがある。従量課金がめざしているのは、顧客が必要とする価値を適切な量や形態で提供し、それに見合うだけの金額を支払ってもらうということだ。最良のプライシング戦略は、顧客の実際の利用状況を見て、顧客が最も価値を置くメトリックに金額を付けるというもので、「バリュー・メトリック」と呼ばれている。ざっくり言って、バリュー・メトリックは3つのことを実現しなくてはならない。顧客のニーズに合っていること、顧客とともに成長すること、予測可能であること（顧客にとっても企業にとっても）の3つである。

マッキンゼーによると、顧客の75％以上が、自分が認めた価値とマッチし、理解しやすく、追跡が容易な（請求額が把握できる）プライシング・メトリックを求めている。しかし、今日のサブスクリプション企業のうち、何らかの従量制プライシングを行っているのは全体の約27％にすぎない。この状況は明らかに間違っている。従量課金モデルは、顧客のエンゲージメントを強めて顧客価値を高めるための多くのテコを企業に与えてくれる。ビジネスの内容にもよるが、使うことのできるテコにはシート数（ユーザー数）、Eメールの送信件数、APIコール数〔クライアントアプリケーションがタスク実行のために起動できる特定の操作〕、収益ボリュームに応じたもの、あるいは顧客イベント数によるものなどがある。

最新版SEIにおいて、われわれはサブスクリプション・エコノミーの中で最も急速に成長している企業が、成長戦略において

グラフ8　EMEA（欧州・中東・アフリカ）と北米の成長率比較

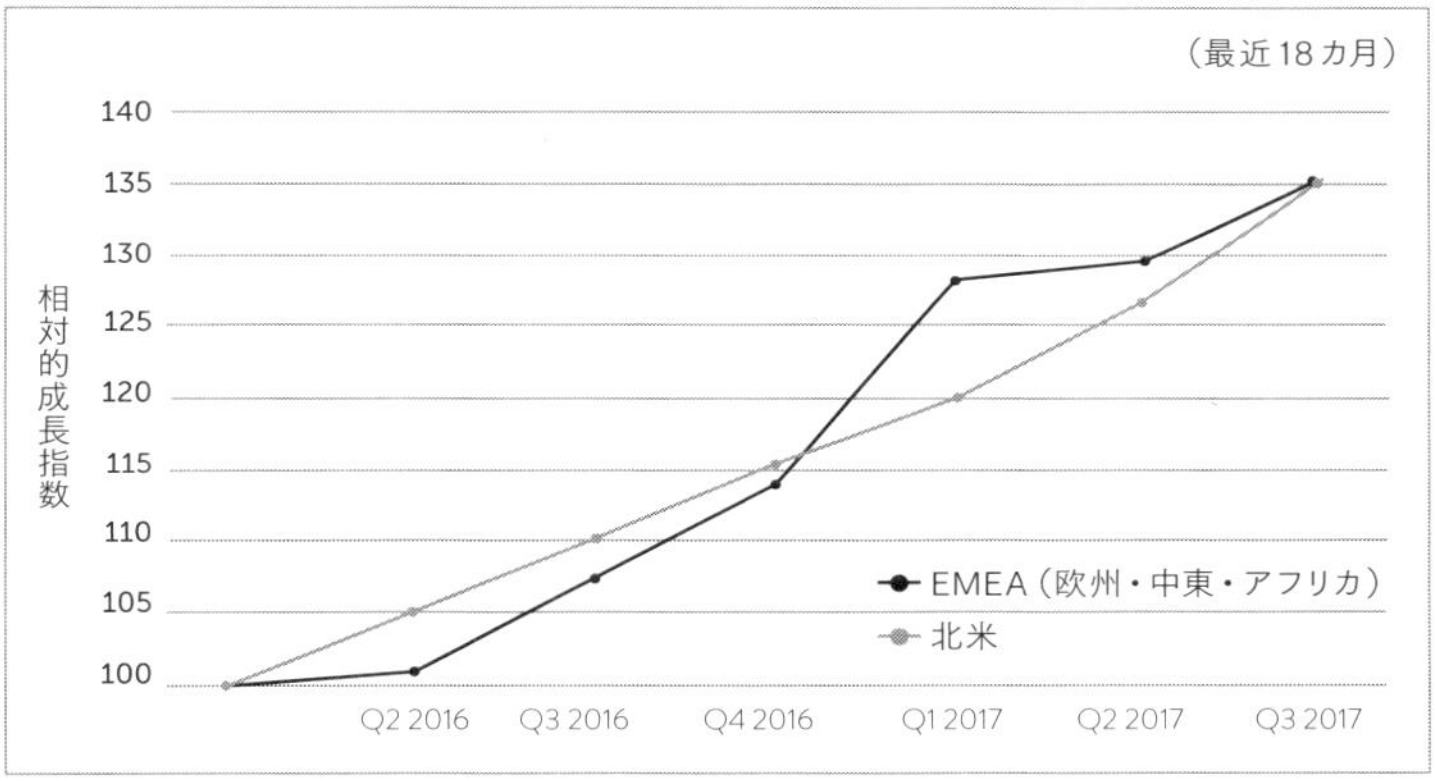

EMEA（欧州・中東・アフリカ）と北米の定期収益の相対的な増加傾向を、2016年第1四半期末を100とする指数で示したグラフ。両インデックスとも、それぞれの地域での四半期成長率をパーセンテージで示したもの。北米の成長率は高水準からスタートしたが、1年経つうちにいくぶん減速した。それに対してEMEAの成長率は、当初は低かったが、2017年後半には北米とのギャップを完全に埋めてしまった。

ノイズだと思われる。全体的に、サブスクリプション・エコノミーの中でEMEA企業と北米企業はほぼ同じペースで成長しているようだ。

要するに、サブスクリプション・エコノミーは欧州で明らかに拡大しているということである。欧州のサブスクリプション企業（新しいSEIのカテゴリ）の成長率は、最近18カ月間において、米国のサブスクリプション企業（年率22％）を上回っている。このことは、過去10年間のほとんどで欧州全体の経済成長率が米国を下回っていることを考えると特筆に値する。

最も高く、SaaSで最も低い。2017年9月30日までの1年、チャーンは全体的に下がっているが、特にB2Cやメディア企業で低下している。

チャーン率（過去12カ月）：

- B2B：27%
- B2C：30%
- B2A：26%
- コーポレートサービス：37%
- テレコミュニケーション：26%
- SaaS：24%
- メディア：33%

地域別に見た成長率——EMEAと北米

SEIにはEMEA〔欧州・中東・アフリカ〕と北米という地域サブインデックスがある（グラフ8）。2017年第1四半期の時点で、2016年第1四半期までさかのぼる1年間のデータ蓄積を有するサブインデックスである。最近の18カ月間、EMEAインデックスと北米インデックスは、ほとんど同程度の成長を遂げている。2016年4月以来、EMEAは35.2%（年率22.3%）で、北米の34.7%（年率22%）をわずかに上回っている。ただしEMEAの伸びはあまり一貫しておらず、2016年第2四半期にゆっくりと成長を始め、2017年第1四半期に驚くほど急上昇した。しかし、EMEAインデックスの企業数は北米インデックスよりかなり少ないので、変動の大きさはおそらくサンプル数の少なさからくる

グラフ7 SEI企業の年間チャーン率

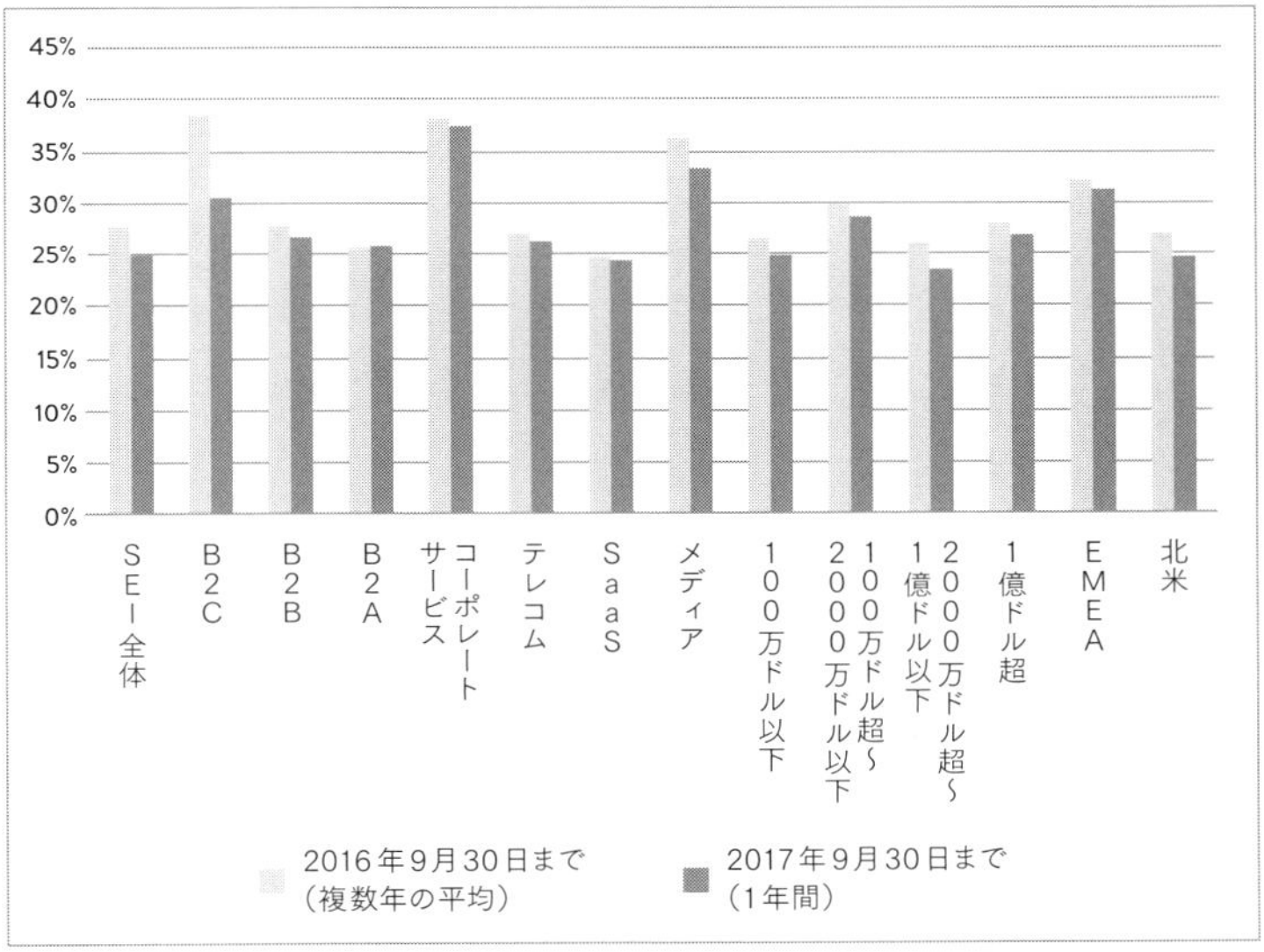

サブインデックス別に、昨年（2016年9月30日〜2017年9月30日）とそれ以前（複数年の平均）のチャーン率を比較したグラフ。昨年1年、全体的にチャーンは減少した。特にB2Cとメディア企業（いずれも長年にわたってチャーン率の高さに悩まされていた）の減少が目につく。カテゴリ別に見ると、チャーン率が高いのは、ビジネスモデル別ではB2C、業界別ではコーポレートサービス（わずかな差でメディアがそれに続く）、企業規模別では100万ドル超〜2000万ドル以下、地域別ではEMEA（欧州・中東・アフリカ）である。

起こる個人ユーザーを多数抱えている。B2B企業（SEIにおいてはソフトウェア企業である場合が多い）は、契約が安定していて拡大しやすい企業アカウント向けにソリューションを提供しているので、チャーン抑制という面では有利だ。

年間平均チャーン率は一般に20〜30％である。ビジネスモデル別では、B2Cで高く、B2Bで低い。業界別では、メディアで

企業規模別に見た成長率（過去12カ月）：

- 100万ドル以下：17％
- 100万ドル超～2000万ドル以下：21％
- 2000万ドル超～1億ドル以下：15％
- 1億ドル超：31％

ビジネスモデル、業界、企業規模、地域別に見たチャーン率

グラフ7は、サブスクリプション・ビジネスのチャーン率を、さまざまな区分ごとに示したものだ。最も基本的な表現をすれば、チャーンとは一定期間内に契約から離脱する加入者の割合、つまり解約率のことだ。チャーンは、貧弱な顧客サービス、製品のアップグレード不足、競合によるすぐれたサービスの提供、ビジネスの失敗など、さまざまな理由で生じ得る。

収入を継続させるためには、チャーンを上回る率で新規顧客を獲得しなければならない。それが会社の規模を決めていくことになる。したがって、質の高いサービス、スティッキネス〔顧客をサービス利用にとどまらせる“粘着度”〕の高い機能、そしてカスタマー・サクセスのための投資によってチャーンを抑えることは、すべてのサブスクリプション戦略の基本だ。

さらに、チャーン率を抑えることは、その場の1回の収入損失を防ぐだけでなく、時間経過とともに価値を増す顧客生涯価値の損失を防ぐという意味で重要な意味を持つ。当然ながら、チャーン率はB2Cでは高く、B2Bでは低い。デジタルB2C企業（メディアを含む）は、支払い困難、クレジットカードの問題、興味喪失、あるいは競合への乗り換えなどのために頻繁にチャーンが

グラフ6 企業規模別のSEI成長率

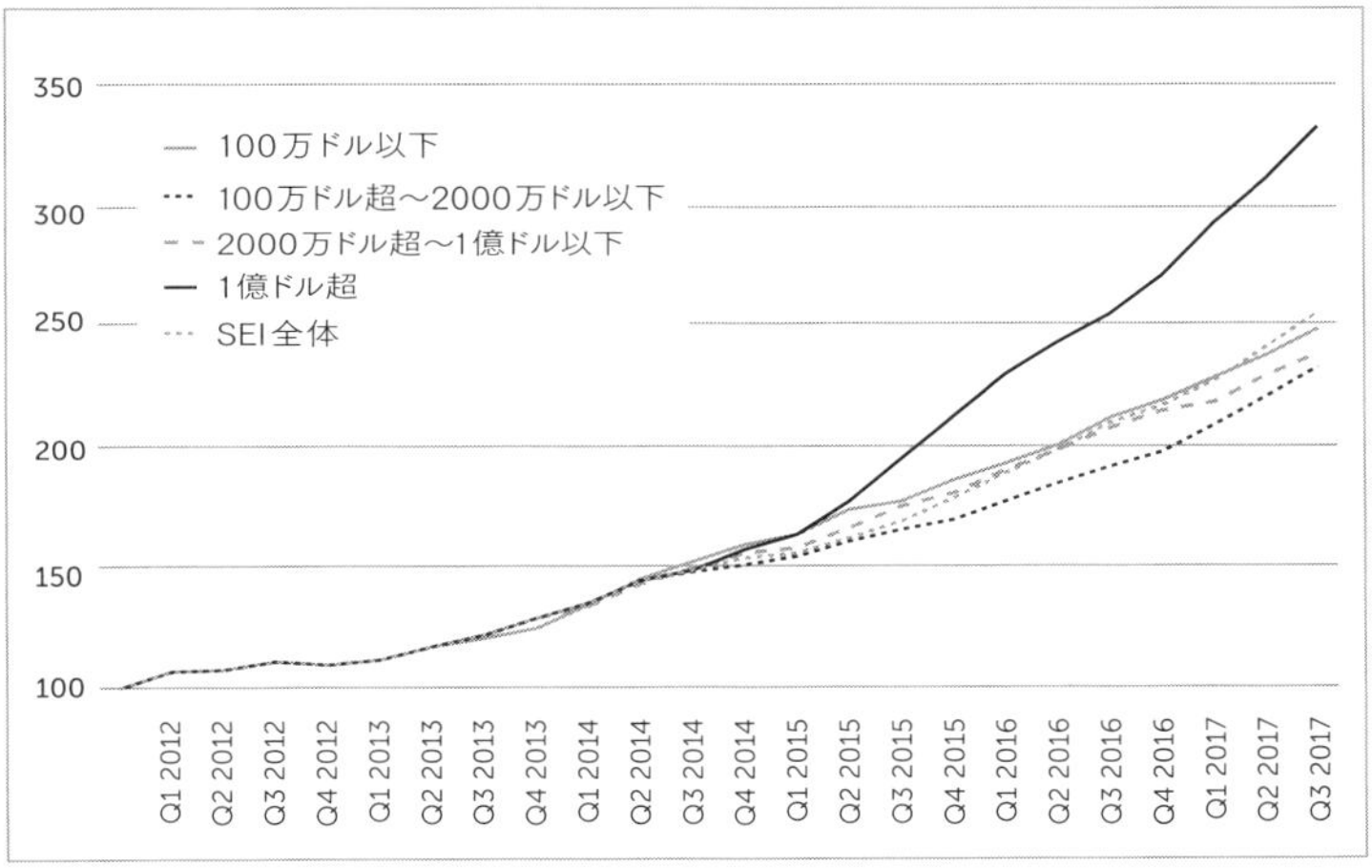

収益レベルを基準とした企業規模別のサブインデックス。各サブインデックスは該当企業が25社に達した時点からスタートしている。収益レベルは、ズオラのプラットフォームで提供されている特定製品だけの収益ではなく、当該企業の全収益を意味している。売上規模1億ドル超の成長率は、それが立ち上がった2014年以来、全区分を上回る最高のパフォーマンスを続けている。

収益区分にある企業は最も課題含みの成長率を示している。最初の製品が決定し、最初の資金調達が行われるときというのは、ほとんどの企業にとって実際の市場規模を見極めるときでもあるが、その規模の幅は大きい。マッキンゼーによれば、インターネットサービス企業で1億ドルの収益を上げているのは全体の28%に留まる。

過去6カ月を見ると、最大収益区分の企業はその前の6カ月に比べて加速したが、それ以下の区分の企業はすべてわずかに減速した。

サブインデックスが追加された。新しいサブインデックスのほとんどは、メインインデックスに近いパフォーマンスを実現している。初期の調査では、コーポレートサービスの成長率のメディアン（中央値）がメインインデックスのパフォーマンスを下回ったが、その後の調査ではメインインデックスに近いパフォーマンスが確認されている。

業界別に見た成長率（過去12カ月）：

- SaaS：23％
- テレコミュニケーション：14％
- メディア：9％
- コーポレートサービス：4.4％

企業規模別に見たサブスクリプション収益の成長率

サブスクリプション・エコノミーでは規模も結果を左右する（グラフ6）。収益規模1億ドル超の企業が、統計的に有意なデータとして立ち上がった2014年以来、最高のパフォーマンスを実現している。スタートアップ企業とは対照的に、この規模の大企業には潤沢なリソースがあり、流通チャネルがあり、新たな企業買収があり、成長のために使えるより多くのチャネルがある。その結果、彼らはネットワーク効果〔顧客が増えれば増えるほどネットワークの価値が高まり、顧客にとっての便益が増すこと〕の恩恵を受ける。

スタートアップ企業にとって、本当の課題は、最初に100万ドルに到達するまでの“創業ハネムーン期”を過ぎた後に訪れるように見える。図からわかるように、100万ドル超～2000万ドルの

グラフ5 業界別のSEI成長率

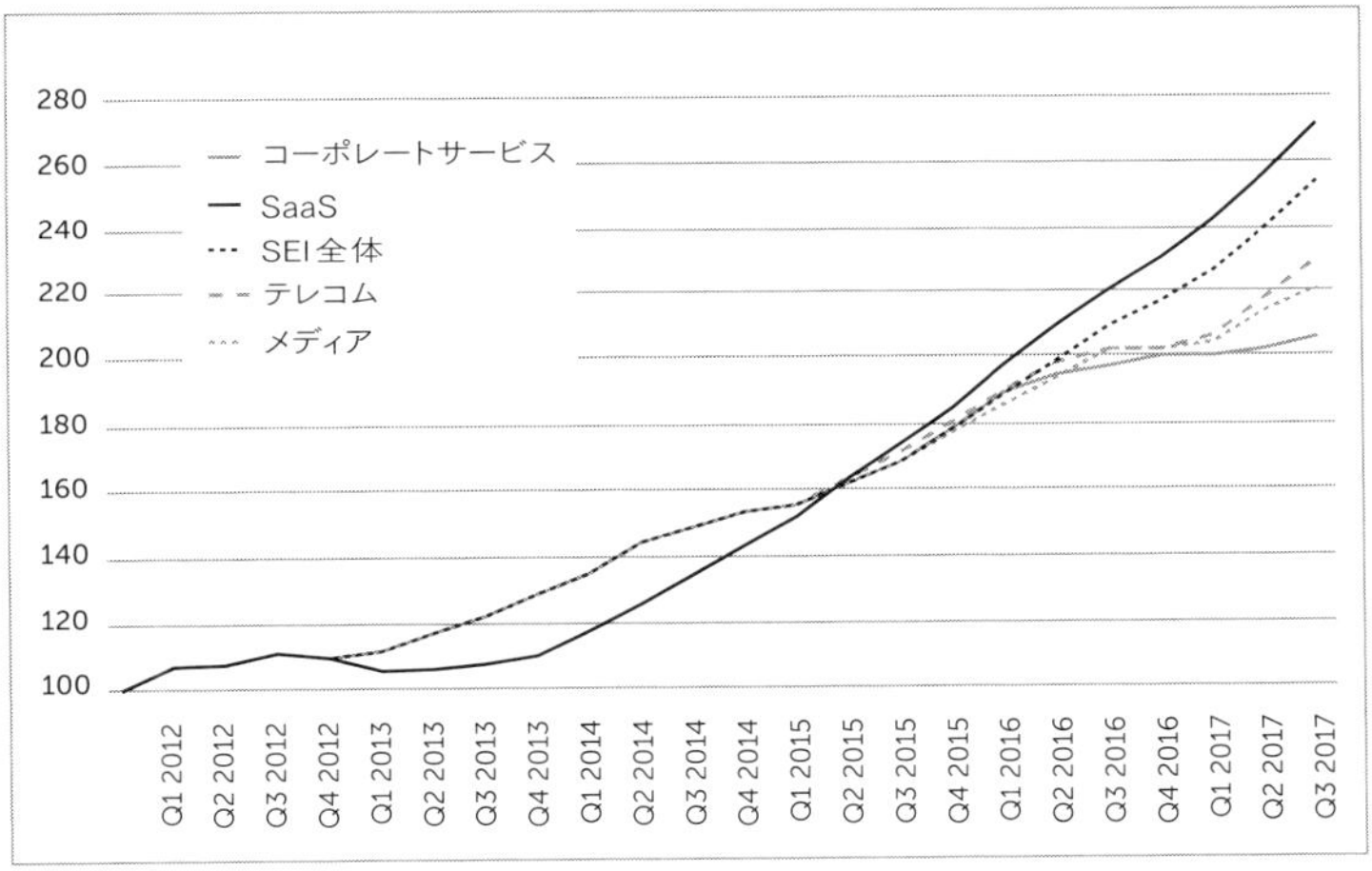

SEIを業界別に分けたサブインデックス。各サブインデックスは該当企業が25社に達した時点からスタートしている。すべての企業がいずれかのサブカテゴリに属するわけではないことに注意していただきたい。SaaSは最初に派生したサブインデックスで、2013〜2014年にかけてメインインデックスを下回ったが、その後は上回っている。最近ではさらに多くのサブインデックスが立ち上がっており、ほとんどがメインインデックスに近いパフォーマンスを上げている。

年にかけてメインインデックスを下回ったが、最近では上回っている。2016年末、米国GDPとSEIの成長率がともに減速する中、SaaS企業は大きな影響を免れたが、メディア、テレコミュニケーション、コーポレートサービスはいずれも停滞した。最近6カ月間で、メディアとテレコミュニケーションは回復したが、コーポレートサービスは低迷を続けており、前年比4.4%の伸びにとどまっている。

ズオラの顧客ベースが拡大し多様化するにつれて、より多くのテムによる料金未回収などがある。われわれが調査対象としたB2C企業は、2015年に最も急成長したが、最近はやや弱含みの状態である。

2017年3月までの1年間を見ると、B2BとB2C企業はそれぞれ23%と18%の成長率を達成している。B2Bは比較的安定しているが、B2Cは2016年後半から2017年初頭にかけて減速した。最近ではB2Cが反発し、2017年第3四半期に7.9%（年率換算31.8%）の成長を記録した。B2Aは昨年まではメインインデックス（平均値）と足並みを揃えていたが、その後、明らかに減速した。いまのところ、B2BとB2Cの両方がB2Anyを上回っている。

ビジネスモデル別に見た成長率（過去12カ月）：

- B2B：23%
- B2C：18%
- B2A：11%

業界別に見たサブスクリプション収益の成長率

サブスクリプション・エコノミーでどの業界が最も潤っているのだろう（グラフ5）。シリコンバレーに拠点を置くサブスクリプション・ビリングおよびファイナンスのSaaS企業であるズオラは、他のソフトウェアベンダーから成る広範な顧客ベースを保有している（そこにはSaaS専業ベンダーと、オンプレミス・モデル〔情報システムを顧客企業の設備内に設置し運用するモデル〕からクラウドベースの定期収益モデルに切り替えたベンダーの両方が含まれる）。SaaSは最初に派生したサブインデックスで、2013～14

きる。

基本的なコホート分析〔母集団を条件や属性でグループに分け、グループごとの変化を長期的に分析すること〕と同様、これは過去が現在にどう影響するかを示すものだ。たとえば、B2Bサブインデックスは最近の数期にわたる四半期で最も鋭い成長軌道をたどり、2012〜2013年の落ち込みから明らかに回復している。企業が緊縮財政を敷いたこの時期、B2B企業では、ARPAも新規アカウントの正味の増加も落ち込んでいた。

B2B企業にとっては、成長率は成功のレベルを示す最も重要な指標だ。たとえば、マッキンゼーによれば、ソフトウェア分野では年間成長率が20%に満たない企業は92%の確率で倒産するとされる。B2B企業が成功するためには、営業チームの規模を拡大し、新しい製品バージョンとアップセルの道筋を追加し、海外市場と大規模なエンタープライズアカウントを追求し、利用量ベースの価格設定を採用してビジネスモデルを最適化する必要がある。その際の最大の課題は、システム面の制約とシステム間競合の問題だ。

B2C企業にとっては、正味のユーザー数の増加が重要なメトリクスだ。B2C企業が成功するためには、機敏なプライシング実験によって顧客獲得率を向上させること、提供するサービスを常に顧客に合わせて整えることでリテンションとARPAを向上させること（そのためには顧客行動の観察で得られるインサイトや、抵抗なく支払ってもらえる価格体系の見極めが必要になる）、電子決済を簡便にして顧客獲得率を高めることなどが必要である。その際の課題としては、プライシングやパッケージングの失敗によるチャーン、気まぐれな消費者行動、不完全な請求・徴収シス

ビジネスモデル別に見たサブスクリプション収益の成長率

グラフ4は、B2B、B2CおよびB2A（B2BとB2Cの両方を意味するB2Any）というビジネスモデル別に見た成長率の推移を示している。これら3つのサブインデックスは、プライマリインデックスから“分岐”したものだが、最少でも25社から構成されており統計的有意性がある。サブインデックスを指数化して表示することで、3つのタイプのビジネスを容易に比較することがで

グラフ4 ビジネスモデル別のSEI成長率

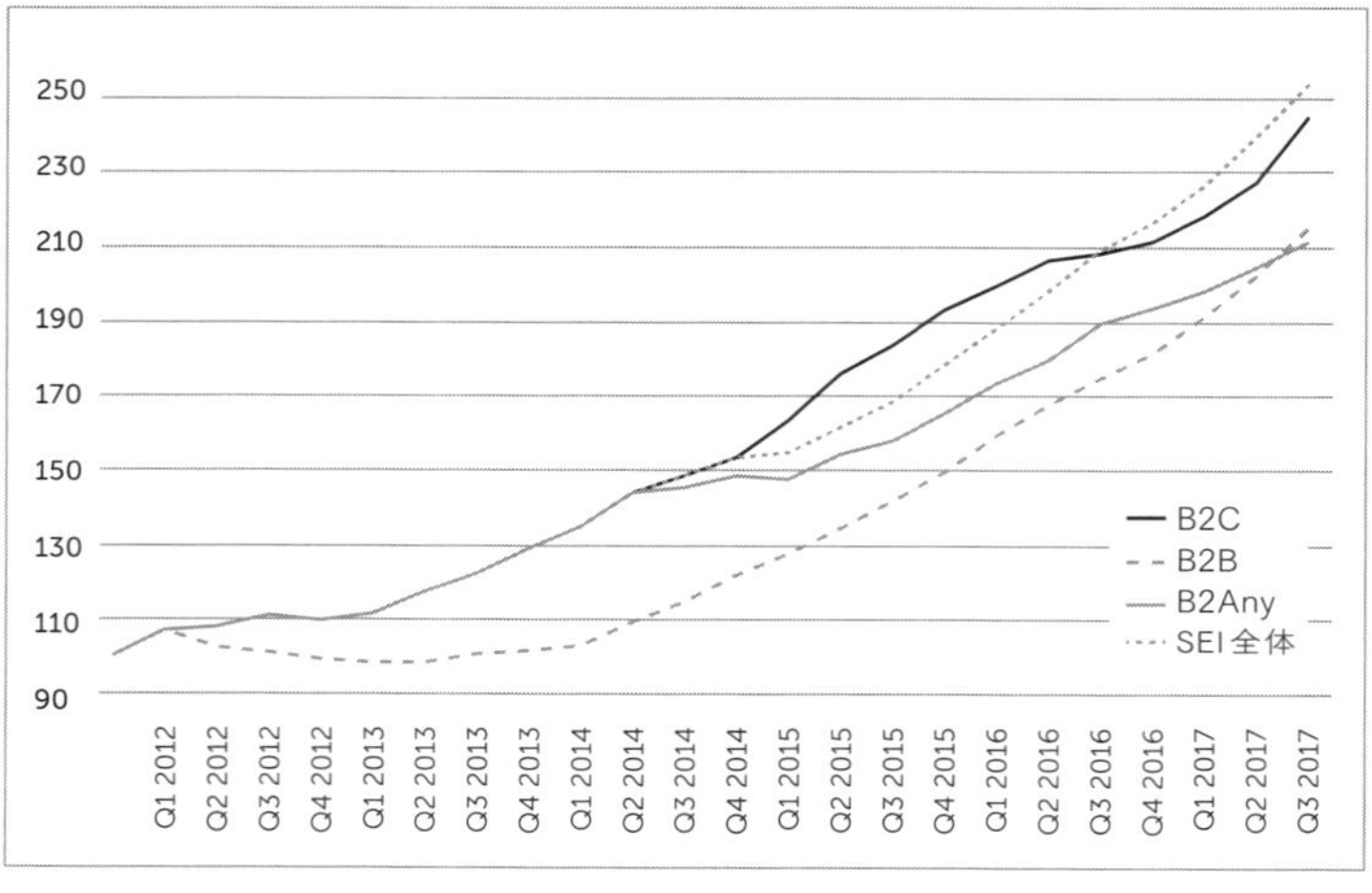

SEIをビジネスモデル別に分けたサブインデックス。B2A（B2Any）は、個人と企業の両方にサブスクリプションを提供しているビジネスモデル。各サブインデックスは該当企業が25社に達した時点からスタートしている。B2Bは開始直後の2012年から2013年にかけて落ち込んだが、最近の四半期でめざましい成長を遂げている。B2Cは2015年に最も速い成長を示したが、2016年には減速した。B2Aは、昨年まではメインインデックス（平均値）と歩調を合わせていたが、その後は急減速した。現在、B2BとB2CはともにB2Aを上回っている。

グラフ3 SEIとARPA・アカウント数の成長率比較

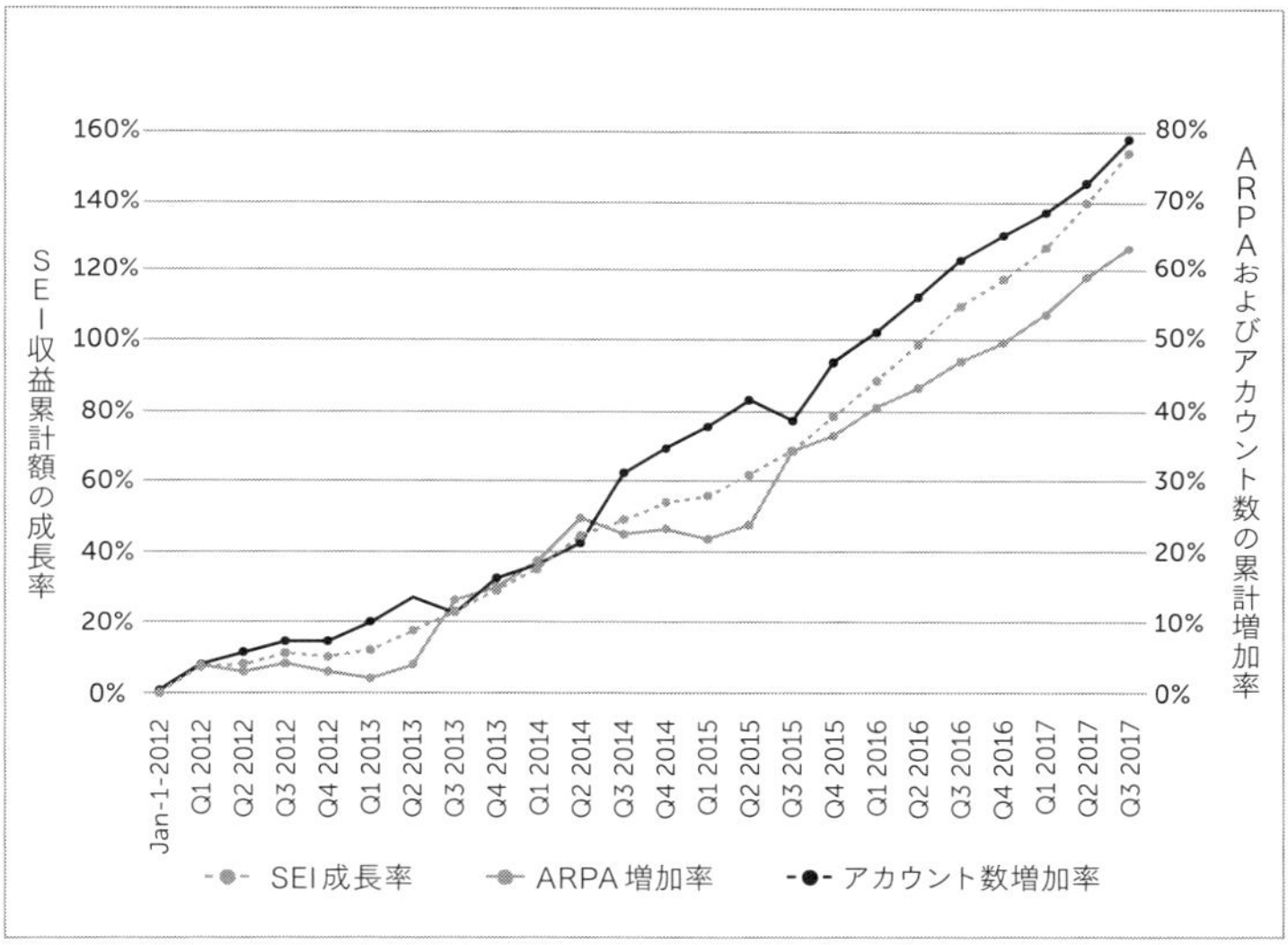

定期収益は、ARPA（1アカウント当たりの平均収益）を増やすか、アカウント数（契約者数）を増やすことで成長させることができる。左目盛はSEI収益累計額の成長率、右目盛はARPAおよびアカウント数の累計増加率を示している。ARPAについては、成長が鈍り前四半期を下回ったこともあるが、アカウント数は全期間を通じて成長を続けた。

争力のある価格設定で顧客を獲得したら、その後スイッチを切り替えて、従量課金と、アップセリングによるアカウント価値の増強によってARPAの増大をめざすことが多い。

最近の2年間、2015〜2017年にかけては、アカウント数の純増が大きい上にARPAの成長も堅調で、ゴルディロックス経済〔インフレなき成長を維持する絶好調景気〕の様相を呈していることに注目していただきたい。

に3.1%成長し（2015年第1四半期以来の最高水準）、第3四半期にも2.5%と堅調さを示した。

サブスクリプション・エコノミー成長の「2つのテコ」——アカウント数とARPA

次に紹介する数字は、サブスクリプション・エコノミーの成長にとっての主要な2つのテコ——アカウント数と1アカウント当たりの平均収益（ARPA: Average Revenue Per Account）——の増加を示している。サブスクリプション請求の件数が増えたとすれば、請求対象アカウントの増加か、合計請求額の増加のいずれか、もしくは両方が起きていることを意味する。

過去5年間、SEIはほぼ一貫して成長を続けたが、ARPAのほうは成長が鈍化したり、後退したこともあった（グラフ3）。企業がARPAの成長よりもアカウントの拡大を優先させた時期も過去に2回あった。2012年から2013年にかけてと、2014年後半から2015年半ばにかけての2回だ。このとき、アカウントの総数は急増したが、ARPAは停滞もしくは低下した。

両期間とも、その後に状況改善の期間が続き、新規アカウントの純増が低下し、ARPAが増加している。サブスクリプション・エコノミーではプライシングは柔軟にかつ繰り返し変更される。多くの企業は、利用量に関係なく一定額を請求する定額課金モデルと、利用量に応じて請求する従量課金モデルを組み合わせてプライシングの実験を頻繁に行い、自社に適した"ランド・アンド・エクスパンド"〔小さい規模で導入しその後順次拡大していく方法〕を図っている。新規アカウントの獲得を優先する戦略は、まず競

グラフ2 SEIと米国GDPの成長率比較

SEI成長率と米国GDP成長率を比較したグラフ。SEIは2016年末頃（第4四半期）のGDP減速に足を引っ張られているが、それに続く2017年には急速に盛り返していることが目を引く。

算で、サブスクリプション・ビジネスがS&P500の約8倍（17.6%対2.2%）、米国小売業の約5倍（17.6%対3.6%）の速さで成長していることを明らかにした。

SEIの成長と米国GDP（国内総生産）の成長のあいだには相関関係がある（グラフ2）。いずれも2016年の終わりから2017年の初めにかけて減速した。米国のGDP成長率は2016年第3四半期に年率換算2.8%でピークに達し、2017年第1四半期には1.2%まで低下した。同時期、SEIの成長率も2016年第3四半期の21.6%でピークを打ち、第4四半期には14.3%まで低下した。しかし2017年、SEIとGDPはともに第2四半期と第3四半期に再び力強さを取り戻した。SEIは2四半期連続で約24%の成長を遂げた（2014年第2四半期以来の急成長）。GDPは第2四半期

グラフ1　SEIとS&P500・米国小売業の成長率比較

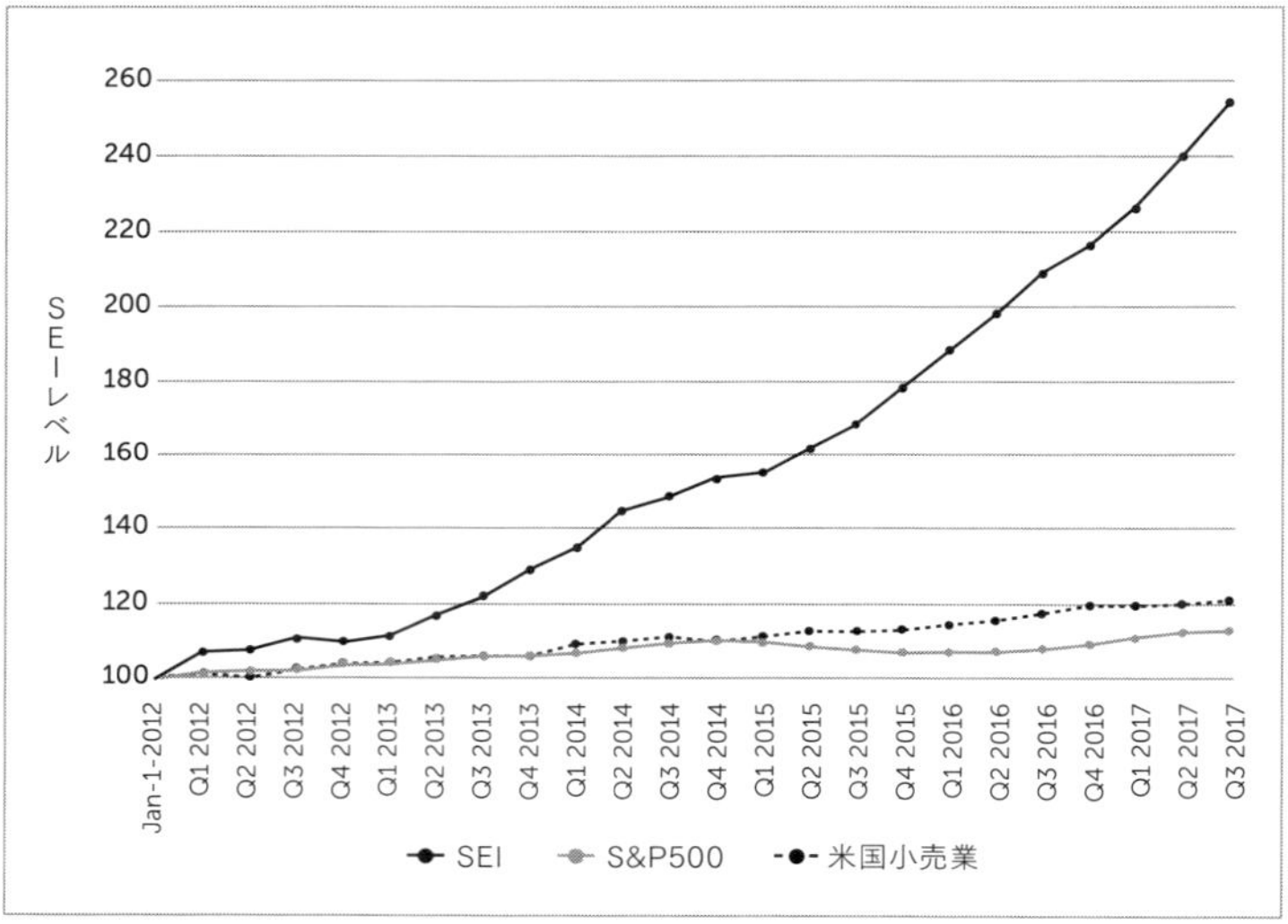

SEI（サブスクリプション・エコノミー・インデックス）の四半期ごとの成長率を、S&P500の1株当たり売上高と米国小売業売上高との比較で示したグラフ。いずれのインデックスも2012年1月1日を100とし、各四半期の成長率を年間成長率に指数換算している。6年弱の期間（2012年1月1日～2017年9月30日）を通じた年率換算で、SEIは17.6%、S&P500は2.2%、米国小売業は3.6%で成長した。

プション・ビジネスには、安定的な収益、消費者との直接的関係から得られるデータに基づいたインサイト、固定費が比較的小さいことによる規模の経済性といった利点がある。

　サブスクリプション・ビジネス全体の売上高は、S&P500売上高と米国小売業売上高という2つの主要ベンチマークと比べて、かなり速いスピードで成長している（グラフ1）。全体としてSEIは、2012年1月1日から2017年9月30日までの期間の年率換

イントロダクション（調査の概要）

サブスクリプション・エコノミー・インデックス（SEI）は、ズオラ（Zuora）が顧客企業に提供しているサブスクリプション・マネジメントサービスのプラットフォーム上で生成、集約、匿名化されたデータを使って行った調査に基づいている（データ対象期間は2012年1月1日から2017年9月30日まで。調査はズオラのチーフ・データ・サイエンティストであるカール・ゴールドが行った）。これは世界中の数百社の成長メトリクスを反映しており、カバーしている業界もSaaS、メディア、テレコミュニケーション、コーポレートサービスなど多岐にわたる。

この調査に反映された請求業務の広さと深さは、サブスクリプション・エコノミーが急速に拡大していることを物語っている。IT分野の動向を分析するガートナーは、ソフトウェアプロバイダの80％以上が、2020年までにサブスクリプション型ビジネスモデルに移行すると予測している。IDCは、世界最大規模の企業の50％が、2020年までにデジタルで強化された製品、サービス、カスタマー・エクスペリエンスに依存する事業を行うようになると予測している。

主要ベンチマークと比較したSEIの成長率

定期収益をベースとするビジネスモデルは目新しいものではないが、近年、使った分だけ支払うというクラウドベースの従量課金サービスによって爆発的に増加した。グローバル化によって製品の製造・販売から得られる収益に制約が強まる中、サブスクリ

巻末資料

サブスクリプション・エコノミー・インデックス

UBSCRIBED

【第12章】

1. Kevin Chao, Michael Kiermaier, Paul Roche, and Nikhil Sane, "Subscription Myth Busters: What It Takes to Shift to a Recurring-Revenue Model for Hardware and Software," McKinsey & Company, December 2017, www.mckinsey.com/industries/high-tech/our-insights/subscription-myth-busters.
2. Eugene Kim, "After 11 Years, Box's CEO Understands the Best Way to Sell to Big Companies," *Business Insider*, August 20, 2016, www.businessinsider.com/box-ceo-aaron-levie-future-enterprise-sales-2016-8.
3. Eric Kutcher, Olivia Nottebohm, and Kara Sprague, "Grow Fast or Die Slow," McKinsey & Company, www.mckinsey.com/industries/high-tech/our-insights/grow-fast-or-die-slow.

【第13章】

1. Tim Harford, "Is This the Most Influential Work in the History of Capitalism?" BBC, October 23, 2017, www.bbc.com/news/business-41582244.
2. Tyler Sloat, "An Introduction to Subscription Finance," Zuora Academy, www.zuora.com/guides/subscription-finance-basics.

Chronicle of Higher Education, July 17, 2014, www.chronicle.com/blogs/wiredcampus/would-graduate-school-work-better-if-you-never-graduated-from-it/54015.

3. "All Change: New Business Models," *The Economist*, January 15, 2015, www.economist. com/news/special-report/21639019-power-industrys-main-concern-has-always-been-supply-now-it-learning-manage.
4. Karen Mills and Brayden McCarthy, "How Banks Can Compete Against an Army of Fintech Startups," *Harvard Business Review*, April 2017, https://hbr.org/2017/04/how-banks-can-compete-against-an-army-of-fintech-startups.

【第9章】

1. Emanuel Maiberg, "Final Fantasy Producer Says Subscriptions Still Make Sense for MMOs," *GameSpot*, March 30, 2014, www.gamespot.com/articles/final-fantasy-producer-says-subscriptions-still-make-sense-for-mmos/1100-6418646.
2. Gartner, "Gartner Says Adopting a Pace-Layered Application Strategy Can Accelerate Innovation," February 14, 2012, www.gartner.com/newsroom/id/1923014.
3. Anne Janzer, *Subscription Marketing: Strategies for Nurturing Customers in a World of Churn* (Cuesta Park Consulting, 2017).

【第10章】

1. "Google Apps Is Out of Beta (Yes, Really)," Official Google Blog, July 7, 2009, https://googleblog.blogspot.com/2009/07/google-apps-is-out-of-beta-yes-really.html.
2. Manifesto for Agile Software Development, http://agilemanifesto.org.
3. David Carr, "Giving Viewers What They Want," *The New York Times*, February 25, 2013, www.nytimes.com/2013/02/25/business/media/for-house-of-cards-using-big-data-to-guarantee-its-popularity.html.
4. Mark Sweney, "Netflix Gathers Detailed Viewer Data to Guide Its Search for the Next Hit," *The Guardian*, February 23, 2014, www.theguardian.com/media/2014/feb/23/netflix-viewer-data-house-of-cards.
5. Paul R. La Monica, "Starbucks Still Has a Problem with Long Lines," CNN, January 27, 2017, http://money.cnn.com/2017/01/27/investing/starbucks-long-lines-mobile-ordering-earnings/index.html.
6. Clint Boulton, "Starbucks' CTO Brews Personalized Experiences," *CIO*, April 1, 2016, www.cio.com/article/3050920/analytics/starbucks-cto-brews-personalized-experiences.html.

【第11章】

1. Greg Alexander, "How to Transition Channel Partners from Selling Perpetual Licenses to SaaS," Sales Benchmark Index, May 20, 2017, https://salesbenchmarkindex.com/insights/how-to-transition-channel-partners-from-selling-perpetual-licenses-to-saas.
2. Madhavan Ramanujam and Georg Tacke, *Monetizing Innovation: How Smart Companies Design the Product Around the Price* (Hoboken, NJ: Wiley, 2016).

10. Charles S. Gascon and Evan Karson, "Growth in Tech Sector Returns to Glory Days of the 1990s," Federal Reserve Bank of St. Louis, *Regional Economist*, Second Quarter 2017, www.stlouisfed.org/publications/regional-economist/second-quarter-2017/growth-in-tech-sector-returns-to-glory-days-of-the-1990s.

【第7章】

1. Nicklas Garemo, Stefan Matzinger, and Robert Palter, "Megaprojects: The Good, the Bad, and the Better," McKinsey & Company, www.mckinsey.com/industries/capital-projects-and-infrastructure/our-insights/megaprojects-the-good-the-bad-and-the-better.
2. "Smart Construction," video, Komatsu America Corporation, www.youtube.com/watch?v=aZdtPhMg3dY.
3. "Tom Bucklar, Caterpillar," Zuora *Subscribed* conference, www.youtube.com/watch?v=Qio2oGJ_G_o.
4. Bureau of Labor Statistics "Manufacturing: NAICS 31-33," www.bls.gov/iag/tgs/iag31-33.htm.
5. IMF Staff Discussion Note, "Gone with the Headwinds: Global Productivity," April 3, 2017, www.imf.org/~/media/Files/Publications/SDN/2017/sdn1704.ashx.
6. National Association of Manufacturers, "Top 20 Facts About Manufacturing," www.nam.org/Newsroom/Facts-About-Manufacturing.
7. Scott Pezza, "How to Make Money with the Internet of Things," Blue Hill Research, May 18, 2015, http://bluehillresearch.com/how-to-make-money-with-the-internet-of-things.
8. Olivier Scalabre, "The Next Manufacturing Revolution Is Here," TED talk, May 2016, www.ted.com/talks/olivier_scalabre_the_next_manufacturing_revolution_is_here/transcript.
9. "Gytis Barzdukas, GE Digital," Zuora *Subscribed* conference, www.youtube.com/watch?v=OEq5HTz7MDE.
10. Gabe Weisert, "Arrow Electronics: The Biggest IoT Innovator You've Never Heard Of," Zuora *Subscribed Magazine*, www.zuora.com/guides/arrow-electronics-the-biggest-iot-innovator-youve-never-heard-of.
11. Guillaumes Vives, "How Do You Price a Connected Device?" Zuora, November 19, 2015, www.zuora.com/2015/11/19/how-do-you-price-a-connected-device.
12. Kevin Kelly, *The Inevitable: Understanding the 12 Technological Forces That Will Shape Our Future* (New York: Viking, 2016).
13. McKinsey & Company, "Unlocking the Potential of the Internet of Things," www.mckinsey.com/business-functions/digital-mckinsey/our-insights/the-internet-of-things-the-value-of-digitizing-the-physical-world.

【第8章】

1. International Data Corporation, "IDC Sees the Dawn of the DX Economy and the Rise of the Digitally Native Enterprise, International Data Corporation," November 1, 2016, www.idc.com/getdoc.jsp?containerId=prUS41888916.
2. Steve Kolowich, "Would Graduate School Work Better If You Never Graduated from It?"

January 6, 2017, www.theinformation.com/articles/what-everyone-is-missing-about-media-business-models.
5. Ken Doctor, "Newsonomics: The 2016 Media Year by the Numbers," *Newsonomics*, December 19, 2016, www.niemanlab.org/2016/12/newsonomics-the-2016-media-year-by-the-numbers-and-a-look-toward-2017.
6. Sahil Patel, "With a Billion Views on YouTube, Motor Trend Is Now Building a Paywall," *Digiday*, February 15, 2016, https://digiday.com/media/nearly-billion-views-youtube-motor-trend-now-building-video-paywall.
7. Aarthi Rayapura, interview with Subrata Mukherjee, vice president of product at *The Economist, Subscribed Magazine*, June 16, 2016, https://fr.zuora.com/2016/06/16/focusing-subscription-economy-subrata-mukherjee-vp-product-economist.
8. Lucia Moses, "To Please Subscription-Hungry Publishers, Google Ends First Click Free Policy," *Digiday*, October 2, 2017, https://digiday.com/media/please-subscription-hungry-publishers-google-ends-first-click-free-policy.
9. "Journalism That Stands Apart," The Report of the 2020 Group, *The New York Times*, January 2017, www.nytimes.com/projects/2020-report/.

【第6章】

1. David McCann, "Adobe Completes Swift Business Model Transformation," *CFO*, August 18, 2015, ww2.cfo.com/transformations/2015/08/adobe-completes-swift-business-model-transformation/.
2. "The Reinventors: Adobe," *Subscribed* conference presentation.
3. McKinsey & Company, "Reborn in the Cloud," www.mckinsey.com/business-functions/digital-mckinsey/our-insights/reborn-in-the-cloud.
4. Nicholas G. Carr, "IT Doesn't Matter," *Harvard Business Review*, May 2003, https://hbr.org/2003/05/it-doesnt-matter.
5. Christy Pettey, "Moving to a Software Subscription Model," www.gartner.com/smarterwithgartner/moving-to-a-software-subscription-model.
6. Deloitte, "Flexible Consumption Transition Strategies for Business," www2.deloitte.com/us/en/pages/technology-media-and-telecommunications/articles/flexible-consumption-transition-strategies.html.
7. Thomas Lah and J. B. Wood, *Technology-as-a-Service Playbook: How to Grow a Profitable Subscription Business* (Seattle: Point B Inc., 2016).
8. Jaakko Nurkka, Josef Waltl, and Oliver Alexy, "How Investors React When Companies Announce They're Moving to a SaaS Business Model," *Harvard Business Review*, January 2017, https://hbr.org/2017/01/how-investors-react-when-companies-announce-theyre-moving-to-a-saas-business-model.
9. Matt Brown, "Cisco's Software Strategy Is Resonating with Customers, Driving Business," *CRN*, November 28, 2017, www.crn.com/news/networking/300095901/partners-ciscos-software-strategy-is-resonating-with-customers-driving-business.htm?itc=ticker.

2017, www.recode.net/2017/5/3/15533136/cord-cutting-q1-half-million-tv-moffett.

4. Kevin Fogarty, "Tech Predictions Gone Wrong," *Computerworld*, October 22, 2016, www.computerworld.com/article/2492617/it-management/tech-predictions-gone-wrong.html.
5. John Paul Titlow, "David Bowie Predicted the Future of Music in 2002," *Fast Company*, January 11, 2016, www.fastcompany.com/3055340/david-bowie-predicted-the-future-of-music-in-2002.
6. "Subscribed Podcast #6: Sam Jennings on Prince and the Music Streaming Business," www.zuora.com/guides/subscribed-podcast-ep-6-sam-jennings-prince-music-streaming-business.
7. "When Did NPG Music Club Start and Finish?" http://prince.org/msg/7/349218.

【第4章】

1. Nick Lucchesi, "We Are Entering the Era of Car Subscriptions," *Inverse*, November 18, 2016, www.inverse.com/article/24012-hyundai-ioniq-subscription.
2. Nick Kurczweski, "Buy, Lease or Subscribe? Automakers Offer New Approaches to Car Ownership," *Consumer Reports*, October 11, 2017, www.consumerreports.org/buying-a-car/buy-lease-or-subscribe-automakers-offer-new-approaches-to-car-ownership.
3. Christina Bonnington, "You Will No Longer Lease a Car. You Will Subscribe to It," *Slate*, December 2, 2017, www.slate.com/articles/technology/technology/2017/12/car_subscriptions_ford_volvo_porsche_and_cadillac_offer_lease_alternative.html.
4. "The Rev-Up: Imagining a 20% Self Driving World," *The New York Times*, November 8, 2017, www.nytimes.com/interactive/2017/11/08/magazine/tech-design-future-autonomous-car-20-percent-sex-death-liability.html?_r=0.
5. "Gartner Says by 2020, a Quarter Billion Connected Vehicles Will Enable New In-Vehicle Services and Automated Driving Capabilities," January 26, 2015, www.gartner.com/newsroom/id/2970017.
6. Horace Dediu, "IBM and Apple: Catharsis," July 15, 2014, www.asymco.com/2014/07/15/catharsis.
7. "Subscribed San Francisco 2017 Opening Keynote," Zuora *Subscribed* conference presentation, June 5, 2017, www.youtube.com/watch?v=fdDA7sRgMSQ.
8. "Transport as a Service: It Starts with a Single App," *The Economist*, September 29, 2016, www.economist.com/news/international/21707952-combining-old-and-new-ways-getting-around-will-transform-transportand-cities-too-it.

【第5章】

1. Eric Alterman, "Out of Print," *The New Yorker*, March 31, 2008, www.newyorker.com/magazine/2008/03/31/out-of-print.
2. Reuters Institute 2017 Digital News Report, www.digitalnewsreport.org.
3. Josh Marshall, "There's a Digital Media Crash. But No One Will Say It," *Talking Points Memo*, November 17, 2017, http://talkingpointsmemo.com/edblog/theres-a-digital-media-crash-but-no-one-will-say-it.
4. Jessica Lessin, "What Everyone Is Missing About Media Business Models," *The Information*,

原注

【はじめに】

1. Tien Tzuo, "Why This CEO Believes an MBA Is Worthless," *Fortune*, April 27, 2015, http://fortune.com/2015/04/27/tien-tzuo-starting-your-own-business.

【第1章】

1. World Economic Forum, "Digital Disruption Has Only Just Begun," Pierre Nanterme, January 17, 2016, www.weforum.org/agenda/2016/01/digital-disruption-has-only-just-begun.
2. http://fortune.com/fortune500.
3. General Electric television ad, www.ispot.tv/ad/AVhu/general-electric-whats-the-matter-with-owen-hammer.
4. Elaine Low, "Disney Ditches Twitter, but Does Distribution Talk Point to Netflix?" *Investor's Business Daily*, October 6, 2016, www.investors.com/news/disney-may-be-out-on-twitter-but-its-mulling-distribution-plans.
5. Forrester Research, "Age of the Customer," https://go.forrester.com/age-of-the-customer.
6. Kleiner Perkins Caufield Byers, "Internet Trends 2017," www.kpcb.com/internet-trends.

【第2章】

1. *Kantar Retail IQ*, "2017 U.S. Retail Year in Review," www.kantarretailiq.com.
2. Michael Wolf, "Activate Tech & Media Outlook 2018," http://activate.com.
3. "Goldman Says Apple Needs Amazon Prime Subscription Plan," *Bloomberg*, October 17, 2016, www.bloomberg.com/news/videos/2016-10-17/why-apple-needs-a-subscription-plan.
4. Robbie Kellman Baxter, *The Membership Economy: Find Your Super Users, Master the Forever Transaction, and Build Recurring Revenue* (New York: McGraw-Hill Education, 2015).
5. Dan Mullen, "Fender: Reinventing Guitar for a Digital Age," *Subscribed Magazine*, September 12, 2017, www.zuora.com/2017/09/12/fender-reinventing-guitar-for-the-digital-age.
6. Mike Elgan, "The 'Retail Apocalypse' Is a Myth," *Computerworld*, October 21, 2017, www.computerworld.com/article/3234567/it-industry/the-retail-apocalypse-is-a-myth.html.

【第3章】

1. Gabe Weisert, "Lessons from New Media: Crunchyroll Conquers the World," *Subscribed Magazine*, May 12, 2016, www.zuora.com/2016/05/12/lessons-from-new-media-crunchyroll-conquers-the-world.
2. Amitai Winehouse, "How the 'Netflix of Sport' Could Change the Way Supporters Watch Football," *Mail Online*, September 5, 2017, www.dailymail.co.uk/sport/football/article-4854722/Behind-DAZN-New-Netflix-sport-changing-watch.html.
3. Peter Kafka, "Another Half-million Americans Cut the Cord Last Quarter," *Recode*, May 3,

【マ行】

【ヤ行】

【ラ行】

【ナ行】

【ハ行】

【タ行】

【サ行】

【カ行】

索引

［著者］

ティエン・ツォ（Tien Tzuo）

Zuora創業者兼CEO
セールスフォース・ドットコムの創業期に入社し、CMO（最高マーケティング責任者）やCSO（最高戦略責任者）を歴任。同社での経験から「サブスクリプション・エコノミー」の到来をいち早く予見し、2007年にZuoraを創業しCEOに就任。Zuoraは、従来のプロダクト販売モデルからサブスクリプション・モデルへのビジネスモデル変革と収益向上を支援するSaaSプロバイダで、世界に1000社以上の顧客を持つ。2018年4月にニューヨーク証券取引所に上場。

ゲイブ・ワイザート（Gabe Weisert）

Zuoraの『Subscribed』誌編集長。これまでにヤフー！、フォーブス・ドットコムで執筆・編集業務に携わったほか、アンドリュー・ハーパー・トラベルのシニアウェブエディターを務めた。

［監訳者］

桑野順一郎（くわの・じゅんいちろう）

Zuora Japan株式会社 代表取締役社長
日本DEC、PTCジャパンを経て、ライトナウ・テクノロジーズ日本代表、キリバ・ジャパン代表取締役社長を歴任。その後、Zuora Japanの立ち上げに携わり、2015年に同社代表取締役社長に就任、現在に至る。

［訳者］

御立英史（みたち・えいじ）

ビジネス書出版社で書籍編集に携わった後、翻訳者として活動。訳書にケン・ブランチャードほか著『社員の力で最高のチームをつくる』、ヨハン・ガルトゥング著『日本人のための平和論』（共にダイヤモンド社）などがある。

サブスクリプション
――「顧客の成功」が収益を生む新時代のビジネスモデル

2018年10月24日　第1刷発行

著　者――ティエン・ツォ
　　　　　ゲイブ・ワイザート
監訳者――桑野順一郎
訳　者――御立英史
発行所――ダイヤモンド社
〒150-8409　東京都渋谷区神宮前6-12-17
http://www.diamond.co.jp/
電話／03·5778·7234（編集）　03·5778·7240（販売）
装丁――――竹内雄二
本文デザイン・DTP――岸 和泉
製作進行――ダイヤモンド・グラフィック社
印刷――――勇進印刷（本文）・慶昌堂印刷（カバー）
製本――――本間製本
編集担当――小川敦行

ISBN 978-4-478-10552-8